乡村社会的媒介形态理论与实务

XIANGCUN SHEHUI DE MEIJIE XINGTAI
LILUN YU SHIWU

江月英◎著

中国广播影视出版社

图书在版编目（CIP）数据

乡村社会的媒介形态理论与实务 / 江月英著 . -- 北京：中国广播影视出版社，2023.11
　　ISBN 978-7-5043-9137-7

　　Ⅰ.①乡… Ⅱ.①江… Ⅲ.①农村—传播媒介—研究—中国 Ⅳ.①G206.2

中国国家版本馆 CIP 数据核字（2023）第 224845 号

乡村社会的媒介形态理论与实务
江月英　著

责任编辑	王　波
责任校对	龚　晨
装帧设计	中北传媒

出版发行	中国广播影视出版社
电　　话	010-86093580　010-86093583
社　　址	北京市西城区真武庙二条 9 号
邮政编码	100045
网　　址	www.crtp.com.cn
电子邮箱	crtp8@sina.com

| 经　　销 | 全国各地新华书店 |
| 印　　刷 | 廊坊市海涛印刷有限公司 |

开　　本	710 毫米 × 1000 毫米　　1/16
字　　数	231（千）字
印　　张	17.5
版　　次	2024 年 1 月第 1 版　2024 年 1 月第 1 次印刷

| 书　　号 | 978-7-5043-9137-7 |
| 定　　价 | 98.00 元 |

（版权所有　翻印必究·印装有误　负责调换）

前 言

在历史背景下,随着技术的不断更新,传播媒介的不同形式形成了整个人类"社会化"的媒介系统。这套系统已经深深根植于人类社会的运行中,并且影响着人类的社会化及社会化运转。无论是"媒介社会化"还是"网络社会",都无法摆脱"人"这个社会运转的核心。但是,当媒介与人类的日常生活融合得如此深入时,我们就必须认真研究传播媒介如何影响人类社会关系的构成。

在中国,一个"媒介化"的乡村社会环境正在悄然形成。随着互联网在媒体技术的不断发展融合,新的融媒体技术正在向乡村社会普及。人们在社会交往和生活方式上也越来越依赖移动互联网,媒介与乡村社会的生活已密不可分。现在,媒介不再以单一方式渗透到乡村社会的日常生活中,而是逐渐形成了以融媒体技术为依托的媒介场景,重新建立了乡村社会的生活。

融媒体传播媒介场景的生成与传统乡村社会的场景存在差异。在新的媒介场景下,中国乡村社会关系的变化是新乡村建设的重要特征之一。因此,如何在融媒体场景下有效整合和组织资源,对乡村振兴进行新的探索和实践,需要进行深入研究。

在新的媒介场景下,要想以村民为主体进行参与和实践,需要对乡村变迁中的社会关系有更深入的认识。因此,研究中国乡村的传播媒介与社会关系具有特别的意义。在相同的传播系统中,乡村社会村民的日常生活已经完全融入媒介信息建立的社会环境中。在新媒体技术的发展与普及下，回顾历史，可以发现"媒介环境"与"社会环境"的联系从未像今天这般紧密，难以区分。因此，在现代化发展过程中，通过媒介促进实现中国特色的乡村社会振兴是值得研究和探索的。

  本书在创作过程中，参考了大量的资料，其中包括一些专著、期刊、论文等，在此，感谢这些作者为本书提供了宝贵的参考资料。我由衷地感谢我的老师们，是他们独立思考的能力和不墨守成规的治学态度，是他们渊博的学识让我受益匪浅。其中，我要特别感谢我的导师，他的独到见解对我产生了深远的影响，给了我很大的启示。感谢那些积极与我讨论的朋友，是他们给予了我很多启发，对我的写作有很大的帮助。感谢我的同事和家人，是他们对我的全力支持，让我能够把更多的精力投入到创作中来。在此，我想要提前感谢所有读者，正是你们的阅读让作品更有价值。虽然本书经过反复打磨，但难免存在不足之处，欢迎读者提出宝贵的意见和建议，帮助我们进一步完善本书。

目　录

上篇　媒介形态理论研究

第一章　基本概念的界定 ····································· **003**
第一节　乡村社会 ···003
第二节　大众传播 ···027
第三节　数字时代的媒介形态 ·································043
第四节　触媒效应 ···048

第二章　媒介形态理论 ··· **055**
第一节　媒介形态理论定义 ····································055
第二节　媒介形态变化理论 ····································064
第三节　媒介形态理论视角下的新媒介演变 ·····················086

第三章　与时俱进的媒介形态理论 ··························· **096**
第一节　英尼斯——垄断、权力、扩张、依附 ···················096
第二节　麦克卢汉——感觉、延伸、反叛 ························103
第三节　梅罗维茨——场景、前/后台、角色、行为 ···············110
第四节　利文森——数字时代的"麦克卢汉" ······················117

中篇　媒介形态与乡村社会发展

第四章　乡村社会的媒介形态变迁 127
- 第一节　近现代的乡村社会媒介形态（1840—1949 年） 127
- 第二节　社会主义革命和建设时期的乡村社会媒介形态（1949—1978 年） 146
- 第三节　改革开放以来的乡村社会媒介形态（1978—2005 年） 150
- 第四节　社会主义新乡村建设的乡村社会媒介形态（2005—2017 年） 153
- 第五节　乡村振兴战略下的乡村社会媒介形态（2017—2022 年） 156

第五章　社会发展与乡村媒介话语的变迁 165
- 第一节　不同国家媒介对乡村社会发展的影响 165
- 第二节　中国乡村媒介的生态环境 172
- 第三节　乡村媒介融合在中国的发展趋势 181
- 第四节　乡村媒介在推动乡村社会发展中的作用 187
- 第五节　新媒体与农民媒介话语呈现 192

下篇　媒介形态理论在乡村社会的运用

第六章　乡村社会的媒介功能转型路径 203
- 第一节　媒介技术对乡村社会人际关系的构建 203
- 第二节　媒介对乡村治理效能的提升 208
- 第三节　媒介对乡村群众生活的服务 213
- 第四节　媒介对乡村文明建设的守护 223
- 第五节　媒介对乡村经济发展的推动 228

第七章　乡村振兴战略与数字乡村 ··· **237**
  第一节　国家、地方、村委的媒介联动关系转化 ························ **237**
  第二节　乡村振兴战略下的农民主体话语价值 ···························· **248**
  第三节　乡村振兴战略下个体与媒介的实践 ································ **252**
  第四节　乡村振兴战略下乡村社会媒介化实践 ···························· **256**

参考文献 ··· **262**

上篇　媒介形态理论研究

媒介形态理论研究的实质是研究不同媒介形态的特征。在研究的过程中，要尤其重视社会主导媒介的形态，因为它的变化对社会有着非常重要的意义。媒介形态理论的代表学者有哈罗德·英尼斯、马歇尔·麦克卢汉、约书亚·梅罗维茨和保罗·利文森等。媒介形态理论最早是英尼斯在20世纪40年代开创的，当时并不为人所知。直到经过麦克卢汉在20世纪六七十年代的渲染，才名声大噪。20世纪80年代，随着社会信息技术的日益发展，经过梅罗维茨、利文森等学者的努力拓展，媒介形态理论也逐渐丰富。

第一章 基本概念的界定

第一节 乡村社会

一、乡村社会的概念

乡村社会是指乡村地区的社会组织和社会关系,在乡村地区形成的社会生活和社会文化现象。乡村社会是一个相对封闭的社会系统,其社会组织和社会关系具有独特的特征和形式。乡村社会的主要组成部分包括农民、家庭、村庄、乡村组织、乡村文化等,同时也包括城市与乡村之间的联系和互动。乡村社会是乡村经济、乡村文化和社会稳定的重要基础,也是社会现代化和城市化进程中不可或缺的重要组成部分。

(一)乡村社会的作用

乡村社会是指乡村地区的社会组织和社会关系。在中国,乡村人口占总人口的比重很大,乡村社会的作用也非常重要。

首先，乡村社会是乡村经济的基础。乡村社会是农业生产的主要组织形式，乡村社会网络的形成和发展对于乡村经济的发展起着重要的推动作用。其次，乡村社会是乡村文化的载体。乡村社会是传统文化的重要承载者和传播者，农民的习俗、风土人情、民间艺术等都是乡村社会文化的重要组成部分。再次，乡村社会是社会稳定的基石。乡村社会是社会和谐稳定的重要保障，乡村社会的和谐稳定对整个社会的发展和稳定起着至关重要的作用。最后，乡村社会是社会转型的关键环节。随着城乡一体化的推进，乡村社会的发展对整个国家的现代化建设和城市化进程的推进都起着至关重要的作用。

（二）乡村社会活动

乡村社会活动是指在乡村地区开展的各种社会性活动，包括经济、文化、体育、娱乐、教育、卫生、环保、公益等方面的活动。其中经济活动是乡村社会活动的重要组成部分。乡村经济活动是指在乡村地区开展的各种经济性活动，包括农业生产、乡村工业、服务业、旅游业等方面的活动。农业生产是乡村社会经济活动中最具优势和核心地位的经济活动之一，也是乡村社会发展的基础和支柱。

1. 农业

实现乡村振兴的主要方向是推进现代化农业发展体系，提升农业综合实力。农业作为国民经济的基础，其地位不可忽视。加强农业基础地位，促进农业的综合发展，强化乡村经济基础地位，是实现乡村经济多元化发展的必要条件。农业综合生产能力的提高是维护国民经济稳定发展不可或缺的重要环节，同时也是保障社会稳定的关键要素。所以，为促进农业的发展，提高乡村的经济实力和社会发展水平，我们必须更加有效地贯彻落实乡村振兴战略，从而保障国家经济的持续稳定发展。在农业发展的进程中，常见的高标准农田建设是我们非常关注的重点内容。我们需要实施机械化、精细化和集约化管理,不仅能全面提高农业生产效率与生产质量,而且还能实现对农业生态环境的保护,减少环境污染问题的出现。① 除了加强农业基础地位和提高农业综合实力,突出农业特色也至关重要。我国国土辽阔,不同地区之间存在着巨大的差异,包括自然环境、地理条件和社会环境等。因此,因地制宜是农业发展必须遵循的原则,只有因地制宜地制定农业发展策略,才能更好地发挥农业的特色和优势,实现农业的可持续发展。除了凸显农业特色之外,特别需要重视农业品牌化的发展,这将为农业特色化发展提供坚实的保障。为了推动多元经济的发展,必须重视农业与市场的联系,根据市场实际情况,打造具有农业特色的品牌,深入了解市场需求和趋势,调整农产品品种和生产结构,提高农产品质量和附加值,以满足市场需求。

(1)农业的起源

农业的起源可以追溯到约1万年前的新石器时代。在这个时期,人类从狩猎采集的生活方式逐渐转向了农业生产。据考古学家的研究,最早的农业活动出现在中东的美索不达米亚地区和中国的黄河流域地区。这些地区的人类开始种植作物,例如小麦、大麦、玉米、稻米等,以及饲养家畜,例如牛、羊、猪等,从而实现了对食物的自给自足。农业的兴起是人类社会发展的一个重要历史节点,它不仅改变了人们的生产方式和生活方式,也推动了人类社会的发展和进步。通过农业生产,人们可以用农作物制作更多的食物,既解决了生存问题,也使人类社会逐渐进入文明社会的发展阶段。

在农耕文明时期,农业生产离不开气候资源,而气候的要素主要包括气温、降水和光照等。中国位于亚欧大陆东部、太平洋西岸,地形地貌复杂,海陆热力性质差异显著,形成了典型的季风气候,季风气候通常表现为在不同季节内,气温、降雨量、风向等气象要素发生明显变化的现象。在亚洲地

---

① 陈雪梅、周斌:《巩固脱贫攻坚成果与乡村振兴战略有效衔接路径研究》,《现代农业研究》2022年第7期。

区，季风气候表现为在夏季，热带西风带北移，带来了大量的湿气和降水，形成了雨季；而在冬季，热带西风带南移，天气干燥，风向也发生了变化。这种气候的特点对我国的农业生产、水资源等方面都有着重要的影响。当高温期和多雨期重合时，水热平衡有利于农作物的生长。因此，气候资源是农业生产的重要条件之一。

（2）农业的特征

地域性：自然条件是动植物生产必不可少的因素，主要包括热量、光照、水和土壤。不同的生物对环境条件的要求是多种多样的，所以，不同的动植物在不同的自然环境中生长繁衍。同时，由于不同地区的自然条件、经济技术和文化背景等存在差异，农业生产方式、作物种植、畜牧业、渔业等方面都会受到影响，因此，农业生产在不同地区具有很强的地域特色和差异性。

季节性：我国坐落于亚欧大陆东部、太平洋西岸，同时受到大陆和大洋的影响，气候条件非常显著。南部和中部地区充沛的降雨和强烈的日照使得气温偏高且湿润，这种气候条件对农作物的生长比较有利。然而，我国的气候条件也存在一些不利因素，如旱灾、洪灾、寒潮、台风等自然灾害，对农作物的生长发育造成了很大的影响。

周期性：动植物的生长发育是遵循一定规律的，但同时也会受到自然因素的影响，尤其是气候因素。不同季节气候的变化具有一定的周期性，这将直接影响动植物的生长发育。因此，农业生产与季节密切相关，需要按季节顺序进行安排和实施。这也是为了适应自然环境的变化，合理利用气候因素和土地资源，从而获得最好的农业生产效益。

2.林业

林业包括种植树木、培育树林、保护森林、进行森林砍伐和更新，以及收集、加工木材和其他森林产品等方面。林业不仅是国民经济所需的重要产业，同时在维护水土、防风固沙、调节气候、保护环境等方面发挥着至关重要的作用。因此，林业在国民经济建设、人民生活和自然生态平衡方面具有独特的地位和功能。

林业的特点包括生产周期长、效益发挥缓慢、商品性高、占地广泛、受地理环境限制严格、林木资源可再生等。林业不仅能够提高森林的覆盖率，增加木材和其他林产品的产量，同时还可以根据林木的自然特性，在改善自然环境、调节气候、保护水土、保障水源、防治风沙、维护农牧业生产、防治污染、净化空气、美化环境等多方面发挥作用，实现多方面的综合效益。

3. 畜牧业

在农业经济中，畜牧业具有重要的地位，与种植业相互促进、相互依存。畜牧业的发展不仅可以改善农业内部结构，还可以对生物资源的利用和开发产生重要作用。此外，畜牧业的发展对于改善人们的营养水平和提高生活水平具有重要作用。因此，畜牧业的繁荣发展是衡量一个国家经济繁荣和社会进步的重要指标之一。

畜牧业具有以下特点。

（1）植物生产是通过利用自然界中的水、二氧化碳和光能，将其转化为有机物质，进而生产出农作物和饲草饲料。畜禽生产是利用家畜和家禽将饲草、饲料和水等营养物质转化为动物性产品的生产过程。这表明发展畜牧业需要高度关注饲草和饲料的生产和管理，充分发挥这些资源的作用，同时也需要建立相对稳定的饲草和饲料生产基地，以保障畜牧业的可持续发展。饲草和饲料是畜牧业生产的重要原材料，其质量和数量的充足与否直接影响着畜牧业的生产效益和质量。

（2）禽类作为种畜和役畜可以被视为畜牧业生产的生产资料，其主要作用是繁殖和劳动，以提高畜牧业生产效益和质量。而作为肥育畜禽，则可视为畜牧业生产的消费资料，其主要作用是提供肉类、蛋类、羽绒等动物性产品，以满足人们的食品需求和生活需要。畜禽作为生产资料不仅能够生产各种畜产品，同时还能促进畜禽生产的发展和提高畜牧业的生产效益。因此，在进行畜牧业生产时，需要根据市场需求、生产成本、畜禽品种等多种因素来确定一个合理的畜群结构和畜禽数量分配比例。这样可以有效提高畜牧业生产效益，同时也能够满足市场需求，增加畜产品的供给。

（3）就生产时间而言，畜产品通常是鲜活产品，因此具有一定的间歇性。但是从畜禽的饲养管理角度来看，这一过程是连续的。总的来说，畜产品具有不易储存、易腐败、运输困难等特点。由于畜产品的生物性质，其质量和卫生安全问题需要高度重视。除此之外，不同种类的畜禽在生理上有其独特的特点，例如奶牛的干奶期、蛋禽的停产期等，这些特点导致了全年畜产品的供应无法实现均衡分布。在进行畜牧业生产时，需要充分考虑畜禽生理特点的影响，采取相应的措施来缓解供需矛盾，保障畜产品的稳定供应。

二、乡村文化

乡村文化是指在乡村地区形成和流传的一系列文化现象和价值观念，包括乡村传统艺术、民俗文化、口头文学、宗教信仰、历史文化、语言文字、生活方式等多个方面。乡村文化是乡村社会的精神文化基础，是乡村社会生产、生活和人际交往的重要组成部分，具有浓郁的地方特色和文化魅力。

不同层次的乡村文化有不同的特点。经济层面：乡村文化是在乡村地区形成的，它反映了农民与土地、自然资源之间密切的联系和互动关系。乡村文化也包括了乡村的传统手工业和乡村旅游等经济活动。社会层面：乡村文化反映了乡村社会的生活方式、社会结构和社会关系。它也包括了乡村的传统节日、宗教信仰、社会组织等方面。文化层面：乡村文化包括了乡村的传统文化、民俗习惯、口头传说、艺术表现等方面。这些文化元素往往在乡村生活中代代相传，成了乡村文化的重要组成部分。生态层面：乡村文化反映了人与自然之间的关系，强调生态环境的保护和可持续发展。乡村文化中的自然信仰和环保意识等方面，反映了人们对自然环境的尊重和保护。

中国学者田川流对乡村文化进行了更深的解析。他将乡村文化由深层至表层分为观念文化、公共文化、产业文化、审美文化四个维度。具体而言，观念文化属于精神文化的范畴，是乡村文化的基石，主要包括村民的价值观念、生存理念、民间信仰等；公共文化属于社会文化的范畴，是乡村文化的核心，主要包括宗法制度、生产方式、人际关系、村规乡约、民俗礼仪、乡村教育等；产业文化属于经济文化的范畴，是乡村文化的中坚，表现为对传统农业经济活动的深化与提升，同时包括农业与文化深度融合所产生的新业态；审美文化属于文化产品与服务基础上的凝结与拓展，兼具经济价值和审美价值，包括山水风貌、历史遗迹、生产工具、民间演艺、民间文学、手工艺品、乡村旅游、休闲、康养等活动样式。[1]上述四个方面的文化元素共同构成了一个庞大而复杂的乡村文化资源系统。乡村文化资源的开发就是对乡村文化中潜在价值的挖掘。我国目前主要关注于在产业文化和审美文化层面对乡村文化资源进行开发，而观念文化和公共文化则在精神支持和机制保障方面发挥作用。为了促进乡村文化资源的可持续发展，需要政策支持和社会层面的推动。这将有助于推动乡村文化资源的开发和利用，为其可持续发展提供保障。

随着时代的发展，乡村和城市已经不再是简单的地理概念，而呈现出越来越明显的不平等和不对称。因此，许多人普遍认为城市文化代表着"开放""文明""先进"，而乡村文化则被贴上"自闭""野蛮""落后"的标签。鉴于大多数人普遍认为城市文化比乡村文化更先进，因此以城市文化为标准来改造乡村文化看起来似乎是一种正确而合理的做法。乡村和乡村文化在被不断地动态"改造"中慢慢消失，逐渐走向衰落。

---

[1] 田川流：《乡村振兴中多维度文化的构成及其价值实现》，《民族艺术研究》2020年第2期。

乡村是中华民族五千年文明的发源地，中国传统文化和城市文化的根基也在乡村中形成，因此，乡村对于中国人来说有着独特而重要的价值。乡村文化是中华民族历史文明的传承和中华民族情感的重要纽带，同时也是维护文化主权的基石，更是建设中国社会主义文化的基础。

（一）文化产业与乡村文化产业

"文化产业"由两方面组成，即文化属性和产业实质。其中"文化"和"产业"是一种互动同构的关系。文化产业是一种以文化为核心要素的产业，通过对文化资源的整合、开发和运营，以获取经济效益为目的的一种产业形态。从产业本质上来看，文化产业被视为"朝阳产业"和"绿色产业"，因为它具有低能耗、高效益、无污染、可持续、带动力强等特点，而且具有较高的经济价值，符合现代经济发展的要求。就文化属性而言，文化产业具有传承和弘扬优秀传统文化的功能，文化产业能够满足人们不断增长的精神需求，通过提供丰富多彩的文化产品和服务，促进人们的文化素养和审美趣味的提高。

长期以来，文化生产的主要资源集中在城市文化方面，而乡村文化则经常被忽视。然而，自20世纪90年代以来，随着全球化进程的深入推进，一个国家和民族的文化产品已经具备了在全球范围内传播的能力和机会。在这种影响下，人们的审美倾向变得很相似，多元化的价值体系和文化形式逐渐消失。如今，目前，乡村文化正在经历一场文化复兴的浪潮，越来越多的人开始重新认识到乡村文化的价值和意义，并致力于保护和传承。

乡村文化产业的基本范畴可以大致分为三个层面，分别是内生层、外溢层和辐射层（见图1-1）。乡村文化产业的内生层包括民宿、乡村饮食、民间演艺、民间节庆活动、民间手工艺产品等产业类型，这些产业类型是在传统农业或农耕文明为基础上生发出来的；外溢层是指以乡村或乡村文化为基础，通过将传统农业或乡村环境与其他产业相结合，而形成的产业类型。这些产业包括乡村文化旅游、乡村体育竞技、休闲农业、乡村文创、乡村研学、乡村康养等；辐射层是一种产业类型，旨在为乡村文化产业发展提供支持，或为其他产业增加附加值，通过引入乡村文化元素来实现这一目标。乡村辐射层包括乡村金融服务、乡村中介服务、乡村医疗服务、乡村人才培训、乡村文化装备生产、乡村电商、乡村物流、乡村直播等多个产业类型。

内生层
民宿
乡村饮食
民间演艺
民间节庆活动
民间手工艺产品

外溢层
乡村文化旅游
乡村体育竞技
休闲农业
乡村文创
乡村研学
乡村康养

辐射层
乡村金融服务
乡村中介服务
乡村医疗服务
乡村人才培训
乡村文化装备生产
乡村电商
乡村物流
乡村直播

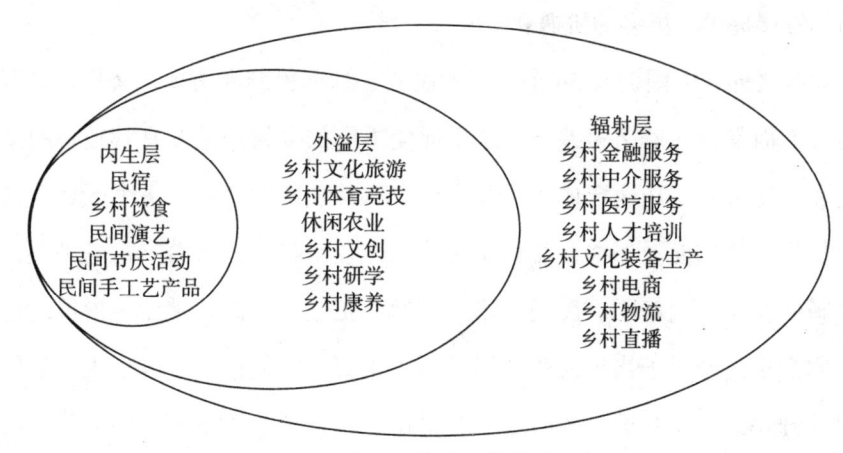

图 1-1　乡村文化产业的基本范畴

（二）乡村文化产业的特征

乡村文化产业与传统意义上的文化产业有很多不同之处，它是文化产业的一种拓展。与城市文化产业不同，乡村文化产业更加注重历史文化和民族传统的保护和传承，更加注重生态环保和社区参与，同时也需要新的创意和不断创新以适应市场需求。发展乡村文化产业不仅能够促进当地经济的繁荣，也为乡村文化的传承和发展提供了有力支持。乡村文化产业拥有独特的特色，主要有以下几方面的表现。

1. 区域文化的差异

区域文化的差异表现为不同乡村地区的文化具有独特的地域特色和文化

风情。这种差异既是乡村文化发展的基础，也是乡村文化产业发展的重要资源。不同地区的文化背景、历史传承、地理环境等因素都会影响乡村文化产业的发展，从而形成不同地区的乡村文化产业特色。例如，山区的乡村文化产业可能更加注重传统的手工艺制作和民俗文化的传承，而沿海地区的乡村文化产业则可能更加注重渔业文化和海洋文化的传承。乡村文化产业的发展得益于区域文化的差异性，这种差异性不仅丰富了乡村文化产业的内涵，而且为其发展提供了更多的机遇和空间。

除此之外，中国拥有56个不同的民族，这些民族在历史、文化、语言和风俗等方面都存在着诸多差异。这也促使不同的乡村地区拥有其独特的文化传统和文化资源，从而形成了"每个地方有其独特的气息，每个区域有其独特的风俗"的局面。例如，非物质文化遗产在乡村地区有着丰富的种类，包括民间曲艺、民间舞蹈、民间美术、民间手工艺、民歌、神话传说等。这些非物质文化遗产对于当地文化的形成至关重要，它们揭示了当地人民的历史和生活方式，并具有重要的历史、文化和艺术意义。2005年，国务院办公厅发布《关于加强我国非物质文化遗产保护工作的意见》，其中提出了一系列具体的保护措施。其中，明确提出了建立国家、省、市、县四级"非遗"代表作名录体系，并建立完善的"非遗"保护制度。这些措施的目的在于系统地保护和传承我国的非物质文化遗产，以保护和传承我国丰富多样的非物质文化遗产，促进非物质文化遗产的传承和发展。

截至2021年，我国已有1557项非物质文化遗产被列入国家级非物质文化遗产名录，这些遗产涵盖了多个领域，如民间文学、传统音乐、传统美术、传统舞蹈、游艺与杂技、传统戏剧、曲艺、传统医药、传统技艺、民俗等。此外，我国还认定了3068位国家级非物质文化遗产代表性项目传承人和16 000多位省级非物质文化遗产代表性传承人。这些非物质文化遗产大多分布在乡村地区。2006年至今，中央财政设立的国家非遗保护专项资金，累计投入资金87.9亿元。①2007年,文化部颁布了《中国民间文化艺术之乡命名办法》,目的是为了表扬和宣传我国民间文化艺术的卓越传统和创新成果。截至2018年,全国共有964个县(县级市、区)和乡镇(街道)被授予"中国民间文化艺术之乡"的称号。这些地区在保护和传承民间文化艺术方面做出了杰出的贡献,通过优秀的民间文化艺术作品和传承人才的培养,为乡村文化产业的发展和社会经济的繁荣做出了重要的贡献。

这些文化形式之所以能够在乡村地区得以保留至今,是由于它们符合当地农民的文化观念和审美偏好,从而让农民产生自然的情感共鸣,激发他们的精神力量。他们以当地、当族独有的方式表达情感,历经代代相传,不断发展和演变,最终形成了具有独特特色的区域文化和民族文化。安塞腰鼓、川江号子、二人转、开斋节、泼水节、火把节和牯藏节等,都是反映本地区文化特色的重要元素。它们代表着不同的民族和地区,展现了独特的文化魅力和风情。在饮食文化方面,除了八大菜系,中国各乡村地区的食品也千姿百态,各种食品的食材、制作方法、口味都反映了当地的地域特色。

我国乡村文化产业的兴盛,源于丰富多彩的乡村文化资源,这些资源呈现出明显的地域特色,呈现多样化的形式。如今,许多乡村地区的产业形态已经形成了"一地一品"或"一地多品"的特色。随着山东省乡村文化的发展,各地区的本土特色文化得以充分挖掘和开发,这一举措使得一些文化品牌在国内外获得了较高的知名度,如潍坊风筝、临沭柳编、文登草编、曹县木雕、高密剪纸、杨家埠木版年画等。这些地区的乡村文化产品因为具备难以复制的原材料和传承技艺等资源要素,已经成为当地产业发展中不可或缺的重要组成部分。因此,这些文化产品也成为当地代表性的名片,远销国内外,成为知名品牌。

---

① 中国文旅部:《文化和自然遗产日来临 国家级非遗代表性项目已达1557项》,《工人日报》2021年6月13日,第4版。

2. 本土资源的依赖性

任何产业的发展都需要充足的资源支持。与城市文化产业相比，乡村文化产业更加依赖资源的保障，这是由乡村社会经济发展现状所决定的。乡村文化产业的资源主要涉及三个方面，分别是文化、人才和资金。

第一，乡村文化产业的繁荣与否取决于本土特色文化资源的支持程度。一个地区所拥有的文化资源将直接决定该地区文化产业的规划布局以及发展方向的选择。近年来，很多乡村地区在发展采摘园、美食街和特色小镇时，如果不利用本地的文化资源优势，而是盲目地模仿其他地区的发展模式，通常会导致失败。这种盲目的模仿行为也会浪费本土文化资源。这些失败案例的本质原因是同质化现象十分严重，缺乏深入挖掘和突出当地文化特色的措施，比较缺乏吸引力。因此，发展和利用本地特色文化资源是开展乡村文化产业的关键。

第二，乡村文化发展的关键在于本土人才的支持。农民不仅是农业生产从业者，同时也是乡村文化的持有者和乡村文化产品的主要生产者。民间手工艺业和乡村演绎业的基础在于本地手工艺人和文艺表演者的技艺，而乡村旅游和休闲农业需要当地农民来生产产品或提供服务。只有在创意设计、产业规划或运营管理等相关工作中，外来人才才能发挥自己的专业优势。与此同时，基础产业的生产环节必须由本地人才来完成，因此这也是乡村文化产业独特性的体现。

第三，乡村文化发展的基础是当地政府、企业和乡民的投融资，而建立完善的投融资机制是乡村地区发展的关键环节。然而，由于乡村地区缺乏现代化企业管理和资本运营基础，因此这一过程具有一定的复杂性和难度。根据产业发展的规律，只有形成产业集聚，文化产业才能得到有效的发展。这也是文化产业的重要特征，同时也是生产规模效应的必要条件。在经济社会发展程度较高的城市中，文化产业通常更倾向于在城市中发展。受到产业分散布局的影响，乡村地区难以为产业发展提供持续的资金和人才支持，因此乡村地区的产业发展受到了一定的制约。当前，文化产业的创业者更偏向于在土地、人工、运营成本高昂的大城市进行投资，而不太愿意到提供各种政策优惠、文化资源丰富的乡村地区进行投资。这导致乡村文化产业的发展主要依靠当地政府、企业和乡民提供投融资支持。因为这种本地的投融资模式没有得到外部的支持，所以乡村地区的产业存在较大的风险，资金链容易断裂。

3. 产业结构的稳定性

21世纪以来，我国文化产业的重心主要放在乡村旅游、休闲产业、民间手工艺、民间演艺等领域，这些领域的行业结构呈现出较为独特的特点。在接下来的几年里，乡村文化产业的发展和学术研究将主要专注于乡村旅游、休闲产业、民间手工艺、民间演艺等领域，并能够保持相对稳定的状态。乡村文化产业的资源限制和人们的消费偏好是导致这种情况的主要原因。资源条件方面，乡村文化产业的基础是传统文化、历史遗产和乡村风貌，这些资源是一个地区的固有优势，深深扎根于农业文明的积淀之中。只有在这些资源的充分、合理利用下，才有可能在市场竞争中获得优势。

乡村文化产业的消费者群体包括乡村居民和城市居民两个方面。然而，由于乡村居民的购买力有限，因此乡村文化产品和服务的消费需求主要来自城市居民。城市居民之所以被吸引，是因为乡村所特有的体验在城市中难以获得。

乡村文化产业的消费可以分为两个层次，其中一个层次是由于不同地区的经济发展水平不同，导致了消费层次存在差异，另一个是因为消费者个人经济实力的不同，导致消费层次出现分歧。因此，乡村文化产业的成功与否取决于这些地区的文化产品和服务是否符合城市消费者的需求。并且有足够的吸引力和竞争力。乡村文化产业的发展需要满足消费者的文化消费需求并提高他们的满意度，这不仅可以吸引更多人来乡村地区消费，还能推动乡村文化与经济的融合发展。

4. 生产方式的多样性

一般来说，城市产业通常采用工业化、标准化和流水线生产方式，以大规模生产文化产品。这种生产方式曾经是确定某个行业是否为文化产业的重要标准。如影视产业、出版产业、工艺品产业和音乐产业等都能够采用工业化、标准化和流水线生产方式进行生产，因此它们被视为文化产业的一部分。这种生产方式被联合国教科文组织用来定义文化产业，也是法兰克福学派将其命名为"文化工业"的主要原因。然而，由于乡村地区正处于现代化和工业化的进程中，文化产品的生产不太可能完全采用标准化和规模化的方式进行。这导致多种生产方式共存的情况出现，其中包括规模化生产、个性化生产和半工业化生产等。

首先，在一些工业化程度相对较高的现代化乡村地区，文化产业已经经过了数十年的发展和积累。这些地区已经发掘出符合市场需求的工业化复制生产模式。比如，很多乡村地区的工艺品生产，像是风筝、木雕、剪纸、装饰画等，已经通过标准化的复制方式实现了规模化生产，并且已经达到了一定的规模。规模化复制有许多优势，比如成本低、效率高、易于操作、收益快速。不过，规模化复制也存在一些缺点，比如产品市场竞争更加激烈、种类单一、缺乏特色和文化内涵。

其次，由于乡村地区的经济发展滞后，现代化和工业化水平不高，因此采用的是个体化的生产经营方式。尽管小农经济的个体化生产经营方式制约了乡村文化产业的发展，但恰恰是这种方式赋予了其与城市文化产业不同的个性化特征。在一些地方，生产文化产品的方式仍然是最古老的，例如柳编、草编、刺绣和葫芦雕刻等。这些采用纯手工、个性化生产方式的产品之所以具有竞争力，是因为其稀缺性、独特的风格、制作精良以及丰富的文化内涵；

但缺点是生产成本高、效率低、回报缓慢。

最后，在一些乡村地区，采用半工业化的生产方式来生产文化产品。这种生产方式介于手工制作和完全机械化生产之间，既能提高生产效率，也能降低成本。在玉器、石刻、木雕等产品的生产过程中，通常先使用电动机械进行切割和打磨，然后再用手工进行精细的雕刻。这种生产方式在某种程度上平衡了规模化复制和个性化生产的优缺点。它既可以提高生产效率，又可以保留手工艺术的精髓，使得产品既具备规模化生产的经济性，又具备个性化生产的独特性和艺术性。半工业化生产和纯手工制作的共同点在于，它们一般以家庭或村组织为单位进行生产活动，尚未形成企业化的运营模式和组织机制。因此，这种生产方式被视为一种家庭式作坊生产方式，其特点是规模小、灵活性强、组织松散，适应于乡村社会的生产和经济特点。此外，这种生产方式也能够促进家庭、村庄之间的合作和交流，有利于乡村社会的发展。

三、乡村社会关系

（一）乡村社会关系的概念

乡村社会关系是指在乡村地区中，由于地域、历史、文化等因素所形成的人际关系，包括家庭、邻里、亲友、同乡、族群等各种社会关系。这些关系通常比城市中的社会关系更为紧密、亲密，也更加依赖传统、习俗和文化传承等因素。乡村社会关系可以影响到乡村社会的发展和变革，也是乡村社会文化的重要组成部分。

（二）乡村社会关系的特征

1. 差序格局

差序格局是指乡村社会中人们的社会地位和身份存在差异和等级制度。在差序格局中，不同阶层的人们彼此之间的社会距离较大，社会地位的高低取决于个人的出身、财富、职业、社会关系等因素。这种社会结构反映了乡村社会的等级制度和分层结构，也反映了人们的不同生活经历和价值观念。

差序格局是费孝通在《乡土中国》中提出的。他认为，不同阶层和身份的人们之间存在着明显的差距和隔阂，这种差距和隔阂在经济、政治、文化等各个方面都有体现。他强调了一个人在社会中的影响力不像一捆捆扎好的木柴那样明显，而是像水波一样向外扩散，每个人都有自己的影响力，而被波纹所覆盖的人们就会与之建立联系。费孝通的观点表明，中国传统社会中的人际关系是由自我向外扩散的，然后根据亲疏关系的差序原则逐层建立。在人际交往中，与自己亲缘关系较近的人更容易被认可和接受，因而更容易建立合作、亲密的人际关系。这种社会结构反映了中国传统文化中的家庭观念和人际关系的重要性，也反映了人们在社会中的价值观念和行为准则。

2. 熟人社会

熟人社会是指人们在社会中建立人际关系时优先考虑熟悉的人而非陌生人的社会。在熟人社会中，人们更倾向于建立亲密的、信任的、长期的人际关系，而这些关系往往建立在家庭、亲戚、朋友等熟悉的社交圈之内。熟人社会通常意味着社交网络的相对封闭，即人们很难从社会边缘走向社会中心，也很难从社会中心失去地位。在许多地方，熟人社会仍然是人们日常社交的主要方式，是社会发展和变革的一个重要因素。

在传统的乡村社会中，由于经济生产和生活范围受到一定的限制，大多数乡村居民的生活范围通常局限于村庄和家族。这种生活方式往往代代相传，家族成员会在同一村庄以及周边地区生活和工作，形成一种较为封闭的社会结构。对于某些人来说，他们可能终其一生都没有机会离开自己的居住区，这就导致了他们的社会关系比较固定，社交活动的范围也仅限于他们所处的小区或周边地区。由于缺少跨越地理和社会界限的机会，这些人的社交网络往往是相对封闭的，交往的对象也很有限。这样的生活方式可能会导致他们与外界缺乏联系，对于市场经济和社会变革的适应能力也较弱。

在这种熟人社会的环境下，乡村社会内部的成员之间相互熟悉程度非常高，人际关系网也非常密切。由于社交网络的相对封闭，村民个体之间往往会建立起亲密的、长期的人际关系，传统社会中的人们通常建立家族、朋友和邻里之间的关系，他们的生活背景、职业、社交圈和信息来源等都极为相似，因此他们之间的同质性较高。许多人从事着相同的农业生产劳动，接触的人群也大致相同，这使得他们之间交流的信息、习惯和价值观念也比较一致。这种相似性使得他们形成了一个共同的语境和语义空间。在熟人社会中，由于建立了亲密、稳固的社交网络，成员之间彼此信任，形成了一个高度信任的社会机制。

3. 人情社会

人情社会是指以人际关系、互惠互利和信任为基础的社会形态。在人情社会中，人们往往会根据自己与他人之间的关系，来决定是否提供帮助或支持。这种社会形态通常建立在相对封闭的社交网络内部，人们之间的关系网非常密切，彼此之间的信任度也比较高。

在人情社会中，人们通常会注重建立和维护个人与个人之间的关系，通过互相帮助、互相支持来增强彼此之间的信任和感情。这种社会形态一般存在于传统的乡村社会、小型城市社会以及一些非正式的社交团体中。

人情社会的优点在于，它能够加强人与人之间的联系和信任，有利于共同合作和发展。但是它也有一些缺点，比如容易出现族群主义、排他性和利益集团等问题，而且对于个体的自由度和社会公正性的要求也相对较低。

在传统乡村社会中，成员之间建立了相互信任的关系，人情在这种社会中占据着非常重要的地位。日常交往主要基于人情而不是经济社会法则的理性决策。日常生活中的相互帮助和物品的赠予、互换都是基于这种信任和关系的互动方式。在乡村社会中，人际关系网和人情之间的联系非常紧密。如果长期处理人情不当或被排斥，会影响个人的人际关系网络并导致关系变得脆弱和狭窄。这种情况会对个人在乡村社会中的生活和发展产生不利影响。乡村关系网络的主要形式是人情和互惠，它们维护了乡村关系网络的力量和渠道。从人情的角度来看乡村社会，对解释社会中的人际关系现象具有重要作用。

四、乡村社会保障

（一）社会保障与乡村社会保障

1. 社会保障

社会保障是一种社会安全制度，它是国家和社会依据法律规定，是为社会成员提供基本生活保障的一种制度。它旨在提供全方位的经济支持，确保社会成员的基本生活需求得到满足。其体现在七个方面：（1）社会保障的目的是确保公民的基本需求得到满足，帮助他们实现社会权利。（2）社会保障的提供和管理主体包括国家、社会和个人，他们共同参与社会保障。（3）社会保障主要涉及社会保险、社会救助和其他物质福利，是社会保障的主要内容。（4）社会保障的覆盖和保障主要针对劳动者或工资收入者，但也可能包括全体公民。（5）社会保障的资金来源包括政府、企事业单位和个人三个部分。（6）政府通过法律手段推行社会保障，通常基于国家的立法或行政规定，并具有一定的强制性。（7）社会保障的作用是为社会提供"安全网""减震器"和"助推器"，促进经济发展和社会进步，为社会建立稳定的环境。

2. 乡村社会保障

乡村社会保障是指针对乡村地区的社会保障制度。由于乡村地区的经济和社会发展水平相对较低，许多乡村居民缺乏充足的社会保障，因此需要制定特殊的社会保障措施来保障他们的基本生活需求。乡村社会保障的内容包括：养老保险、医疗保险、失业保险、工伤保险、生育保险、住房保障、社会救助等。其中，社会救助对于特殊困难群体的生活保障尤为重要，可以帮助他们渡过难关。在乡村社会保障方面，政府需要加大投入，增加社会保障经费，促进社会保障制度的健全和完善。

（二）中国乡村社会保障体系

中国乡村社会保障体系是指为了保障乡村居民的基本生活和社会保障而建立的一套保障机制和制度。这个体系包括了乡村居民养老保险、医疗保险、工伤保险、失业保险、生育保险等方面的保障措施。在中国，乡村社会保障体系的建设始于20世纪90年代，当时的政府开始实施"新乡村建设"战略，为乡村居民提供更好的社会保障服务。随着时间的推移，中国乡村社会保障体系不断完善和发展，逐步形成了一套具有中国特色的保障机制。目前，中国的乡村社会保障体系已经实现了全覆盖，并且不断加强和完善。政府在这方面投入的资金也越来越多，以确保乡村居民的基本生活得到保障。

（三）中国乡村社会保障的发展

根据2020年第七次全国人口普查结果来看，我国农村人口中老年人已超过1.21亿，换言之，全国2.64亿老年人中接近一半在农村。并且，从相关数据来看，农村老年抚养比远大于城市，健康、经济、婚姻状况以及教育水平、医疗条件等明显比城市差。可以说，积极应对人口老龄化重点和难点在农村。

  2022年，党的二十大对社会保障事业提出了新使命、新要求、新目标，作出了一系列重大决策部署，为新征程上进一步做好社会保障工作指明了方向。① 党的二十大报告提出，实施积极应对人口老龄化国家战略，发展养老事业和养老产业，优化孤寡老人服务，推动实现全体老年人享有基本养老服务。为新时代积极应对人口老龄化，特别是化解农村养老难题提供了重要指引和根本遵循。当前，我国正实施积极应对人口老龄化、乡村振兴、健康中国等战略，就农村养老方面国家层面出台了系列相关政策，农村养老面临千载难逢的发展机遇。习近平总书记在党的二十大报告中提出"全面推进乡村振兴"，强调"建设宜居宜业和美乡村"。这是以习近平同志为核心的党中央统筹国内国际两个大局、坚持以中国式现代化全面推进中华民族伟大复兴，对正确处理好工农城乡关系作出的重大战略部署，必将为新时代新征程全面推进乡村振兴、加快农业农村现代化指明前进方向。

  总的来看，国家层面围绕积极应对农村人口老龄化的政策布局逐步完善，农村老年人养老服务供给匹配与需求更加精准，这为下一步农村养老服务高质量发展打下了良好的基础。未来，农村老年人的养老难题有望逐步得到化解。②

---

① 白延亮、刘玉贝、王夏：《深入贯彻落实党的二十大精神 推动养老保险事业高质量发展》，https://cmstop.cloud.yanews.cn/p/176459.html，访问时间：2023年10月31日。

② 农农薪事业：《「政策解读」解读：我国农村养老政策布局及5大特点》，https://baijiahao.baidu.com/s?id=1780534841339245135&wfr=spider&for=pc，访问时间：2023年10月31日。

五、乡村社会养老保险

(一) 乡村社会养老保险的概念和特征

1. 概念

乡村社会养老保险是指为乡村居民提供的一种社会保险制度，旨在为乡村居民提供老年生活保障。该保险制度通过个人缴纳、集体补助和政府补贴的方式实施，充分发挥了社会共同承担风险的作用。同时，乡村社会养老保险也与其他社会保障政策如家庭养老、土地保障、社会救助等相互衔接，形成了一个完整的社会保障体系，为乡村居民提供了全方位的保障。

2. 特征

乡村社会养老保险制度具有以下特点：(1) 经费来源多元化：乡村社会养老保险制度的经费来源包括个人缴费、集体补助和政府补贴，这种多元化的经费来源可以保证保障体系的可持续性。(2) 保障范围广泛：乡村社会养老保险制度可以覆盖广大的乡村居民，不仅包括已经退休的老年人，还包括即将退休或还在从事农业劳动的年轻人。(3) 保障待遇灵活：乡村社会养老保险制度的保障待遇可以根据不同地区的经济发展水平、农民收入水平等实际情况进行调整，保障待遇相对于城市居民的社保待遇可能会有所降低，但可以为乡村居民提供基本的生活保障。(4) 支付方式便捷：乡村社会养老保险制度的支付方式比较便捷，可以采用线上或线下缴费方式，方便乡村居民缴纳保费。(5) 公平性强：乡村社会养老保险制度的实施可以消除乡村居民之间的收入差距，提高贫困农民的生活保障水平，促进乡村经济社会的可持续发展。

(二)乡村社会养老保险的发展

1. 探索时期(1986—1990年)

1986年,国家在"七五"计划期间开始对建立乡村社会保险制度进行探索的阶段。在此阶段,国家要求对该制度进行深入研究,并在一些地区进行试点,以探索出适合中国乡村特点的社会保险制度。在这一阶段,国家还制定了一些政策措施,以鼓励乡村居民参与社会保险,并提高他们的保障水平。

2. 试点时期(1991—1992年)

在这一时期,国家选定了一些经济相对发达的地区,在这些地区建立了乡村社会保险试点项目。试点项目主要包括基本养老保险和医疗保险。国家通过试点项目,检验了乡村社会保险制度的可行性,并针对试点中出现的问题进行了调整和完善。同时,国家还加大了对乡村社会保险制度的宣传和推广力度,以鼓励更多的乡村居民参与社会保险。

3. 推广时期(1993—1995年)

在这一时期,国家在全国各地普遍推广了基本养老保险和医疗保险,同时逐步建立了乡村社会保险制度的管理和监督体系,确保乡村社会保险制度的顺利实施。同时,国家还加大了对乡村社会保险制度的宣传和推广力度,以鼓励更多的乡村居民参与社会保险。在推广阶段,乡村社会保险制度逐步得到了完善和发展,为广大乡村居民提供了更加全面和有效的社会保障。

4. 制度化时期(1996—1997年)

在这一时期,国家对乡村社会保险制度的法律法规进行修订和完善,确立了乡村社会保险制度的管理和监督体系,并推行了统一的缴费和待遇标准。同时,国家还加强了对乡村社会保险制度的宣传和推广,以提高乡村居民的参保意识和保障水平。在制度化阶段,乡村社会保险制度得到了更为完善和健全的法律保障，为广大乡村居民提供了更加全面和有力的社会保障。

5. 规范时期（1998—2008年）

在这一时期，国家对乡村社会保险制度进行了全面的评估和调研，发现了一些问题和不足，如参保率不高、缴费标准不统一、基金管理不规范等。为了解决这些问题，国家采取了一系列措施，如加强对乡村社会保险基金的监管、加大对乡村居民的宣传和教育、完善乡村社会保险制度的管理和运行机制等。在整顿规范阶段，乡村社会保险制度得到了更加健全和规范的发展，为广大乡村居民提供了更加可靠和有效的社会保障。

6. 新型乡村社会养老保险试点时期（2009—2022年）

在这一时期，国家实行了新型乡村社会养老保险试点，试图建立起以个人账户为基础的社会保险制度，改变原有的以政府为主导的保障模式。同时，国家还加强了对乡村社会保险制度的宣传和推广，以提高乡村居民的参保意识和保障水平。在新农保试点阶段，乡村社会保险制度得到了更加全面和深入的改革和完善，为广大乡村居民提供了更加全面和有效的社会保障。

（三）乡村社会养老保险面临的问题与对策

1. 面临的问题

（1）随着中国乡村老龄化步伐加快，乡村养老保险的承载压力面临着愈加严峻的形势。这种现象表明，越来越多的乡村人口面临着缺乏足够的养老保障的风险，这需要政府和社会各界共同努力，推动乡村社会保障制度向更加完善、更加人性化的方向发展，为乡村老年人提供更好的社会保障。

（2）目前，农民工养老保险制度处于一个空白地带。进城务工的农民既没有被纳入到乡村养老保险体系中，也没有被纳入城镇养老保险体系中，因此，他们缺乏法律保护和养老保障。同时，一些私营、民营企业主借各种理由拒绝为农民工缴纳养老保险等综合险，并且一些农民工只关注眼前的收入而不愿意参加养老保险等综合险，进一步加剧了这个特殊的养老保险问题。

（3）农民对于养老保障的意识浅薄。因为长期受传统小农经济思想的熏陶，他们缺乏现代保障观念，很难理解和接受强调相互扶持的社会统筹形式。此外，他们也不能充分理解"个人收入延期消费"的意义，这进一步加深了他们对养老保障问题的认识困难。

（4）目前，"土地保障"问题日益突出。由国家、个人和社会共同筹资，提供给参保乡村居民在退休、疾病等情况下的基本生活保障。然而，由于部分乡村地区的土地被政府征用或者流转，大量的农民失去了土地，从而也丧失了获取养老金的基本资格，这就是乡村社会养老保险面临的土地保障问题。具体来说，由于土地被征用或流转，农民失去了土地，导致他们的生计受到了影响，无法缴纳社保费用，甚至无法享受社保待遇，因此，土地流转等问题成为制约乡村社会养老保险发展的瓶颈。

（5）乡村社会养老保险金的保值增值问题日益凸显。①通货膨胀导致保值问题。由于通货膨胀的存在，导致养老保险金的实际购买力逐年减少，尤其是在乡村地区，物价上涨的程度更为明显。②投资收益率低导致增值问题。由于乡村养老保险基金的投资渠道有限，投资收益率较低，难以实现充分的增值，使得养老保险金的实际增值效果不佳。③农民缺乏理财知识，风险意识不强。农民往往将养老保险金存在家中，或者存入银行等低风险、低收益的渠道，难以实现保值增值的目标。

（6）乡村养老保险缺乏规范化管理是当前乡村社会保障领域存在的一个普遍问题。① 缺乏统一的管理标准和规范。目前，乡村养老保险的管理标准和规范存在较大的差异，各地区的管理方式不一，缺乏统一的标准和规范，导致乡村养老保险管理的混乱和不规范。②缺乏有效的监管机制。乡村养老保险缺乏有效的监管机制，导致管理难度大、监管不到位，容易出现管理漏洞和风险。③缺乏透明公开的信息披露机制。由于缺乏透明公开的信息披露机制，农民无法了解到养老保险的相关政策、保障范围和待遇标准等内容，也无法对自己的养老保险情况进行有效的监督和维权。

2.对策

（1）提高认识。（2）明确乡村社会保险的法律地位。（3）加强基金管理，确保基金的安全完整。（4）确保新型乡村养老保险与其他社会保障制度有机衔接，形成有效的社会保障网络。（5）做好宣传。

第二节　大众传播

一、大众传播的含义

大众传播是指利用技术手段和媒介渠道向广泛的受众传播信息、思想、文化和价值观的过程。在人类社会中，大众传播具有广泛的社会、文化和政治意义。通过大众传播，人们可以获得来自世界各地的新闻、科技、文化、艺术和娱乐等信息，了解不同地区的文化习俗和观念，加深不同民族之间的相互了解与认知，同时也可以在政治、经济、文化等方面引导和塑造公众的观念和价值取向。

二、大众传播的特点

（1）广泛性：由于大众传播是通过多种媒介向大量受众传递信息，因此具有广泛普及的特点。

（2）快捷性：大众传播的速度很快，可以在短时间内传递大量的信息。

（3）连续性：大众传播可以持续不断地向受众传递信息，不受时间和空间的限制。

（4）互动性：大众传播是一种双向的交流方式，可以让受众和媒介进行互动，受众可以对传播的信息进行反馈和评论。

（5）多元性：大众传播媒介多样，包括电视、广播、报纸、杂志、互联网等，可以适应不同受众的需要和口味。

（6）影响力：大众传播可以对受众的思想、价值观和行为产生重要影响，是一种强大的社会力量。

（7）商业性：大众传播是一种商业化的产业，媒体和广告商可以通过传播信息来获取经济利益。

三、大众传播的社会功能

对于"大众传播的社会功能"的问题，不同社会和国家的情况也不尽相同，因此不同的人会有不同的看法和理解。如果从诞生于美国和欧洲的现代大众传播学的发展脉络进行研究，就可以找到很多经典的理论来从社会的不同方面和层面回答这个问题。这些理论包括媒介效应、社会认同、文化批判、舆论监督、民主参与等多个方面，它们探讨了大众传播对社会发展的影响和作用，并且为我们理解和分析大众传播的社会功能提供了重要的思想资源。

（一）经典理论：揭示大众传播功能多元化

大众传播学开创者们在建立学科体系之初便开始对大众传播的社会功能进行分析。这一问题在大众传播学及其相关学科的建设和发展过程中是一个必须回答的核心问题。深刻了解大众传播的社会功能对于每个人而言都至关重要，无论是为了个人发展，还是为了在社会中更好地影响和说服他人。

1. 拉斯韦尔提出的"三功能说"

1948年，哈罗德·拉斯韦尔（Harold Lasswell）在他的论文《社会传播的结构与功能》中，系统阐述了大众传播在社会中的三种作用。

（1）大众传播的主要功能是环境监视。这种功能假设人类需要及时了解和应对不断变化的自然和社会环境，以保证种群的生存和发展。社会必须具备应对内外部环境变化的能力。在这个过程中，大众媒介扮演着重要的角色，它能够及时传递各种自然和社会生活中的信息，发出警报，帮助人们及早采取预防措施，为即将到来的自然灾害、战争威胁和社会变化做好准备。随着信息成为人们获取生存和安全感所必需的条件，大众传媒在社会中的作用就像大海航行中的"观察员"一样，站在船头向全体人员报告航行情况，不断以及时的方式告知周围环境的变化。因此，"报告"所传递的信息必须准确无误、客观中立、能够及时传递，否则可能会引起公众的不安、恐慌和社会动荡。

环境监视功能是指使用各种传感器和监测设备来监测和评估环境质量和污染水平。虽然这种功能被广泛认为是一项重要的公共服务，但它也有着一些消极的影响。首先，环境监视功能可能会对隐私造成威胁。当政府或公司在公共场所安装监测设备时，可能会损害居民的隐私权。例如，在街道上安装的摄像头可以被用来监视人们的行为，这可能会引起人们的不安和恐惧感。其次，环境监视功能可能会导致焦虑和恐慌。当环境监测设备检测到某种污染物超出了安全标准时，这可能会引起公众的恐慌和不安。尤其是在社交媒体上广泛传播的时候，这种恐慌和不安感可能会迅速蔓延。

（2）社会协调功能是大众传播的一种结合功能，它能够帮助人们选择和评价新闻，提供解释和解决方案，以便更好地发挥新闻的作用。大众传播对于社会和个人来说是一种重要的信息传递方式，它能够帮助人们更好地接收和理解信息，避免信息过载和混乱的问题。

当时，传播学学者拉斯韦尔受到了结构功能主义的影响，这种学派主张将社会视为一个自我调节的系统，整个社会是基于分工合作的关系构建的有机体。在这个系统中，各个组成部分彼此相互关联，发挥着必要的功能。整个系统的存在是基于平衡状态的，任何一个部分的变化都会影响整个系统，使其趋于新的平衡状态。结构功能主义认为，社会结构和功能的相互关系是平衡和稳定的，这种理论为大众传播的三个功能提供了框架背景，也为传播学研究提供了一种重要思想基础。因此，拉斯韦尔的"三功能说"可以说是结构功能主义在传播学领域的一个应用和拓展。

虽然社会协调功能是大众传播的重要功能之一，但它也可能带来一些负面影响。例如，新闻选择带来的"议程设置"可能会对公众的观点和舆论进行引导和限制，这包含着负面影响。由于新闻和评论的公开性，它们可能以不同的形式受到传媒对其的评论和解释的限制，这可能会影响到新闻信息的起源和可信度。此外，媒体对新闻的选择和解释可能会降低社会和个人的判断能力，使得公众在面对信息时难以形成独立的判断，从而影响社会正常的决策和行为。

（3）社会遗产传承功能通常指一种文化遗产的传承与保护，包括物质文化遗产（如文物、建筑、艺术品等）和非物质文化遗产（如传统技艺、口头传统、节日庆典等）。通过大众传播，文化得以传递给后代，并且能够继续教育成年人。在这方面，大众传媒具有优势，这是学校、博物馆、图书馆所不具备的。大众传播能够让文化变得更加生动、直观和易于理解，使人们可以更好地领略文化的魅力和内涵。

2."四功能说"：赖特的大众传播学理论

查尔斯·赖特在他 1959 年出版的著作《大众传播：功能的探讨》中，他从社会学的角度出发,继承了拉斯韦尔提出的"三功能说",并在此基础之上提出了"四功能说"(见图1-2)。

图 1-2 赖特"四功能说"关系图

相较于拉斯韦尔的"三功能说",多了一个大众传播的重要功能,即娱乐功能。他认为,大众传播不仅与政治和社会相关,还能够为大众提供娱乐和消遣的重要功能,这种功能能够满足人们的精神需求,提高人们的生活质量,同时也能够促进文化交流和理解。

然而,需要注意的是,娱乐功能不仅仅是指在传播过程中提供娱乐性活动的功能。它是指传播媒介在传递信息、娱乐、社交和教育等方面所具有的一种功能。为了避免赖特提出的"四功能说"被误用,他对这四种功能与传播活动的区别和联系进行了详细说明。他认为,"信息功能"和"娱乐功能"是在传播过程中输入信息的方式不同,前者是通过文字、图片、声音等表达形式达成的,后者则是通过各种视听娱乐形式实现的。

监视、联系、文化传承和娱乐,这四种传播活动原本是指一些普通的活动类型,有些是通过大众传播渠道进行的,有些是通过私下的人际传播进行的。这些活动在传播媒介和人际交往中扮演着不同的角色和功能。需要注意的是,这些活动和功能并不完全等同。而赖特所说的"四功能说"是指大众传播在制度化程序下日常进行的传播活动所产生的后果和效果。[①]

因此，要理解功能主义与大众传播之间的联系，有必要区分功能和传播活动的效果。传播活动的效果是指传播过程中实现的具体目标和效果，而功能则是指在社会结构和制度化程序下，大众传播所扮演的角色和功能，是一种对大众传播在社会中的治理和调节作用的理论解释。在理解和应用"四功能说"时需要认识到这些不同的层面和区别，这样才能更好地理解和研究大众传播在社会中的地位和意义。

以上述四种活动为例，可以发现它们的范畴比传播广泛。即使在没有大众传播或人际传播活动的情况下，它们仍然存在。此外，这些活动与它们所具备的功能是不同的，活动是存在的，而功能是存在于社会（共同体）中，同时还与人们对此功能的认知和评价有关。需要注意的是，大众传播的功能与传播活动的效果是两个不同的概念。传播活动的效果主要关注于传播者对其传播活动效果的检测和表述，包括传播的影响、反馈和效果等方面；而大众传播的功能则是指其作为一个制度性的社会行为所具有的功能，包括信息传递、娱乐消遣、社交交流和知识教育等方面。因此，了解大众传播的功能与传播活动的效果之间的区别和联系，可以更好地理解大众传播的本质和作用。

四、施拉姆的观点：深入理解大众传播的社会功能

威尔伯·施拉姆（Wilbur Schramm）是现代大众传播学的创始人之一，也是该领域最具代表性的学者之一。他与威廉·波特（William E.Porter）合作出版的书籍《传播学概论》于1973年问世，1982年修订版推出，并更名为

[①] 斯坦利·巴兰、丹尼斯·戴维斯：《大众传播理论：基础、争鸣与未来》，曹书乐译，清华大学出版社，2004，第259页。

现在的书名。该书分析了大众传播学的理论框架，并展望了未来的研究方向。1984年9月，新华出版社出版了该书的中文译本，引起了广泛关注。该书系统地阐述了大众传播学理论，对于推动大众传媒研究的发展和推广产生了重要作用。

施拉姆在其著作中，从政治、经济和社会三个角度全面综述大众传播的社会功能（见表1-1）。通过这种方法，他系统地阐述了大众传播对社会的多个方面的影响。

表 1-1 传播的社会功能[①]

政治功能	经济功能	一般社会功能
监控（信息的收集）	关于资源的获取和交易信息	关于社会规范作用等常规信息，接受或拒绝
协商（分析信息、制定、传播和落实政策）	制定政策和执行政策时的合作和协调	确保公众行为符合社会规范和价值观，保障公众的自由和权利
传承社会遗产、法律和习俗	开创经济行为	向社会的新成员传递社会规范、提供娱乐活动，使其适应社会环境，缓解工作和生活带来的压力

施拉姆提到的功能内外指的是在社会文化传承和社会化的过程中，信息的传递和接收在内部和外部两个方面的具体情况（见表1-2）。

表 1-2 社会传播两个方面的功能[②]

传播功能	外向方面	内向方面
社会雷达	收集、分析和解读信息	接收信息
控制、最终决策、统筹	奉劝、指导	说明、决定
引导	探索知识、教授学习	了解
娱乐	娱乐	享乐

此外，施拉姆等人还探讨了通过媒介来界定不同社会类型的方法，并进一步分析了传播在这些不同类型社会中的具体表现和作用（见表1-3）。

[①] 威尔伯·施拉姆、威廉·波特：《传播学概论》，陈亮等译，新华出版社，1984。
[②] 威尔伯·施拉姆、威廉·波特：《传播学概论》，陈亮等译，新华出版社，1984。

表 1-3　在口语和媒介社会中传播功能的不同表现①

传播功能	口语社会	媒介社会
社会雷达	个人接触、看守人、宣讲人、旅行者、会议、集会	个人接触、新闻媒介
管理	个人影响、领袖、委员会	个人影响、领袖、政府和法律机构、舆论媒介
指导	家庭教育、专家示范、学徒制	家庭早期的社会化、教育制度、指导性和参考媒介
雷达	民族歌手、舞蹈者、说书人、群体参与	创造性和表演的艺术、娱乐媒介

施拉姆等人对传播所发挥的作用进行了描述，主要是为了确定传播对人类自身意义的探究。从古希腊哲学家到法兰西文学院的思想家都意识到，我们既不是完全像神一样的存在，也不是完全像动物一样的存在，而是处于两者之间的独特存在。我们的传播行为是一种独特的人类行为，旨在证明我们的人性和本质。

随着大众传媒在现代生活中的普及，人们越来越认识到传播在社会上的重要作用，并将其融入自己的思考和行为中。传播不仅仅是现代社会文化的制造者，而且是其现实建构者。传播的作用已经超越了简单的信息传递和文化输出的范畴，其产生的影响和效应已经深刻地渗透到我们的日常生活和社会中。传播现在已不再是一个单纯的概念，而是被披上了一层神秘的面纱，成为人们思考、行为和生活中不可或缺的一部分。

随着学科的发展和新思潮的涌现，尤其是欧美新哲学和社会学研究成果的出现，对大众传播社会功能的研究已经超越了经典理论的局限。为了吸收近年来的传播功能研究新成果，并不断拓展传播功能的视野，我们需要不断创新和探索。

---

① 威尔伯·施拉姆、威廉·波特：《传播学概论》，陈亮等译，新华出版社，1984。

五、评估大众传播的社会功能

(一)"传播"的两种模式

国内外学界就传播的定义和传播学的问题进行了广泛的探讨,随着新媒体环境的快速变化和融合,传播的领域已经日益复杂和困难。在当今世界,传播的实践和研究已经不再局限于传统的媒介形式,而是涵盖了众多新兴媒体和技术手段。传播与媒介的属性紧密相连,而新媒体的属性和特点也在不断变化和演化,这给传播研究和实践带来了前所未有的挑战。

传统传输模式过于强调政治和经济的社会秩序,而忽略了社会的礼仪秩序,例如社会审美体验、宗教信仰、个体价值观、情感以及知识共享。凯里(James W. Carey)认为,传播并非客观存在等待我们发现,而是我们人为定义后呈现出来的现实。在美国西方传播思想史上,传播有两种截然相反的定义:一种是传输视野下的传播,另一种是仪式视野下的传播。在这两种定义的基础上,有了两种不同的传播"景象"(见图 1-3、图 1-4):一是大家比较熟知的"传输"模式;二是大家不太熟悉的"仪式"模式。

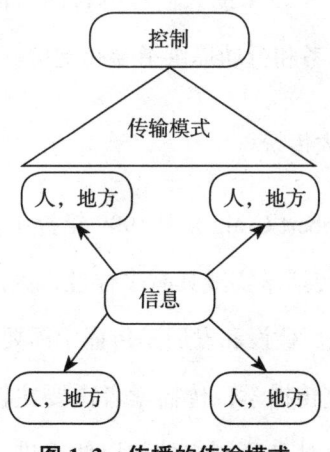

图 1-3 传播的传输模式

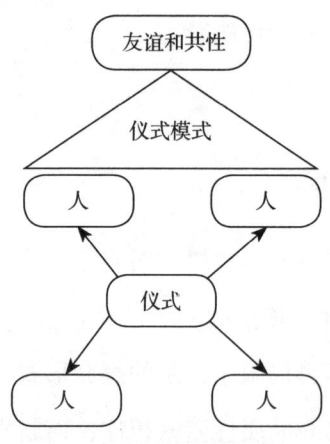

图 1-4　传播的仪式模式

凯里认为，传输模式主要目的是控制空间和人，着重于如何有效地传递信息，因此其中包含着工具性和因果关系。但是，他认为这种观念应该被"仪式"所取代。传播更像是一种仪式性的活动，参与者（包括被传播对象、传播者、受众）是在传播中体现自己对社会信仰的表达和共享。传播的仪式性质并非指"信息"在空间中的传递，而是指通过时间中的社会活动来维系和确认社会信仰。因此，他认为传播的首要和最高级的表现不是传递智慧的信息，而是建立和维护一个有序、有意义的文化世界。这个文化世界作为人类行为的控制器和容器，可以帮助人们理解自己、他人以及周围世界的行为和信仰，从而为人类的思考和行动提供指导和支持。

（二）大众传播的七大传统

罗伯特·克里格（Robert Craig）于 1999 年提出备受关注的"大众传播的七大传统说"，认为人类传播学实践具有多样性，因此传播学学科不能完全由一种理论流派或体系掌控。建设和发展是传播学需要同时关注的两个领域。

首先，为了深入研究传播学，传播学者需要比较和对比不同的传播理论和观点流派之间的相似之处和不同之处，以便更进一步地了解它们之间的碰撞和交会，在比较差异和相似性的基础上得出学术共识。

其次，为了达成共识，需要重新定义学者们头脑中的"理论"概念。他认为，从学科建设的角度来看，理论不仅仅是对某个特定研究过程的阐述，还是一系列围绕学术发展方向的言论和争议。①

罗伯特认为，关于传播的本质，不同学者有着不同的观点和理解。试图为所有的传播理论找到一种统一的视野或定义并不一定是正确的选择。传播学是一门具有操作性的学问，它关注的是当下人们在生活中面临的传播问题，并注重自下而上的学理探究。因此，我们需要根据现实问题对传播理论进行系统梳理和应用，才能更好地应对现代社会中的传播挑战。从这个角度来看，传播学的真正图像应该是一个"组合模型"，而不是一个单一的传播理论体系。他将传播理论划分为七个不同的传统，并且对这些传统进行了相互比较和详细分析，总结出了相互矛盾和相互协调的观点和理论。

1. 修辞学传统

传播学在修辞学的传统中被视为一种注重艺术性的公众演讲，其具有以下几个特征：第一，它需要具备一定的演讲技巧，使人类显得与其他动物不同；第二，公众演说通常是单向的，即演讲者向听众传递信息，而不涉及双向交流；第三，相比于"下诏书"的方式，公众演说能够更好地达到演讲者的预期目的和效果；第四，在培养领导能力的过程中，演讲训练是不可或缺的基础；第五，修辞学更倾向于艺术而非科学，强调演讲者的感性表达和情感交流，而非严谨的逻辑推理和科学实证。

2. 符号学传统

在符号学的范畴内，传播学的主要研究目标是通过符号来分享和传递意义。这包括符号的编码和接收者的解码过程。传播的意义是在符号的编码和

---

① 杨超晶：《传播学的反思与中国学派的传播哲学》，https://www.xwpx.com/article/2008/0801/article_602_42.html，访问日期：2023年5月1日。

解码过程中诞生的，这个过程极其复杂，牵涉参与者的主体性、符号的多层意义，以及参与者之间、参与者和符号之间的各种互动关系。

3. 现象学传统

在现象学的传统中，传播学的研究对象是人们的对话和个人生活经历，强调普通人对自身经验的感受和解释。这个学派认为，如果我们希望改善人际关系，就必须关注沟通过程中言行的一致性，以及在交流中向对方传达肯定和尊重的情感，并运用同情心来理解对方。

4. 控制论传统

控制论传统研究的是信息处理过程。传播过程本质上也是信息处理过程，我们的所有努力都是为了弄清这个系统中的各种变量，以确保传递给对方的信息是最完整、最充足的。

5. 社会心理学传统

社会心理学传统的研究重点在于探究人与人之间的影响关系，并尝试找出传播和效果之间的因果关系。该学派多使用实验法，以便服务于说服活动。代表这个学派的耶鲁学派研究方法重视瞄准特定人群，关注特定说话人对特定听众的说话内容，并分析产生的效果。其研究目的在于了解怎样才能更好地影响他人，实现对特定人群的说服和影响。

6. 社会文化传统

传播并不是单纯地传递信息，而是社会现实和意义的创造，并且不同的社会群体对同一个信息可能会有截然不同的解读和理解。

7. 批判传统

批判传统是对某种传统或惯例进行批评和反思，旨在揭示其缺陷、弊端或不合理性，并提出新的理念或方法来取代或改进旧有的传统。批判传统通常需要对历史和文化进行深入分析和思考，以了解传统的根源和影响，同时也需要对现实社会和人类需求有深入的理解和洞察。批判传统是一种反思性的思维方式，旨在推动社会和人类的进步和发展。

罗伯特·克里格认为，为了将七个主要的传播理论传统中存在的各种矛盾引导向合一的方向，我们需要在现有的多种传播模型基础上建立一个更大的"元模型"，"组构模型"即所称的元模型，传统的传播理论模型仅仅是元模型的组成部分或表象。该元模型能够提供一个涵盖传播理论的综合场域，通过"元叙述"构建一个可相互辩证的交流语言，以促进这些传统理论的辩证论述。

把上述传播七大传统进行整理，如表1-4所示。

表1-4 大众传播学的七大传统[①]

	修辞学传统	符号学传统	现象学传统	控制论传统	社会心理学传统	社会文化传统	批判传统
传播学理论	话语的实践艺术	以符号为媒介的主体性	对他者的体验，对话	信息过程	表达，互动和影响	社会秩序的生产和再生产	话语的反思
传播学理论要解决的问题	社会现实要求集体的思考和判断	主体观点之间的误解和差异	缺乏或者无法维持可靠的人际关系	噪音超载信息不足等统中的故障	情形要求对行为的原因进行操控以便达成特别的结果	冲突，疏偏，离移，无法达成一致	意识形态的霸权，系统性地扭曲言说的情景的
"话语"的词汇	艺术，方法，交流者策略，共同点，逻辑情感	符号，象征符号，索引，意义，所指，编码，语言，媒介，理解/误解	经验，自我和他者，对话，真挚，支持、反对	资源，接收者信号，信息，噪音，反馈，冗余，网络，功能	行为，变量，效果，个性，感情感觉，认知，态度，互动	社会，结构，实践，一时，规则，社会化，文化，认同，共建	意识形态，对话，压迫，提升自我意识，反抗，解放

---

① Robert T. Craiy, "Communication Theory as a Field," *Communication Theory* 9, no.2(1999):161-199.

续表

	修辞学传统	符号学传统	现象学传统	控制论传统	社会心理学传统	社会文化传统	批判传统
在这些方面具有说服力	词语的力量，充分获取信息的情况下所做判断的价值，实践的可改善性	理解要求共同的语言传而不通的危险无处不在	人类沟通所需要的就是：应把他者当作平等的人类看待尊重差异，寻求共同的基础	心智的角色，信息和逻辑的价值，复杂的系统难以预测	交流反映个性信仰和情感将误导判断，群体中的人们相互影响	个体是社会的产物，每个社会有独特的文化，社会行为具有出乎意料的影响	对权力和财富的自我意识，自由、平等和理性的价值，讨论催生警觉和洞见
受到质疑的地方	纯粹的词语并非行动，表象并非现实，风格并非实质，观点不是真理	词语有正确的意义，并能代表思想编码和媒介是自然的渠道	传播是技能，词语不是实物，事实是客观的、评价是主观的	人类和机器不同，情感是非逻辑的，因果之间有线性关系	人类是理性的存在，我们知道自己的心智、我们知道自己看到了什么	个别的位置和责任，自我的绝对身份，社会秩序的自然性	传统社会秩序的自然性和理性，科学和技术的客观性

在《人类学传播理论》一书中，李特约翰对罗伯特的七大传统进行了发展，并详细介绍了罗伯特所谓的"元叙述"。他进而提出了"核心传播学理论"的概念，该理论并没有特别处理传播学某一个方面的理论，而是聚焦于所有传播学中共有的一般概念和过程。李特约翰强调了核心理论的重要性，并认为它能帮助我们理解传播的一般意义，让我们能够洞悉任何传播过程的发生。李特约翰认为，大多数理论都可能包含一个或多个因素，并对主要理论做出了一定的贡献。

大众传播学揭示的现象是一个既复杂又引人入胜的过程，因此对大众传播的社会功能进行评估也变得同样复杂和令人兴奋的。图1-5为传播的七大传统各自重视的效果评估方向，内圈代表传统理论的视角，而外圈则代表评估方向。

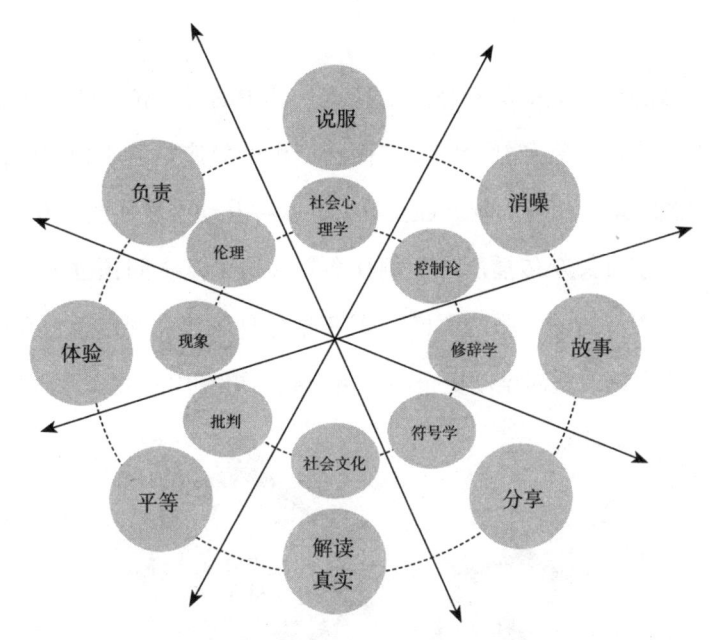

图 1-5　传播的七大传统各自重视的效果评估方向

因此，评估大众传播对社会和文化的影响很难采用单一的确定方式。相反，传播学认为大众传播是推动落后地区社会文化发展的重要推动力。大众传媒能从不同的方面和角度影响落后地区的观念、态度和行为，成为推动社会发展所必需的"软件"。因此，在"村村通"工程和文化下乡等活动中，大众传媒发挥着关键作用。大众传媒可以加强文化的传承和扩散，同时促进落后地区与其他地区之间的文化交流。在文化的背景下，大众传播作为文化产业的基础，是现代社会以及相关成员异化的原因。

消费社会的背景下，大众传媒不仅仅是满足观众的需求，同时还能够创造需求。因此，符号学家和哲学家们特别关注大众传播所传递的新闻是否真实可信，是否反映社会现实。政治学家则思考大众传播如何帮助国民建立国家意识，利用大众传播整合社会。与此同时，越来越多的大众传播学者致力于研究如何更好地设计广告，传递新闻和娱乐内容，以吸引消费者。自从有了大众传播，它与社会之间的关系问题就变得尤为重要，这个话题的热度也从未减弱。

大众传播的社会效应具有特定的特点，其中的"三位一体"概念指的是大众传播对个人、家庭和社会三个层面所产生的效应是各不相同的，但这些层面之间彼此联系，相互影响。社会效果的六种互动维度如图 1-6 所示。

目前，大家对大众传播所产生的社会效应这个基本问题也很难达成一致的看法，正如李特约翰主张的那样："只有把各种思想和观点融合在一起，才能想成强大的力量，从而推动更全面、更准确、更有用的大众传播。"

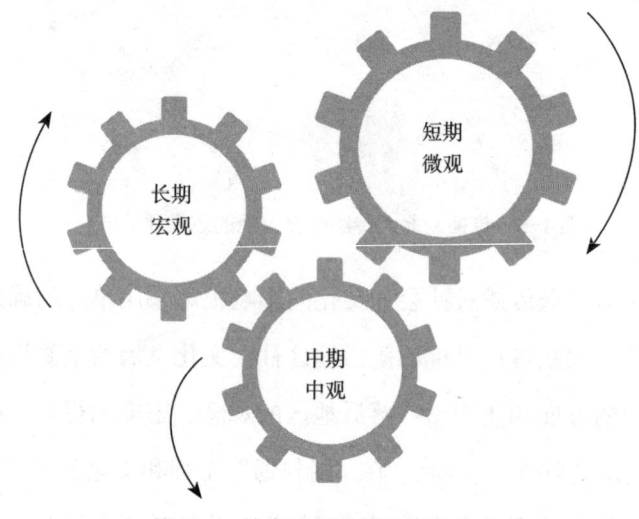

图 1-6　社会效果的六种互动维度

第三节　数字时代的媒介形态

一、数字时代的媒介含义及特点

（一）含义

数字时代的媒介指的是使用数字技术进行传播和呈现信息的各种媒介形态，包括网络媒体、移动媒体、虚拟现实媒体、电子出版物、数字电视媒体、智能家居媒体等。在数字时代，随着信息技术的不断发展，媒介形态的多样化和复杂性也在不断增加。数字时代的媒介不仅能够传播信息和知识，也能够进行社交、娱乐、商业等方面的活动，成为人们日常生活中不可或缺的一部分。与此同时，数字媒介的到来，也给传统媒介带来了一定的打击，对媒介产业和媒介生态的影响也越来越明显。

（二）特点

数字媒介一定程度包含了数字媒体、全媒体的概念，它不仅是一种融合了所有传统媒介特点的新型媒介工具，更是一种融合了所有传播要素的新型媒介观念，基于上述角度，数字媒介具有以下特点。

1. 互动性

数字媒介可以让用户进行双向互动，即用户可以不仅仅是被动地接收信息，还可以通过各种方式与媒介进行互动，例如评论、点赞、分享等。

2. 即时性

数字媒介的特点之一就是能够实现信息的即时传递，使得用户能够在第一时间获取到最新的信息和资讯。

3. 个性化

数字媒介可以根据用户的需求和兴趣进行个性化推荐和定制，提供更加符合用户需求的内容和服务。

4. 移动性

数字媒介可以随时随地访问，用户只需要通过移动设备就可以获取信息和服务，具有极大的便利性。

5. 多样性

数字媒介形式多种多样，可以通过不同的数字媒介形式进行信息传播和呈现，例如文字、图片、视频、音频等。

6. 数据化

数字媒介可以生成大量的用户数据和行为数据，这些数据可以为媒体和企业提供更加精细化的服务和广告投放。

7. 可量化

数字媒介可以实现精准的数据统计和分析，了解用户行为和需求，精确评估投放效果，提高企业的营销效率和效益。

二、数字时代的媒介类型

根据数字媒介的形成和演化规律，数字时代的媒介可以分为以下三种类型。

（一）原始数字媒介

原始数字媒介是数字时代最初出现的数字媒介，主要包括电子邮件、网站、搜索引擎等。这些媒介虽然已经存在了很长时间，但在数字时代的大背景下，原始数字媒介的发展和应用更为广泛，也是数字时代的基础媒介。

（二）交互数字媒介

随着数字技术的不断发展，交互数字媒介逐渐成为数字时代媒介的主流。这些媒介可以与用户进行实时互动，包括社交媒体、在线视频、电子游戏等。这些媒介不仅让人们更好地获取信息，还能够满足人们的娱乐和社交需求。

（三）智能数字媒介

随着人工智能和大数据技术的不断发展，智能数字媒介成为数字时代新兴的媒介类型。智能数字媒介可以通过算法和机器学习等技术，根据用户的兴趣和偏好进行个性化推荐，包括智能音箱、智能家居等。这些媒介对人们的生活以及生活质量有了显著性提高。

三、数字时代的媒介环境

（一）数字时代媒介环境的定义和特点

1. 定义

数字时代的媒介环境是指以数字技术为基础的信息传播和交流的环境。它包括各种数字媒介平台，如互联网、社交媒体、移动应用、电子邮件等，以及这些平台上的内容和用户。数字时代的媒介环境与传统媒介环境相比，更加便捷、高效、全球化，并且具有更多的互动性和个性化特点。数字时代的媒介环境已经成为人们获取和交流信息的主要方式之一，并且对社会和文化的发展产生了深远的影响。

2. 特点

（1）多样化：数字媒介平台呈现出多样化的特点，包括媒介形式、传播方式和内容类型等方面都变得更加多样化。视频、音频、图片、文字等多种形式的信息传播方式均可使用。

（2）互动性：数字媒介平台具有双向交互的特点，人们可以通过评论、点赞、分享等方式积极参与到信息的生产和传播中，从而推动信息的发展和演进。

（3）个性化：数字媒介平台可以根据用户的兴趣爱好、历史记录等信息，提供个性化的内容推荐服务，使得用户可以更加方便地获取自己感兴趣的信息。

（4）实时性：数字媒介平台的传播速度快，信息可以在短时间内传播到全球各地，用户也可以随时随地获取最新的信息。

（5）商业化：数字媒介平台的商业化趋势明显，许多数字媒介平台通过广告和付费服务来获得收益，这也带来了一些信息真实性和隐私保护的问题。

（6）全球化：数字媒介平台已经超越了地域限制，信息可以在全球范围内传播和交流，这也带来了语言和文化差异等问题。

（二）数字时代媒介的发展历程

以互联网为代表的数字技术为人们生活带来了重要的改变，但是数字时代的媒介却有着一定的发展历程。

20世纪60年代初，美国国防部开发出了互联网，这是数字媒介的雏形。最初的互联网只是为了满足军事需求而建立的，主要用于信息传输和共享。

随着20世纪80年代个人电脑的普及和互联网的商业化，数字媒介开始进入广大民众的视野。此时，互联网已经开始向民用领域拓展，出现了一些商业门户网站，如雅虎、谷歌等。21世纪初，社交媒体的出现和移动互联网的普及，让数字媒介变得更加便捷、互动和个性化。人们正在逐渐采用Facebook（脸书）、Twitter（推特）、微信等社交媒体平台作为获取信息和社交互动的主要渠道。移动互联网的普及进一步推动了数字媒体的发展，许多数字时代媒介平台开始提供移动端应用程序，让用户获取信息的方式更加便捷。目前，人们获取信息的主要方式之一就是通过数字媒介，包括互联网、社交媒体、移动应用、电子邮件等。

四、数字时代媒介未来的发展趋势

（一）数字时代媒介在发展中不断加强

数字时代媒体的发展越发深入，数字技术在媒体领域中得到广泛应用。在信息、通信和大众传播等领域，数字化媒体成为一种主要的传播方式，逐渐代替了传统模拟制式。当前，数字技术的快速发展带来了新型媒介和新技术的不断涌现和更新换代，这也促进了数字摄影、数字电影、数字电视等新型视觉传媒的兴起。数字化最重要的特征是其开放、兼容和共享的特性，数字技术的发展对于传播模式和媒介本身都带来了深远的影响。数字时代媒介深度发展将体现在数字技术在信息处理、传输和存储等各个环节中的广泛渗透。

（二）数字时代媒介竞争日趋激烈

无论是哪种事物，其发展过程中都会涉及竞争。媒介作为一个重要的创造和传播信息的平台也不例外。在媒介之间的竞争过程中，相互之间融合，不断地汲取彼此之间的经验和优点，以最大限度地扩大传播效果。这种竞争还促使媒介发展出更多变现形式，数字技术的发展在经济、社会和文化等多个领域产生了广泛而深远的影响。实际上，媒介的发展从来不是独立的，而是各种媒介在相互影响、相互融合中不断发展。比如，图文、影像和声音，推动了电影、电视、广告、动画等多样媒介和艺术形式的兴起；而电子媒介，如书籍、报刊、网络和手机，相互交融、互相渗透，从而孕育了新兴的网络报纸和手机报纸等媒体形式。网络报纸和手机报纸等新型媒介形态。数字媒介的发展是以互联网为技术基础，而互联网本身就融合了多种媒介形式。数字媒介的兴起在许多方面，如传播方式、娱乐性、信息获取等，都向我们展现了媒介融合的成果。

就传播形式而言，互联网和电话有所区别。电话只能实现两点或两面之间的传播，而互联网可以实现多点多面之间的广泛传播。网络技术和通信技术相互融合和渗透的发展，对现代传播方式产生了重大影响。不同种类的电子技术在相互融合中，它们之间的区别和界限也变得越来越不清晰。

第四节 触媒效应

触媒效应（catalytic effect）是指一个因素的存在或作用，对其他因素的发展起到促进或加速的作用。在经济学中，触媒效应被用来描述一个因素（如政策、技术、市场等）对经济增长、就业、创新等方面的促进作用。

一、触媒的特点

（1）促进作用：触媒效应的本质是一种促进作用，即一个因素的存在或作用，对其他因素的发展起到加速或促进的作用。触媒效应可以使得事物的发展更快速、更高效。（2）催化作用：触媒效应类似于化学反应中的催化剂，可以加速事物的发展和变化过程。触媒效应在经济、社会、文化等领域都有广泛的应用。（3）相互作用：触媒效应需要依靠各种因素的相互作用和配合，才能发挥出最大的作用。没有一个单一的因素可以产生触媒效应，而需要各种因素的相互作用和协同。（4）持续作用：触媒效应一旦产生，往往会持续发挥作用，并带来连锁反应。例如，一种技术或政策的应用，能够推动产业的发展，从而给就业和创新带来更多的机会。（5）正向作用：触媒效应通常是一种积极的力量，可以促进各个领域的发展和进步。触媒效应可以带来许多好处，如经济增长、就业、创新、环境保护等。

为了推动城市的可持续发展，引入"触媒"和"触媒效应"的概念，充分利用城市结构、政策和社会环境的优势，以提高城市的整体环境质量。城市触媒和触媒效应的引入，旨在通过激发城市经济、环境和社会等方面的潜力，城市的创新和发展不仅可以提升城市的竞争力，还可以增强城市的可持续性。

具体来说，城市触媒可以是新的服务、科技或产业等，通过建立新型产业体系、创新城市治理模式等推动城市的升级和转型。而城市触媒效应则强调城市各个方面的相互作用和协同作用，形成更大的城市效益和城市价值，以增强城市的可持续性和整体环境质量。城市触媒和触媒效应的引入，是城市发展战略和规划中不可缺少的元素，它们提供了一种新的、创新的方式，协助城市实现可持续发展，使之成为人们向往的宜居、繁荣、创新之都，包括经济、社会、环境等各方面。

二、城市触媒的含义及作用

（一）城市触媒的含义

"城市触媒"是指可以促进城市发展和变革的力量或因素，也可以理解为推动城市发展的催化剂。这些力量或因素可以是人、组织、政策、技术、文化等各种方面的要素，它们通过相互作用和影响，引发城市的变革和发展。

（二）城市触媒的作用

城市触媒可以采取不同的形式出现，如交通枢纽、购物中心、CBD、大学城等群体建筑，以及自然景观元素如风景名胜，它们都具备强大的吸引力和聚集效应。作为一种针对人及其活动的场所，城市触媒能够吸引商业和房地产等资本的进入，从而引发大规模的城市建设。城市触媒的本质是以人为本的，吸引人群聚集，创造出商业和文化等方面的价值。城市触媒是城市发展的重要引擎，可以产生多种经济、文化和社会效应。城市触媒是城市发展的重要引擎，可以产生多种经济、文化和社会效应。从市场机制和价值费率的角度考虑，城市触媒会为周边地区带来商机和资本引流，从而推动城市的快速发展和建设。

城市触媒最初只是影响周边城市构成要素的力量，通过改变它们的外在条件或内在属性来推动城市的发展。在媒介的传导下，随着城市构成元素之间相互作用力（媒介）的扩散，城市触媒的影响力不断加强，原有元素逐渐发生改变或新元素被吸引进城市，与原有的"触媒点"相互协同、融合时，将形成更大范围的城市触媒点，其影响不仅会扩展至更广阔的城市区域，还会引发城市开发的连锁反应。城市触媒与其周边城市构成元素之间的相互作用，可以促进城市的创新和发展，使城市的各个方面协同作用，产生更大的市场和社会效益。

（三）城市触媒的主要功能

城市触媒的主要功能是促进城市的创新、发展和繁荣。它能够在城市中形成集聚效应，吸引人才和资源，促进城市经济的发展和城市文化的繁荣。此外，城市触媒还能够带动城市的社会变革和环境变化，推动城市的可持续发展。同时，城市触媒还可以促进城市间的交流和合作，加强城市之间的联系和互动。

城市触媒是由局部功能的改造和增加所形成的"催化剂"，在市场经济的背景下，它的存在促进了价值规律的发挥，快速激活了周围地区的发展，并进一步产生了连锁反应。城市触媒的出现激活了周边地区的发展，引发了一系列商机，这是推动城市持续发展的强大力量，能够促进城市经济的繁荣。与此同时，经济的发展也带动了城市功能的自我完善，促进了城市环境的不断整合，增强了城市的自我组织和发展能力，进而使得城市建设进入良性发展轨道。

我国城市发展正快速进行，但也面临着一些发展瓶颈和问题，例如城市规划的不合理性、城市发展的单一性和过度依赖单一产业的情况。要想改变这种死气沉沉、缺乏活力和动力的局面，城市触媒理论的引入就显得尤为重要。城市触媒理论是一种全新的城市规划和城市发展范式，旨在通过智能化、生态化和创新化等方式促进城市发展，挖掘城市的潜力和增强城市的活力。通过城市触媒的引入，可以拓宽城市发展的思路和途径，提升城市的品质和吸引力，打造具有世界水平的美好城市。

三、城市触媒理论

城市触媒理论是一种以局部功能改造和增加为基础的城市规划和城市发展理论。该理论认为，通过在城市中增加新的功能和改造现有功能，可以创造出"触媒点"，从而促进城市的发展和转型。这些"触媒点"能够吸引人流、货流和资金流，形成城市发展的新动能，同时也能够引发周边区域的发展。城市触媒理论的核心思想是通过局部改造和增加，来推动城市的整体发展，实现城市的可持续发展。随着我国市场经济的快速发展，城市触媒理论对于我国城市建设的引导作用也愈发重要。改革开放以来，我国市场经济逐步走向健全，建立了以市场供求为基础、政府调节市场的经济体制，成了城市触媒发挥作用的重要条件。城市触媒理论可以帮助我国城市规划师和市场机构更好地理解、把握市场需求，挖掘城市潜力，发现城市的发展瓶颈，以更加科学、精准和人性化的方式来规划和建设城市。

四、城市触媒的分类

城市触媒在城市发展中具有至关重要的作用，城市的发展和建设是在各种触媒的作用下不断推进和改进的。城市触媒可以根据其作用方式进行分类，常见的分类方式之一是激发式、链条式、缝合式。

（一）激发式

在城市的某些滞后或更新不足的区域嵌入城市触媒，以激发该区域的发展和改善城市整体的发展状况。这种激发式城市触媒是最常见的形式之一。基础设施对城市建设和城市发展起着重要的激发作用，反映在人们常说的"要致富，先修路"这句话之中。特别是轨道交通站点的建设，地铁站、轻轨站、高速铁路客运站等交通枢纽，因其快速高效的交通功能，成为城市中具有重要意义的区域增长极，具有快速打破城市格局、快速聚集各种城市元素的特点。例如，上海新天地改造，设计者放弃了上海新天地的住宅用途，重新设计了其功能，使其成为一个时尚、高雅和文化艺术的聚集地。在"新天地"品牌效应的带动下，该地区的地价飙升，周边地区也因此得到了巨大的发展机遇，逐渐成为上海市的重要旅游目的地。这种改造和创新的方式充分考虑了城市的文化和历史底蕴，利用和整合现有的城市资源，充分发挥了城市的潜力和活力。

（二）链条式

链式城市触媒是指一座城市在发展中对周边地区产生的促进作用。这种促进作用类似于链条一样，从城市开始，延伸至周边地区，促进其发展。例如，一个城市的经济发展会吸引更多的人口和企业进入该城市，进而促进周边地区的发展，形成一个链条式的城市触媒效应。北京利用2008年奥运会成为城市发展的加速器，其中最重要的作用在于带动了旧城区的改造和更新，扩展了城市中轴线，进一步完善了城市的基础设施，也让市民素质有了大幅提升。奥运会作为城市发展的历史机遇，成为北京市实现城市建设与发展的重要契机。奥运会、世博会和亚运会等重要城市事件触媒的举办，不仅能够吸引海内外的游客和参观者前来，而且也为相关城市的经济发展带来了新的契机和动力。随着场馆和其他配套设施的建设和完善，这些城市可以更好地满足游客和市民的需求，提升城市的形象和品牌效益。

就像其他城市事件触媒一样，国家政策也能够产生类似的链式影响，从而推动城市的发展。例如，在党的十六届五中全会和"十一五"规划纲要中，提出了建设社会主义新乡村的历史使命。如今，新乡村建设已成为各级政府和相关行业尤其是规划建设行业的重要工作日程，成了全社会关注的焦点。

在政策的引导下，各地区在新乡村建设方面取得了显著的成果，得到了各种优惠政策和扶持措施的支持。通过新乡村建设，城乡经济和社会发展得到了更为均衡和协调地发展，同时也促进了乡村资产和资源的优化配置和利用，进一步推动了城市和乡村的融合和谐。

（三）缝合式

城市触媒的核心作用在于将已有的城市资源、功能和产业进行缝合，建立或加强联系，从而实现资源利用的最大化，达到"1+1>2"的效果。虽然城市触媒在城市的发展和规划中具有重要的缝合作用，但往往被人们所忽视。这些触媒零散分布在城市的不同街区和区域中，周围环绕着多种城市功能，如居住、商业、办公、娱乐等。城市触媒通过建立各种城市功能之间的联系，让它们相互关联、加强关系或创造关联，从而促进城市内部的协调和联通。城市触媒既包括实体场所，也包括开敞空间，它们能够吸引不同人群的停留，成为城市中交流互动的场所。例如，公园和开放空间经常充当着社区联系和聚集的角色，成为居民娱乐休闲的好去处。这些空间需要实用的设计，吸引更多的人群，承担着联系和区别的双重任务。

通过这些空间的设计和建设，可以促进城市内部不同社群之间的交流和了解，打破社会的隔阂和限制，增进城市居民之间的情感和认同，提高城市的凝聚力和稳定性。同时，在城市规划和设计中，我们也应该注重城市触媒的功能和价值，将其作为城市建设和发展的重要方面来考虑，使其能够更好地满足城市居民的需求和愿望，实现城市功能的连续性和创新性，推动城市的整体发展和进步。

第二章 媒介形态理论

第一节 媒介形态理论定义

一、媒介形态理论概念

媒介形态理论是一种描述媒介环境变化的理论，主要强调了媒介环境的"形态"现象，即媒介环境会产生一种新的形态，进而引导出新兴技术、新型社会结构和新兴文化现象，从而改变媒介环境的发展方向。在媒介形态理论中，媒介环境的形态是指一种对媒介技术、结构和文化现象的整体描述，它与媒介技术的演化和媒介文化的变革密切相关，并随着人类社会的演变而不断发展。哈罗德·英尼斯、马歇尔·麦克卢汉、约书亚·梅罗维茨和保罗·利文森是媒介形态理论的重要代表人物，他们的研究和贡献为媒介形态理论的发展做出了重要贡献。

二、媒介形态概念的整理

媒介一词的起源可以追溯到古代。在古希腊文献中，媒介一词被用来描述一种将信息或消息传达给另一个人的方法或途径。例如，亚里士多德（Aristotle）在其著作《政治学》（Politics）中使用了媒介一词，指代那些可以将人们联系在一起的中介物或机制。另一个例子是柏拉图（Plato）所写的《理想国》（Republic），其中用媒介一词来描述一种可以带来灵感或启示的技术或技巧。在古代罗马，媒介一词被用来描述一种将信息或思想传达给公众的手段或途径。例如，古罗马公民通过演讲、书信、报纸和公共演讲等形式使用各种媒介来传播他们的观点和想法。在中国，媒介这个词最早出现在《周礼》中，用来描述一种将君王的命令传达给百姓的手段。在《论语》中，孔子也使用了媒介一词，用来描述一种可以传达人们情感和思想的手段。

国外对"媒介"的认知也是一个不断演变的过程。在拉丁语中，"medius"一词常常表示"处于中间的""普遍的"或"公正无私的"等含义。到了19世纪中叶，孩子们在街头宣传标语或派发传单被称为"广告媒介"。早在1909年的《韦伯斯特词典》中，媒介就被解释为"工具"，其中包括广告媒介。而到了20世纪60年代，媒介已经发展成为一种被广泛认可的学科语言，电视已经成为主导地位的媒介。随着互联网技术的迅速发展，21世纪的今天，新型媒介，如网络媒介等，已逐渐成为信息传播的主流工具。

媒介有两个层面的含义：第一层面指信息传播所需的载体或工具，例如电话、电脑、网络、报纸、广播和电视等传播技术相关的媒体；第二层面指在社会性信息传播中，媒介指的是社会组织或机构，例如报社、电视台和广播电台等机构以及这些机构形成的信息传播渠道。媒介在信息传播中承担着收集、处理、加工和传播信息的任务，它是从传播者到接受者之间传递、获取和处理信息的物质工具或组织机构。

随着各种媒介的不断发展，它们呈现出相互叠加而非相互取代的趋势。尽管这些媒介具有不同的个体特征和传播特质，但它们之间互相依赖，相互影响。并且在革新的过程中相互融合、取长补短。随着媒体的发展，印刷媒介更加注重传递形象信息，而电视在传播过程中也必须遵守文字传播的规则。而网络媒介在形式上仍然需要运用语言文字、图像等传统符号，新媒介的出现并没有尝试传统的表达方式，而是在已有的基础上进行整合。所以，每一种媒介都有其独特的表达方式和传播特点，它们互相补充和增强，但是不能互相替代。

（一）媒介的分类

媒介的分类与其传播渠道或介质的差异性有关。根据信息传播的渠道和介质不同，媒介可以分为人际传播媒介和大众传播媒介，以及传统媒介和新媒介。这些分类方法的不同导致了它们在传播活动中的使用方式和效果存在显著差异。

1. 人际传播和大众传播

人际传播是人类社会形成和发展的最古老、最基本的传播形式。随着社会的进步和发展，大众传播作为一种新兴的传播形式出现，其包括一些机构和技术手段，可以通过技术手段向更广泛的受众传播信息。大众传播与科技和经济水平密切相关，是传播活动中的一种高级形式。借鉴特伦霍姆等人对人际传播的定义："人际传播是发生在两个个体之间的传播活动，他们彼此分享着（信息）接受者和发送者的角色，通过创造意义的相互活动而达成联结。"[1]

---

[1] Sarah Trenholm, Arthur Jensen:《人际沟通》，李燕、李蒲群译，扬智文化事业股份有限公司，1995，第33—39页。

以前，人际传播的方式都比较传统，如谈话、写信等。但是计算机的出现，打破了传统的人际传播方式，人际传播也发生了变革，如 E-mail 交流、网上聊天等方式。与此同时，在传播技术不断更新的情况下，大众传播的概念也渐渐地形成。《太阳报》的问世代表着大众传播时代的到来，开启了这一新时代的序幕。大众传播指的是职业传播者通过使用机械媒介，例如印刷机等，以广播、电视等电信设备机械式、快速、广泛、连续地传递信息，旨在大量、多样化的传递对象中刺激传播者的预期，试图影响传播对象的各个方面。大众传播可以被视为一个过程，其中职业传播者运用各种媒介手段，传递通过信息渠道获得的信息，并试图影响受众的行为和态度。

大众传播和人际传播是社会传播领域中备受关注的两种现象。这两种传播现象之间显然存在着很大的差异，无论是在表现形式、传播特点还是概念内涵方面。它们所涉及的传播对象、传播手段和传播目的都有所不同。大众传播更注重形式和内容的表现，因此与大量的知识分子和专业人员合作，以期扩大影响范围。而人际传播则更注重直接的沟通和情感交流，不需借助其他媒介传递信息，强调口头和非口头交流，其特点在于充满情感和互动。

首先，大众传播的传播者和受传者的身份不同。大众传媒的传播机构由个人组成，他们传递的信息代表新闻机构所属的阶级、党派、集团的观点，而人际传播则一般涉及确定的单一传播者和受传者，体现的是新闻机构个别成员的形象。考虑到大众传播的传播对象是所有处于信息传播范围内的人，所以其传达信息的过程具有不确定性，无法确定某个个体是否真正接收到了信息。对于传播者而言，他们倾向于将受众划分为特定的平面人，按职业、年龄、爱好等单一标准进行划分，而非考虑到其复杂的多面性。这种单一标准的划分无法在描述中完全反映一个人的各个方面和复杂的心理特征，不能为传达信息和建立有效沟通提供有益的信息。

其次，大众传播和人际传播的渠道不同。大众传播通过技术机器和编辑人员组织的媒介，如报纸、广播等，以重复和传播信息符号的方式传播信息。这种传播渠道通过机构间的传播进行，是一种少数人向众多人传播的方式。另外，人际传播则是非专业机构介入的传播渠道，以人与人之间的直接互动形式完成信息交流。在此类传播中，传播者可以自由表达思想，接受者可以更好地理解和吸纳信息，实现更加高效和有效的信息传递。人与人之间的传播通过多种信息传递和接收的渠道实现，方法多种多样。除了语言，传播者还可以通过运用表情、眼神、动作等多种形式来传达信息，这些手段给传播行为赋予了更丰富、更灵活的含义。同样的，受传者也可以通过多种方式来接收信息，因此在人际传播的信息传输过程中，传递者和接受者之间的相互作用非常重要，并且在很大程度上影响了信息的准确性、有效性和实际效果。

　　最后，人际传播与大众传播在传播形态上存在着很大差异。人际传播是一种双向的、相互交流的方式，传播者和受传者之间不断进行角色互换，具有"点对点"的特点。人际传播可以建立"点对点"的传播关系。这种传播方式具有双向性、及时反馈和高频率的互动，因此是一种高质量的传播活动。特别是在说服和沟通情感方面，人际传播的效果优于其他形式的传播。与大众传播不同，人际传播采用面对面的、有情感交流的传播形式。大众传播是一种单向传播，由媒体通过各种形式向广大受众传递信息。只有符合媒体要求的信息才能得到传播。然而，现今的大众传播已经不再单向了，在各种方式中，包括网络、媒体与受众之间的互动不断增加。传统的大众传播媒介也在通过各种交互方式接近受众，实现更多的互动和交流。

　　由于存在互动的有限性、互动时滞和各种显示条件的限制，传统的大众传播模式展现出单向性的特点，呈现近似于一种直线单向传播的模式。总的来说，与人际传播相比，现代大众传播是一种广泛影响人际关系的传播手段。它不受限于特定的人群，而是面向广大的群众，因此极大地扩展了人际交往的领域和范围。这种扩展对于人际关系的影响不可小觑。

2. 新媒体背景下，人际传播与大众传播趋向融合

随着信息技术的不断发展，越来越多的人加入并参与使用新媒体。这种参与是新一轮信息革命，通过网络和移动设备，人际传播开始向更广大的群体延伸，有了更丰富的表达渠道和传播方式。使用新媒体进行人际传播需要利用互联网、手机、在线广播、交互电视等现代化媒介来实现多渠道的信息传输，同时还需要以多样化的传播形式来呈现信息的内容和情感。随着媒介技术的不断完善和出现，人际传播活动在如今的信息时代中已经实现了更加广泛、多样化的空间，同时也带来了一些全新的人际传播方式。

（1）网上聊天：在线即时聊天工具和各种聊天室可以让人们更好地感受人际传播的魅力。网上聊天作为一种人际传播方式，可以根据传播双方关系特质分为两种类型。一种是传播双方在现实生活中已经相识，通过网络来沟通信息，以加强现实生活中的交流和互动。另一种则是双方互不相识，通过网上聊天来建立网络友谊，成为网上社交的一部分，以扩大社交圈子和交流经验。

（2）电子邮件（E-mail）：电子邮件是一种主要用于发送、传递和接收电子信函的网络应用。相对于传统的邮寄方式，网络应用带来了更多可能性，而网上聊天作为其中最为普遍、使用频率最高的应用形式之一，展现出了显著的优势和独特特点。电子邮件和网上聊天是两种不同的人际传播方式。相对于网上聊天而言，电子邮件是一种非同步的交流方式，更多地被用于已经建立一定了解的人之间。这种交流方式可以给人们留有足够的思考和表达的空间。相比之下，网上聊天则更注重实时的在线交流，其优势在于既保留了传统信件的书面特征，同时又提升了传播效率。

（3）社交媒体：微博和微信是典型的社交媒体，其通过强化人际关系中的强弱连带关系，以转帖、评论、聊天、公开发表内容等方式构建了一个共享信息的生态系统。该生态系统的特征在于，其通过用户之间信息交流的互

动，产生了实时的聚合效应，共同建构了一种开放式的互联社交空间。马克·格拉诺维特（Mark Granovetter）提出的弱连带优势理论指出："在扩散网络中，弱关系链在传播信息方面具有优势。"①社交媒体最具有代表性的是微博和微信，它们通过转帖、评论、聊天等方式维系用户之间的人际关系。微博用户大多是陌生人之间的互动，使用转帖和评论来维系彼此之间的弱连带关系，弱关系链不仅有助于信息传播和舆论聚合，同时也能够增强人际关系的互动和交流。微信用户主要是通过熟人之间的交流来建立强关系链，通过聊天和分享个人生活来加深双方之间的联系和理解，从而提高人际传播的影响力。网络人际传播为人们提供了更加生动、多样的交流形式和丰富的内在意义。作为社会信息系统的一部分，网络人际传播在促进社会信息系统的发展和完善方面具有独特的优势。随着媒介技术的不断创新和发展，不同类型的媒介正在不断融合，新媒体环境下的人际传播已经趋向泛化，成为整个大众传播格局中不可或缺的一部分，发挥着重要的作用。随着媒介技术的不断进步，大众传播和人际传播已经趋向融合和互动，形成了一种新的传播格局。在这种格局下，人际传播呈现出大众化的特征，成为大众传播中不可或缺的一部分，而大众传播则更加注重人际交流的效应，致力于促进社交互动和知识共享。人际传播的特点包括直接、互动、亲密等，与大众传播形成了有力的补充关系。相对于大众传播，人际传播更加注重个体之间的情感交流和互动，更有利于传递个性化、情感化的信息。因此，大众传媒在传播时应该以人为本，结合人际传播的相关原则，更好地满足人们的传播需求和心理期望。

---

① 马克·格拉诺维特：《镶嵌：社会网与经济行动》，罗家德译，社会科学文献出版社，2007，第26页。

（二）传统媒体和新媒体的传播区别

媒介的融合与跨越推动了媒介发展的历史进程。新媒介的发展更新并不代表着旧媒介特性的消失，相反，新媒介形态获得了新的生命力和动力，这是因为新媒介融合了旧媒介的有利特性。新媒体是相对于传统媒体而言的一种概念，是以计算机技术、数字通信技术为基础，以数字化、网络化为特征的一类新型媒介形态。传统媒体通常指报纸、杂志、广播、电视等媒体形态，而新媒体是在传统媒体之后发展起来的一种创新形态。新媒体主要包括互联网、多媒体终端等，以数字媒体为核心载体形式，通过数字化交互性的固定或移动的多媒体终端向用户提供信息和服务。新媒体是一种创新形态，它的核心载体是数字媒体，基于数字技术和网络技术的多媒体融合实现了信息的数字化、网络化和智能化，使得信息能够更加高效、快捷地传递和交流。

新媒体除了具有传统媒体的强大功能外，还具备了传统媒体所没有的传播特征，例如，多样化的信息结构、互动性和社交功能等。这些特点使得新媒体在技术支持、内容构建、传播形式、商业模式等方面存在着明显的差异和优势。在"新媒体传播"的概念中，它们是传统媒体以外的信息传播渠道或方式。与传统媒介传播相比，新媒体传播采用了新的信息传输手段，这为信息传播提供了崭新的机遇和可能性，突破了传统传播的界限。传统媒体和新媒体在信息传播方面存在很大的差异，从以下几个方面来分析。

1. 传播技术和手段

人类传播史上的每一次革命都是在传播技术的改变和创新的基础上实现的。传统媒介传播的发展主要依赖于印刷技术、通信技术和电子传播技术的不断进步，这些技术的发展为信息传播和社会发展带来了重大的影响。新媒体传播借鉴了传统媒体传播的优势，通过数字化技术实现了传播渠道的多元化和信息的高效传递。传统媒体也积极创办电子版和网络版，逐渐向数字化转型。随着互联网和移动互联网的普及，传统的报刊、电视、广播也在网络传播方面占据了重要地位。

2. 思维方式

传统媒体传播注重信息过滤和经济效益，通过编辑、审核等方式对信息进行筛选和加工，以确保信息的准确性和可信度，同时也考虑到经济利益的最大化。而新媒体传播则更注重提升用户体验和服务水平。新媒体传播与传统媒体传播有着本质区别，新媒体传播不再像传统媒体一样，将话语权和选择权掌握在自己手中，而是将这些权利交给了公众。公众可以自主选择自己感兴趣的信息，并在任何时间、任何地点获取信息。相比之下，传统媒体传播则要求用户按照固定时间获取信息，缺乏实时性和个性化。新媒体传播具有更加个性化、分众化的特点，能够根据用户需求提供定制化的信息服务。

3. 传播互动性

传统媒体一直是掌握核心信息传播资源的，其记者和编辑处于传播金字塔的塔尖，实行的是一对多的"广播式传播"。在报纸、广播、电视等传统媒体中，信息的传播由传者负责把关，公众只能被动地接受信息，缺乏参与互动的机会。由于传统媒体信息垄断的特权，其传播互动性较弱，难以满足公众多元化、个性化的信息需求。新媒体传播与传统媒体传播方式不同，采用的是"窄播式传播"，传播者间形成"多对多"的网络状传播结构，从而消解了传播者与受众之间信息不对称的问题。在新媒体传播中，每个人都有机会获取、处理和发布信息，个人拥有平等的信息获取、处理和发布权利，这使得信息传播更加民主化和平等化。

第二节 媒介形态变化理论

一、媒介形态变化的理论基础

有学者将媒介的形态研究与媒介内容研究相比，形容其为"技术主义范式"，并与经验主义范式和批判主义范式同列。这类研究被一些人称为"技术决定论"或"媒介决定论"，然而这种绝对的称呼并不能准确地描述这类研究的本质，也无法完全反映其特点。英尼斯、麦克卢汉、梅罗维茨、利文森等学者的研究聚焦于媒介本身，而非具体的传播内容。他们的研究传统被梅罗维茨称为"媒介理论"，媒介理论与一般的媒介研究不同，其反对将媒介视为单一的实体进行研究。相反，媒介理论注重研究每个媒介或某一类媒介形态的特性和功能，从宏观的角度考察媒介形态的演变历史，探究不同媒介形态对社会各方面的影响。

媒介形态理论认为，媒介作为社会变革的重要因素，不仅是一种工具或载体，也是一种社会文化的生产方式。随着新传播技术的发展，媒介形态论越来越成为一个重要的研究学派，我们应该关注其历史变迁和影响，以更深入地思考媒介的未来走向。

二、媒介形态变化与社会的相互关系

拉潘姆（Lewis H.Laphm）是一位美国传播学教授，他对麦克卢汉对于媒介形态变化的思想进行了汇总，提出了一组相对的词语，用于描述媒介在变化中的不同特征。

印刷文字	电子媒介
视觉的	触觉的
机械的	有机的
序列性	共时性
精心创作	即兴创作
眼目习染	耳目习染
主动性的	反应性的
扩张的	收缩的
完全的	不完全的
独白	合唱
分类	模式识别
中心	边沿
连续的	非连续的
横向组合的	马赛克式的
自我表现	群体治疗
文字型的人	图像型的人

在网络时代，网络媒介在一定程度上将这两种演变结合在了一起，呈现出一种全新的发展趋势。麦克卢汉将人类历史总结为部落化、非部落化和重新部落化的演进过程，这一演进过程反映了媒介形态的发展和社会变革的互动关系麦克卢汉认为，电子传播所产生的内部爆炸过程将使个人更深度地参与其中，增强个人的权责意识。在电子社会中，商品本身具有更多的信息属性，财富的积累将更多地依赖商品的命名和品牌建设，而不是简单的生产制造。

根据英尼斯的观点，新媒介的优势将会导致新的文明形态的形成。每次新技术的引入都会产生全新的服务环境，这会引发社会经验的重新组合和重构。在新媒介的发展中，不同的势力集团都会竞相争夺对其控制和利用的机会，以增强自己的权威和地位。在关键时刻，社会和文明往往会经历剧烈的动荡和变革。举例来说，广播电台的出现使西方文明历史进入了一个新的阶段，需要集中化和关注连续性。喇叭和广播的使用可以触及更广泛的听众，成为一种更有效的工具。这种变化反映了媒介形态的演进和社会变革的互动关系，同时也强调了媒介对于政治和文化的重要性。在这样的背景下，文盲已经不再是一个严重的障碍，而媒介的普及和发展也为人们提供了更多的机遇和挑战。

倚重时间的媒介	倚重空间的媒介
笨重	轻便
耐久	难以保存
非集中化	集中化
有利于宗教的传承	有利于帝国的扩张
倚重视觉	倚重听觉
倚重学校传统	倚重书面传统
石刻象征文字	原始拼音文字
泥版楔形文字	原始拼音文字
汉字	机器印刷的拼音文字
羊皮纸	莎草纸
书籍	广播

由于生活时代的限制，英尼斯所列举的媒介对比列表只能到此为止。然而，在当今电子和数字媒介的时代，我们可以尝试增加一些相对的媒介进行比较。

电视	广播
家用电视	移动电视
台式电脑	笔记本电脑
互联网	手机
报纸	手机报
IM（即时聊天工具）	SMS（短信）、MMS（彩信）
IM（即时聊天工具）	聊天室
网络论坛（BBS）	聊天室
博客（Blog）	网络论坛（BBS）
社交网站（SNS）	微博

值得强调的是，对不同媒介的比较偏向性是基于它们之间的相互对比而得出的结论。这种比较是建立在对媒介特点和媒介发展历程的深入理解和研究的基础上的，旨在揭示不同媒介之间的异同和优劣。

根据英尼斯的研究，世界文明按照传播媒介的形态和性质可分为以下阶段：(1)苏美尔文明时期，使用石刻象征文字和泥版楔形文字；(2)埃及文明时期，使用莎草纸和圣书文字；(3)希腊—罗马文明时期，使用拼音文字；(4)中世纪时期，使用羊皮纸和抄本；(5)中国的纸笔时期；(6)印刷术初期；(7)启蒙时期，报纸的出现；(8)机器印刷时期，印刷机、铸字机、铅板、机制纸等的广泛使用；(9)电影时期；(10)广播时期。

基于上述分类，还可以添加两个新的时期：电视时期和互联网时期。随着新媒介技术的迅猛发展，我们正在逐步迈入网络大融合的全网络时代，这个全网络将包括电信网、计算机网络、电视网、手机网等各种网络形式。这是信息交流互动真正融合的展开阶段，我们将在此阶段达到真正的融合。微博虽然只是网络融合的一个应用，但是这种新兴的媒介形态带来的启示具有深远的意义。未来将进入一个媒介大融合的时期，这是一个更加人性化、更加开放的媒介时代。

对于媒介形态理论家来说，例如英尼斯和麦克卢汉等人，他们的研究并不只局限于媒介本身的分析。实际上，他们的最终目的在于解释媒介与社会变革之间的关系，以及研究媒介对社会的深远影响。英尼斯的研究旨在探索媒介在政治组织和文明传承中的角色，而麦克卢汉则致力于揭示社会发展的趋势。梅罗维茨认为，他的研究旨在提供一种新的方法来研究媒介对社会变革的影响，并且这种方法不仅适用于现在，也适用于未来。另外，利文森则认为，对信息技术进行严谨的分析可以为预测和想象未来奠定基础。

麦克卢汉认为，在电子时代，人类不再是孤立的个体，家庭也不再是孤立的单位。我们需要密切交往，感知整合并全面把握世界。媒介技术使我们与全人类紧密相关，也使全人类的命运与我们紧密相连。因此，在电子时代，我们必须对我们所采取的每一个行动所产生的后果负责并参与其中。

根据英尼斯的观点，一种媒介在长期使用后可能会对其所传播的知识特征产生影响。正如前文所述，由于微博的便捷性和易携带性，它可能会对信息的传播和接收方式产生深远的影响。微博用户更愿意表达自己的想法，因此许多独特的主意和想法在微博上出现并迅速传播开来。这恰恰是微博这种新媒介所引发的现象。这也证实了媒介形态理论家的观点，即媒介本身与社会流行文化和人们的行为变化密切相关。

新媒介的兴起导致社会空间的改变，这种改变不仅影响了个人的行为，还对整个同类人的行为产生了影响。微博的简单关注功能使得来自不同领域、不同年龄、不同城市，甚至不同国家的人们可以直接或间接地联系，使关注的人不再是遥不可及的陌生人，而是公开、亲近和平等的存在。同时，微博也缩小了人们之间的年龄、性别和社会地位差距，有助于促进社会的平等和交流。梅罗维茨认为，媒介的发展使得不同年龄、性别和不同层次的权威在行为上趋于相似，而同一年龄、性别和同一层次的权威在行为上的差异则越来越大。这种趋势导致世界正在变得越来越多元化，同时也呈现出全球趋势和全球意识形态的趋势。微博的涌现正是数字时代全球化的一种表现，即广泛的个性化融合。

媒介对社会的影响是在人们"正常使用技术的情况下"发挥作用的。梅罗维茨提出的"媒介理论"强调，最好把媒介理解为一种解释社会趋势的模式，而非一种决定社会的因素。利文森认为，媒介更加"人性化"的过程是指人们在发展媒介的过程中充分考虑人类的需求和情感。媒介的产生和发展是由各种相互交织的社会需求推动的，这与菲德勒所说的一致。感知需求、竞争和政治压力以及社会和技术创新的复杂相互作用是推动传播媒介形态变化的主要因素。因此，媒介的产生和发展是偶然性和必然性的结合产物。在此过程中，人类的行动和能动性起到了至关重要的作用，这也决定了媒介对社会的影响。

现有的新媒体技术存在许多问题需要研究和解决。其中之一是信息过多和传播速度过快，这导致有用信息难以有效传播和保存。此外，人们在现代快节奏的生活中很难跟上信息的步伐，这使得人们更加困难。所以，在使用新媒体技术时要谨慎对待。新媒体技术的出现导致人们缺乏充足的时间来感知、思考和吸收知识，同时限制了人们体验生活意义的能力，产生了信息垃圾的问题。尽管新媒体的出现通常带来的好处大于坏处，但也不能忽视这些坏处。因此，我们需要优化媒体技术，并理性地使用和控制媒体的发展。

三、媒介发展历史时期

媒介发展历史可以分为以下几个时期。

(一) 口语和实物媒介传播

4万—9万年前,人类逐渐发展出了说话的能力,口语成了人类重要的交流方式。人们开始组成社会群体并有组织地使用口语进行信息编码,以更加有效地收集、处理和传递信息。除了口语以外,原始的音乐、歌唱等形式也成了人类传递信息的独特表达方式。随着时间的推移,人们开始使用实物或图像来进行信息传递,这一过程也逐渐推动了图像艺术和视觉传播媒介的发展。在古代,人类利用实物媒介来进行信息传递和沟通。例如,人们使用结绳记事来记录日常生活中的事项,使用点燃烽火、挥动旗帜、吹奏号角等进行警报,通知军人和百姓做好准备。口语和实物媒介的使用使得人们能够直接传达信息,但同时也存在着一些缺陷。口语容易出现信息失真和传递错误的情况,而且受到地域和语言的限制。实物媒介虽然在传播时相对稳定可靠,但传播速度缓慢,需要时间和空间的限制,同时也存在着信息篡改和损毁的风险。

(二) 文字媒介传播

随着时间的推移,人们的传播途径由口语向书面语转变,并逐渐使用文献记录技术。在更早的历史阶段,人们的传播方式主要是象形文字和壁画。例如,在公元前2300年左右,苏美尔人用来记录信息的方式是楔形文字。后来,蔡伦在汉代时期发明了造纸术,欧洲则开始生产牛羊皮纸,这使得文献的轻便可携带得以快速发展,大大提升了信息传播的便捷性。唐代,人们发明了刻版印刷术;宋代,毕昇发明了泥活字印刷技术,这促进了文字的普及。

直到 15 世纪，欧洲人才成功掌握了印刷术的运用，印刷业得到了迅猛发展。在 1439—1440 年间，人们开始进行铸造铅字模的尝试，利用这些金属字模进行印刷，这是最早的凸版印刷技术实验。在后来的实验中，古登堡开始尝试改变印刷材料，采用亚麻仁油和混合灯烟制成的黑灰来制造黑色油墨，并使用皮革球将油墨均匀涂抹到金属印刷平面上，这样就成功地获得了更为均匀的印刷效果。古登堡还发明了一种印刷机，这种机器可以更快地制作印刷品，并提高了印刷效率和质量。随着印刷技术的不断发展和完善，文字逐渐成了主要的信息传播媒介。1665 年，麦迪曼创办了英国政府机关报《牛津公报》，标志着英国第一家真正意义上的报纸诞生了。在该报上，首次出现了"newspaper"一词，这是英国新闻史上的里程碑事件。

这是英国历史上最早的一种单页纸式、刊载新闻、定期出版的印刷品。该报最初为英国政府机关报《牛津公报》，出版日在每周一和周四，刊载的内容主要是官方新闻和社会新闻，言论性的内容比较缺乏。该报每期印刷两面，成为当时备受欢迎的读物。从 24 期开始，该报纸又重新在伦敦出版，这时已更名为《伦敦公报》，成为历史最悠久的报纸之一。本杰明·H. 戴（Benjamin H.Day）于 1833 年纽约创建了《太阳报》，这份著名的报纸一直持续出版，直至 1950 年停刊。这份报纸被公认为是美国新闻史上第一份成功的便士报，对美国商业刊物的发展产生了重要影响。该报的成功发行和开创性贡献，使其与由贝内特（Bennett）创办的《纽约先驱报》和格里利创办的《纽约论坛报》等报纸一起，被誉为美国新闻史上的三大便士报。这些报纸的成功发行，标志着美国新闻业进入了一个新的时代，也推动了新闻媒体的多元化发展。

1890—1920 年，随着整行铸造排字机的发明，印刷媒介进入了黄金期。在这个时期，印刷技术的进步与便士报并行，使得新闻的传播更加快速和广泛。但是，随着广播和电视的不断发展，印刷业的历史也逐渐走向尽头。尤其是在 20 世纪 60 年代末，随着计算机排版和新的印刷技术的兴起，印刷媒介面临越来越多的挑战和变革。在没有发明印刷术时，文字和图像的媒介形式主要有石头、龟甲、竹简和玉帛等材料。但是随着印刷术的发明和印刷术媒介的不断更新，报纸、杂志以及其中的文字、图片、漫画等成了主要的媒介形式。

（三）电子媒介传播

1837年莫尔斯发明了电报机，从那时人们就开始使用电器设备来发送和接收信息。自1844年第一份电报发出，人们开始使用电信技术来传递信息，这项技术的发展可追溯至19世纪。19世纪后半期，电报和电话成了人们最主要的电子媒介，使得信息的传递更加快速和便捷。1895年，法国的卢米埃兄弟发明了电影摄影机，这些发明被认为是电影行业的开端。20世纪初，电影从无声电影过渡到有声电影，随后在1929年，彩色电影实验也取得了成功。这些技术的发展使得电影成了一种重要的娱乐和文化形式，并深刻地影响了现代文化的发展。

自1920年美国西屋电气公司在匹兹堡创办第一家电台以来，广播电视媒体已经成为人们获取信息和娱乐的主要方式。广播电视媒体不仅可以传递各种新闻和信息，也可以让观众欣赏到各种音乐、戏剧和体育赛事等。随着广播电视技术的不断发展和进步，电视已经成为人们家庭生活中不可或缺的重要组成部分。在第二次世界大战后，电视的发明和普及开创了一种新时代的大众传播。1926年，美国全国广播网（NBC）开始运营，使得人们可以在家中收听广播和观看电视节目，从而更加方便地获取信息和享受娱乐。自1929年开始生产机械-电子电视以来，电视技术一直在不断发展。自1939年黑白电视问世以来，广播电视技术得到了长足的发展和进步，其中彩色电视的出现更是让观众可以享受到更加丰富多彩的视觉体验。在1965年后，广播电视逐渐普及，成了人类社会传播信息的主要媒介形态。

（四）数字媒介传播

19世纪是铁路时代，20世纪则是高速公路时代。而根据未来学家的预言，21世纪将成为宽带网络时代。这一预言得到了验证，随着第一台模拟计算机在1946年问世以及调制解调器的发明，计算机和电话之间的兼容性问题逐渐得到了解决。自20世纪80年代初互联网开始普及，个人计算机和在线网络也逐渐普及后，数字技术得到了不断地更新和升级。其中，数字光纤网络的出现解决了宽带和压缩技术的问题，提高了网络的速度和稳定性。这一新的媒介环境促进了内部计算机性能的快速发展，同时也推动了国际标准化互动连接网络计算机技术。随着"虚拟现实"和"电脑空间"的出现，人机之间的仿生互动变得越来越普遍。在这样的背景下，传统的"沙漏式"传播模式逐渐被打破，传承方不再处于"把关人"的位置上。随着数字技术的快速发展和应用，信息的生产和传播变得更加开放和自由。现在，更多的人可以参与到信息的生产和传播过程中。网络时代，受众拥有前所未有的权利和自由。通过互联网，他们可以自由选择自己感兴趣的信息，也可以相对自由地在网上发布信息。在这个时代，信息的重要性已经不再完全由传承方决定，而是可以由受众自己决定。数字化计算机通过国际互联网连接在一起，形成了一个超越现实世界的数字虚拟世界。这个数字虚拟世界，不断地演变和发展，构成了一个新的传播空间和传播媒介。随着卫星通信、数字化、多媒体和计算机技术的不断发展，新型的传播媒介和形态也层出不穷。以互联网、手机等为代表的新媒介形态，不断推陈出新，为信息的传播和交流提供了更加多样化和便捷化的途径。

（五）智能媒介传播

我们现在正处于智能媒介传播时期，智能媒体成为主流是这个阶段的最大特点。智能媒介传播是一种利用大数据分析和智能终端技术的传播方式，通过分析用户的内容偏好和行为习惯，实现个性化、精准化和交互性强的传播效果，以更好地满足受众的需求和兴趣。也能够更好地推动信息的传播和交流。大数据的概念最早于1997年被提出并被界定内涵。计算机技术的快速发展促使人们不断革新解决问题的观念和思路。

20世纪末到21世纪初期，大数据应用的研究正在广泛展开，引起了全球各个学科领域的共同关注。大数据的应用可以帮助传播双方更加快速、便捷地了解用户的兴趣偏好。利用大数据分析的结果，传播方可以提供符合信息消费者需求的内容和产品，受众也可以更加准确地选择自己感兴趣的信息。在以数据驱动为核心的新闻生产思路下，人工智能（AI）已经被引入新闻写作领域。而AI写稿的核心依然是基于云计算和大数据分析。腾讯写稿机器人（Dreamwriter）是腾讯财经在2015年开发的，而自动化透视（Automated Insights）公司在2007年开发的语料处理软件（WordSmith），则可以轻松地编写新闻。此外，由于移动终端的广泛普及和流行，例如智能手机、平板电脑等设备，传统媒体和新兴媒体不得不整合到一个应用程序中，以便用户随时随地使用。这种智能媒体的形态已经确立，传播渠道也得以通过软件和算法拓展。

四、媒介系统

作为社会系统的组成部分，媒介本身也是一个系统，具有其独特的特征和规律，并在一个生态系统中运营和演变。

（一）媒介系统的分类

现代媒介已经建立了一个独特的系统架构，并经历了漫长的发展历程。当前，主要的媒介系统可以分为三类：平面媒介、广播电视媒介和网络媒介。尽管它们各自拥有独立的体系，但它们之间也存在着很多的相互联系。这三种媒介形成了大众传播媒介系统的多元格局。

1. 平面媒介系统

由报纸和期刊等构成的平面媒介系统，在国外通常被称为"出版领域"或"纸质媒介"，其主要由易于携带的纸质媒介构成，例如报纸、期刊和书籍。这种媒介形态已有数百年的历史，是人们获取信息和知识的主要途径之一。

报纸是一种"以刊登新闻和时事评论为主的、向公众发行的散页连续出版物，通常有固定的名称和刊期"，[①] 报纸是全球最早的大众传播媒介之一，最早的报纸可以追溯到1609年在德国推出的周报《报道与新闻》。报纸根据其影响范围的不同，可以分为国际性报纸、全国性报纸和地方性报纸。在国际范围内，《纽约时报》《华尔街日报》《泰晤士报》和《镜报》等国际性报纸备受瞩目，具有很高的知名度和影响力。这些报纸以其深度和广度的新闻报道、权威的社论评论和专业的分析报道而闻名于世。在全国各地均有发行的全国性报纸，如《人民日报》和《光明日报》等，其新闻报道、社论评论等具有影响力覆盖全国。这些报纸以其权威性、专业性和公信力而备受人们的信赖和关注，是人们获取全国性新闻资讯的重要渠道。而地方性报纸则主要在当地采编发行，其新闻报道和评论主要关注当地的政治、经济、社会和文化等方面，其影响力主要局限于当地。例如《华西都市报》《云南日报》等地方性报纸，它们是当地社区和社会之间交流的重要桥梁，也是了解当地新闻信息

[①] 王宇：《大众媒介导论》，中国国际广播出版社，2003，第34页。

和风土人情的重要窗口。

除了全国性报纸和地方性报纸外，还有一些地方性报纸因其内容的高质量和影响力，而在全国范围内发行。这些报纸以其深度的新闻报道、独特的视角和专业的分析而获得了广大读者的认可和支持。报纸作为一种传统的媒体形式，其传播的主要元素包括版面和文体。版面是报纸信息传播的最基本和最重要的手段，也是构成报纸特色和风格的重要因素。纸质报纸的版面设计需要考虑多个方面，包括报头、报眼、头版头条、电头、中缝、天地线、字号、字体、栏目、专栏、专页、副刊、号外、标题、新闻照片和漫画等多个要素。这些要素需要协调搭配，才能实现最佳的版面设计效果和信息传播效果。相较于其他媒介，"作为视觉媒体的报纸长于传达深度信息、便于保存，但是时效性相对较弱，读者局限性较强"。[1]

期刊，也被称为杂志，起源于17世纪，经过长时间的发展，于19世纪逐渐成熟，20世纪蓬勃发展。和报纸一样，世界上最早的期刊也诞生于德国。期刊是一种定期出版的刊物，其内容通常涵盖各个领域的新闻、研究成果、评论分析等。"在1588—1598年，德国法兰克福印刷商米夏埃尔·冯·艾青格尔每年两次印刷出版一份名叫《书市大事记》的文集，使得这份半年出版一次的刊物成为世界上第一份有固定刊名的期刊。"[2] 也有学者认为期刊形形色色，包括"所有不是日报的报纸"。[3] 曾经，期刊业是美国最为繁荣和发达的行业之一，其最鼎盛时期曾有18 000种不同的杂志。然而，随着20世纪50年代国际期刊领域的细分和多元化发展，美国期刊业的格局发生了变化。1978年，法国期刊的发行量首次超过了日报。报纸在社会影响方面的重要性不言而喻，早在广播媒介出现之前，报纸就已经在推动社会发展方面发

---

[1] 王宇：《大众媒介导论》，中国国际广播出版社，2003，第34页。
[2] 王宇：《大众媒介导论》，中国国际广播出版社，2003，第202页。
[3] 弗朗西斯·巴勒：《传媒》，张迎旋译，中国传媒大学出版社，2007，第10页。

挥了不可替代的作用和影响。报纸通过报道和分析国内外政治、经济、文化、社会等各个领域的新闻，向读者传递信息和知识，引导着社会舆论和公众意识的形成。弗朗西斯·巴勒认为"日报推动了记者行业和现代信息业的兴起……争取到了优越的社会地位：它和议会平起平坐，共同昭示民主精神和自由权利"。[①] 相对于报纸而言，杂志的内容更加全面，定期出版，注重内容的知识性和长久性等特点。但是，与报纸相比，杂志的内容时效性稍显不足。与书籍相比，杂志的内容虽然也注重知识性和长久性，但是其系统性稍显不足，难以提供完整而深入的知识体系。杂志作为一种传统媒体形式，它的出版周期通常为每周、每月甚至每季度，其内容涵盖领域广泛，包括新闻、时事、文化、科技、体育、娱乐等。除此之外，由于定期出版的特点，这类媒介有时难以及时跟上时代潮流。20世纪70年代后，国际期刊产业逐渐走向衰退。2000年，一本名为《生活》的杂志停刊，这被视为期刊衰落的标志之一。

报纸和期刊之间存在一种相互补充的关系。相对于报纸，期刊的内容更加深入、详尽，注重对特定领域进行深入的探究和分析，因此具有更高的知识性和更持久的价值。期刊对于读者的专业知识需求提供了更加全面和详尽的信息。然而，相对于报纸，期刊的时效性稍显不足，读者的局限性也较大。尽管期刊相对于其他媒体存在一些不足，但它也有自身的优势。期刊的页数较多，内容深度大，可以在选题上做精益求精，深入探究事件背后的深刻意义和文化内涵，为读者提供更加全面深入的视角和思考。除此之外，期刊还能够根据不同受众的需求进行市场细分，为各个领域和层次的读者提供符合其需求和兴趣的内容。期刊因其更为专业的特点，可以更加精准地满足读者的不同需求，提供更加个性化的阅读体验。

2. 广播电视媒介系统

与其他传播媒介相比，广播的特点在于其传播速度更快，能够迅速地将

---

① 弗朗西斯·巴勒：《传媒》，张迎旋译，中国传媒大学出版社，2007，第9页。

信息传递给广大受众，尤其适合紧急情况下的信息传播。同时，广播的受众面广，可以覆盖广大的地区和人群，具有很强的社会影响力。广播通过移动收听的方式，也可以满足人们随时随地获取信息的需求。尽管广播有许多优点，但它也存在着一些缺陷。广播的信息传递速度较快，但信息的传递也转瞬即逝，不易保存，且存在理解上的歧义。广播的线性传播方式，使得信息的可逆性较差，听众很难对过去的内容进行回顾和理解。世界广播经历了由广播向窄播，再向适位（niche）广播[①]发展的过程。今天，"频率专业化已经成为中国广播发展的主要发展方向"[②]。广播形式可以分为国内广播和国际广播两种。国内广播主要是面向国内受众，提供新闻、娱乐、文化等方面的节目，而国际广播则主要面向国际受众，向世界传递本国的政治、经济、文化等信息。两种广播形式各自具有不同的目标受众和传播内容，是互相补充的。同时，可以说广播是一种历史悠久的传媒方式，在全球广播发展史上，美国的KDKA广播电台是非常具有代表性的。该电台于1920年11月2日在美国匹兹堡首次播出，是全球第一家广播电台，标志着广播电台的诞生和广播业的发展。KDKA广播电台在广播业界具有重要的历史地位，对后来广播业的发展产生了深远的影响。

国际广播是指以跨越国界的方式，向世界各地传递本国的信息、文化、政治、经济等方面的内容。20世纪30年代是国际广播发展的一个重要时期，当时荷兰成了最早采用本国语言对海外殖民地进行广播的国家之一。第二次世界大战期间，建立国际广播的国家从27个骤增至55个，在这一时期，国际广播的发展达到了一个高峰。

广播媒体是一种新型媒体，是第一种可以辐射广泛受众的"漫射传媒"。广播媒体的优势在于，其可以创造一种全新的信息传播渠道，超越了文字和

[①] 适位广播是一种细分市场的广播策略，其核心是寻找准确的受众定位。
[②] 王宇：《大众媒介导论》，中国国际广播出版社，2003，第84页。

图像的表达方式，同时，真人发音的特点也使其在"劝说式"传播方面取得了前所未有的成功。广播媒体的受众范围非常广泛，涵盖了各个年龄段和社会阶层，具有很强的信息传递能力。广播媒体是一种新型的大众传播方式，其成本相对较低，传播渠道也可以直接传达给每一个人。广播媒体的传播方式以声音为主，通过无线电波等方式将信息传递到广泛的听众群体中。

根据著名传媒研究学者弗朗西斯·巴勒（Francis Baller）的研究，广播在1918—1925年处于领先地位。在这段时间内，广播媒体的发展迅速，成了一种非常重要的传媒方式。对于NBC的创始人大卫·萨尔诺夫（David Sarnov）而言，广播媒体是一条"声讯大道"，这表明广播媒体在当时具有重要意义。广播媒体借鉴了电话的分身技术，使得新闻等消息可以在播放的同时被听众接收，没有时间上的滞后，这为广播媒体的发展打下了坚实的基础。广播媒体的独特之处在于它可以同时传达给分散的人群，无论是在家中还是在其他地方，不管是独处还是集会，听众都可以通过广播媒体了解到最新的消息。然而，这种传播方式在当时也带来了负面效应。很多人误以为广播媒体具有巨大的"魔力"，因此，一些专制力量的宣传机构就大肆利用广播媒体进行宣传，被人所诟病。广播媒体的传播速度非常快，一些宣传机构利用这种快速传播的特点，不断向听众灌输一些不实的信息，从而误导了很多人。

电视是一种现代化的传媒方式，它采用电子技术将图像和声音传输到电视荧屏上。在电视传输过程中，光电变换系统会将图像、声音和色彩转化为信号，并通过电缆和天线进行传输，接收端会将电信号转化为图像、色彩和声音，并在荧屏上还原。电视以其高清晰度、多样化的节目类型和广阔的受众群体成了一种广泛应用的传媒方式。1925年，约翰·洛吉·贝尔德（John Logie Baird）成功地制造出了电视机的原型，并创建了贝尔德电视发展公司，这对电视业的发展起到了重大的促进作用。贝尔德的发明是电视技术历史上一项具有里程碑意义的技术创新，它为电视的发展奠定了坚实的基础。在此基础上，1929年，英国广播公司开始播出实验性的电视节目，这标志着电视技术正式进入了实际应用阶段。经历了无线电视、有线多频道电视、数字电视等多个发展阶段后，电视业正在向移动数字电视方向迅速发展。

电视传播主要运用三种符号，分别是图像、声音和文字。这些符号构成了电视传播的核心内容，通过电视终端传播，向受众传递信息和情感。其中，图像和文字与视觉有关，可以说是"眼睛的延伸"，它们通过画面构图、色彩搭配等手段，产生视觉冲击，引起观众的兴趣和共鸣。声音则与听觉有关，是"耳朵的延伸"，通过音量、音调、语速等手段，传递着丰富的情感和信息。电视传播的优势在于其信息传播具有视听并重的特点，这是其首要优势。其次，电视具备再现能力强、时效性高、可以同时覆盖多个接收端口的特点。虽然电视传播也存在单向传播、制式传播不利于保存等缺点，但相比于过去的传媒方式，电视确实给人带来了"耳目一新"的感受。电视通过视听并重的方式，将信息传递给观众，使得观众在接收信息的同时也能够享受到视觉和听觉方面的盛宴。

20世纪50年代，电视以其生动形象的特点迅速成为一种广受欢迎的媒体，并逐渐取代广播，成为世界上最主流的媒介之一。20世纪60年代，电视在美国总统选举中发挥了不可替代的作用，成为候选人展示自己形象和观点的重要平台。肯尼迪当选美国总统被认为是因为他善于利用电视这种媒介，通过电视辩论和竞选广告等形式，成功地树立了自己的领导形象，在选民中赢得了广泛的支持和认可。虽然电视的普及给人们的生活带来了很多变化，但它也引发了许多争议。其中一个争议是，电视娱乐节目的大量播出使得很多人成了"沙发土豆"并沉迷于电视节目，影响了人们的身体健康和社交生活。此外，商业广告文化的泛滥也是电视引发的另一个问题。广告商在电视上的广告投放和营销活动，对观众的生活产生了深刻的影响，同时也引发了一些道德和伦理方面的争议。

相较于广播媒介而言，电视媒介是一种更为先进的传媒方式。电视不仅可以传播声音，更可以传播图像，这种同时带来视听感受的特点使观众更愿意使用电视媒介。然而，电视媒介需要同时传播声音和图像，因此传播成本相对较高，并且对技术条件的要求也更加苛刻。需要更高级的设备来保证音视频传输的稳定性，这也是电视媒介相对于广播媒介的一项挑战。虽然电视媒介的成本更高，但其提供的视听效果也更为出色，因此在当今传媒市场中扮演着至关重要的角色。然而，在一些偏远山区，由于基础设施和技术条件较差，电视媒介的传播范围往往受到限制，无法像广播媒介那样覆盖更广泛的地区。在大城市中，由于人们的工作压力较大，许多人很少有时间观看电视，更倾向于通过收听录音机等方式获取信息，例如出租车司机等人群。因此，在这种情况下，广播媒介可以填补电视媒介的空缺，为那些没有时间观看电视或无法获得电视服务的人们提供娱乐和信息服务。

3. 网络媒介系统

基于因特网的广义网络媒介系统是一种融合文字、视频、音频等多种媒体形式的综合传播平台。因特网最初源于美国国防部高级研究计划局创建的计算机网络——阿帕网（ARPANET）。1969年，阿帕网的加利福尼亚大学洛杉矶分校（UCLA）第一节点和斯坦福研究院（SRI）第二节点首次通过远程分组交换技术（又称包切换技术）实现了通信，这标志着互联网的诞生。远程分组交换技术是一种将数据分割成小的数据包并通过计算机网络进行传输的技术，它不仅可以提高网络传输的效率，而且还能够保证数据的可靠性和安全性。

因特网作为一个开放的全球性网络，为人们提供了各种便捷的信息传播和交流方式。在因特网上，人们可以通过访问网站、发送和接收电子邮件、创建和管理自己的网站或博客，以及上传或下载各种文字、视频和音频文件等方式来进行信息传播和交流。因此，因特网形成了一个新型的大众传播媒介，极大地改变了人们获取和传播信息的方式。相较于传统媒体，因特网具有多方面的优势，包括传播范围广泛、传播速度快速、互动性强、信息更新迅速等。这些优势使得因特网成了当今最为重要和广泛使用的媒体之一。在因特网的带动下，网络媒介也在不断发展和创新，涌现出了众多的应用程序、社交媒体和数字媒体等。这些新型的媒介形式不仅为人们提供了更加便捷和丰富的信息获取和传播方式，而且也为网络媒介的未来发展带来了无限的可能性。

然而，还有一些传播学者认为网络媒介是指"由传统新闻机构如报刊社、电台、电视台、通讯社等创办的媒体网站或从事新闻传播的商业网站，以及其他发布新闻信息的各种网站"[①]。就狭义的网络媒介而言，其必须具备公信力，能够产生广泛的社会影响，并在短时间内形成强大的社会舆论。网络媒介作为一种新型的媒体形式，已经成了人们获取信息、交流观点和表达意见的重要平台，其传播速度、传播范围和互动性等特点都超越了传统媒体。

网络媒介被称为"第四媒体"，它采用页面传播方式，同时进行点对点和点对面的信息传播。网络媒介的特点是信息传播实时、双向交互以及不断变化。网络媒介的实时性表现在，它可以在瞬间将信息传递给全球受众，受众可以在第一时间内获取到最新的消息和资讯。网络媒介的交互性表现在，它不仅可以向受众传递信息，还可以让受众参与信息的创作、分享和传播，形成了一种互动的信息生态系统。随着网络媒介的快速发展，它也带来了许多优势。首先，网络媒介可以通过图文、声像等多种方式在第一时间内发布新闻和信息，并允许受众在第一时间内进行反馈和互动。这种实时性和交互性不仅使得信息传播更快、更精准，而且也为受众提供了更多的参与和表达机会。例如，受众可以通过电子信箱、论坛（BBS）和在线即时聊天工具等方式，随时随地地进行信息的交流和互动，从而实现信息传播和受众之间的双

---

① 董天策：《网络新闻传播学》，福建人民出版社，2003，第2页。

向互动。

网络媒介的功能十分多样，它集平面媒体、广播电视等多种媒介功能于一身。当受众上网时，他们可以阅读文字、收听音频和观看视频等，实现了多种信息形式的同步传播和消费。此外，网络媒介的成本较低，传播速度快，信息量大，这使得网络媒介成了信息获取和传播的重要渠道和平台。网络媒介的不断发展，也催生了新的互联网经济。例如，一些社交平台、在线购物平台等，通过网络媒介实现了虚拟现实的交互和商业的运作，为数字经济的快速发展提供了有力支撑。

自 2000 年摩托罗拉推出了具有接入互联网功能的智能手机以来，手机端移动互联网已成为网络媒体的重要组成部分。与在电脑端使用互联网相比，手机端移动互联网具有极大的优势，其中最为显著的是其移动性和私人性。移动性和私人性是移动互联网的两大显著特征，它们使得用户可以更加方便自由地进行信息获取和交流，避免了电脑端使用所带来的时间和空间限制，也保护了用户的个人隐私。随着移动互联网的兴起，智能手机的普及率越来越高，用户可以随身携带智能手机，这种便携式的使用体验迅速受到了用户的欢迎和青睐。移动互联网已成为智能媒体发展的重要依托，它为人们带来了更加灵活多样的信息获取和交流方式。同时，随着手机软件的不断发展和普及，它们已成为媒体拓展的新的信息渠道。现今，智能手机已经成为人们日常生活中不可或缺的一部分，这种广泛的使用现状方便了对用户信息偏好的数据收集和分析。大数据、云计算和云存储等分析技术在此过程中得到了更广泛的应用。

除了具有便携式使用体验和媒体拓展新的信息渠道之外，移动互联网还能够满足用户即时信息沟通的需求，这也催生了社交媒体的产生和发展。相较于传统的网上聊天室，手机终端的社交媒体软件在时时在线的情况下，提高了信息交流的频次，让人们更加便捷地进行社交和互动。这些社交媒体软件也改变了人们的交流和生活习惯，促进了人们之间的联系和交流方式的多样化。

（二）媒介系统之间的关系

媒介系统的发展可以看作是传承和进化的关系，这种关系主要表现在多元化、交互化和拟态化方面。随着电气时代的开始，媒介系统逐渐向广播电视媒介转型，这种转型表现出了媒介系统的进化和发展。这种转型不仅体现在内容和形式上的变化，还涉及媒介所涵盖的受众范围、传播速度和媒介效果等方面的变化。随着计算机技术的进步，媒介系统又发生了重大的变化。平面媒介和广播电视媒介不仅在内容和形式上发生了变化，而且还促成了网络媒介的产生，各大媒介关系图如图 2-1 所示。

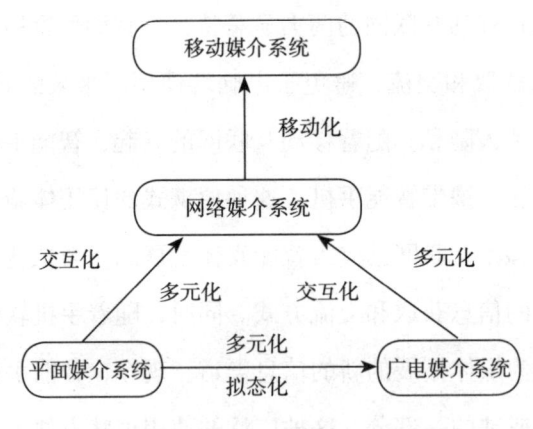

图 2-1　各大媒介关系图

媒介系统的发展明显呈多元化趋势，这种多元化主要表现在媒介形态和媒介功能的不断变化和扩展。最初的媒介系统只有平面媒介，其上只有文字和静态图像等，但随着计算机技术的不断发展，网络媒介应运而生，它可以同时显示声音、图像和文字，且具有更加广泛的传播范围和更加便捷的传播方式。这种多元化是感官的多元化，它不仅激发了我们的感官和想象力，也拓宽了我们获取信息和了解世界的途径。

　　媒介系统发展的另一个趋势是交互化，这种交互可以从两个意义层面来理解。第一种是传播者和受众之间的交互，第二种是受众之间的交互。在最早的平面媒介中，传播者和受众之间的交互是单向的，受众只能通过信件反馈来表达自己的意见和看法，只能通过内容以及自己的经验来理解作者的意图。这种传播的特点在于，受众会根据自身的生活经验和背景对信息进行不同的解读和理解，因此也出现了"一千个人心中有一千个哈姆雷特"的说法。在广播电视媒介中，传播者向受众进行单向传播，受众无法直接在同一信道上进行反馈和互动，只能通过邮件、电话等方式向传播者反馈意见和看法。在网络时代，传播者和受众之间可以在同一个信道上进行交流和互动，这也意味着每个人都可以成为传播者，每个人都可以成为受众。

　　随着科技的不断进步，拟态化的手段变得越来越多样化和复杂化，例如电影、电视等媒介的涌现，以及现在的 3D 技术、虚拟现实等技术的应用。这些技术手段能够在视觉、听觉、触觉等方面提供更加真实的体验，让人们仿佛身临其境。这种拟态化的发展不仅让传媒系统在信息传播、情感表达等方面具有了更加广泛和深刻的意义，同时也为人们提供更加丰富和多样化的体验方式，丰富了人们的文化生活。随着现代广播电视媒介系统的兴起，以往平面媒介系统的局限性得以打破。广电媒介通过运用现代声音和图像技术，能够真实地记录和再现各种场景片段，同时这些技术的协同运用也让受众体验到更加真实的感受。这种技术的发展和应用，使得广电媒介在传播信息和表达情感等方面具有了更加广泛和深刻的意义。

　　网络媒体是媒介系统发展的最高形态，它具有多元化、交互化和拟态化等特征。尽管在过去，报纸的深度报道、广播的及时播报、电视的视频影像曾经一度占据了传媒业的主导地位，然而在 21 世纪的传媒竞争中，网络媒介不仅集齐了三大传统媒体的优点，而且还充分展现了多媒体的特性，将图片、文字、声音、视频等多种媒介形态集于一体。网络媒体具有非常强大的查询和检索功能。任何网站都可以将所有发布的新闻和信息全部记录在信息资料库中，其中包括各种音频和视频资源。这些资源可以随时检索和重放，受众可以按照自己的需求和兴趣，完全自主地选择播放哪一段。

此外，强大的搜索引擎不仅提供了便捷的信息检索方式，而且也为我们提供了更加丰富和多样化的信息资源。网络媒介提供了交流信息的平台，人们可以在社交网站或论坛上互动交流，分享彼此的经验和见解，进而促进彼此之间的了解和信任。通过这些平台，人们可以从不同的角度了解到世界各地的新闻和事件，并且可以分享自己的想法和观点，与他人进行互动和交流。这种媒介的发展前途是非常长远的，随着科技的不断进步和创新，网络媒介将进一步提高信息的传播效率和质量，为人们带来更加全面、深入和多样化的信息和娱乐体验。

第三节　媒介形态理论视角下的新媒介演变

随着科技的不断发展，新媒介不断涌现，逐渐替代了传统媒介，例如报纸、广播和电视等，从而改变了人们获取信息和进行沟通的方式。在新媒介演变的过程中，传统媒介的优势被新媒介优势所替代，从而改变了人们的沟通方式和信息传播方式。新媒介在演变过程中，新媒介的优势使其成为传播信息的主要渠道。

一、新媒介的演变与发展

（一）新媒介的基本特征与分类

1. 新媒介的特征

数字化：数字化是指将信息以数字形式进行表示、存储、传输、处理和管理的过程。这种转换使得信息可以通过数字化技术进行快速、准确、高效地传输和处理，同时也降低了信息处理的成本和复杂度。数字化是一项广泛应用于各个领域的技术，包括电子商务、数字娱乐、数字图书馆等。数字化技术的广泛应用，为人们提供了更加便捷、高效和个性化的服务和体验，极大地推动了社会经济和文化的发展。在数字化的过程中，信息被转换成二进制码，即由0和1组成的数字序列，这种码可以通过计算机、网络等数字化工具进行快速的传输和处理，从而实现信息的数字化。

（1）互动性

互动性是新媒体平台具有与用户进行双向、多向交流和互动的能力，这使得用户可以更加积极地参与到信息传播和内容创造中来，与其他用户进行交流、分享、互动等。相较于传统媒体，新媒体具有更加灵活、个性化、互动性的特点。互动性也为企业和机构提供了更多的机会，可以通过与用户之间的互动建立品牌认知度、增强用户黏性、提升用户体验等。互动性的发展离不开互联网技术的支持，如社交网络、即时通信、在线游戏等，为人们提供了更多的互动方式和工具。

（2）即时性

即时性是信息传输的速度和实时性。在数字化时代，随着信息技术的发展和网络的普及，人们对信息的及时性和实时性的需求越来越高。不论是新闻、娱乐、商业、科技等领域的信息，都可以通过互联网或移动设备得到及时更新。这种即时性的特点，使得人们能够更加迅速地做出决策、了解市场、获取机会等，同时也便于人们随时随地进行交流和互动。例如，社交网络平台、在线聊天工具等均提供了实时的信息传输功能，使得人们可以方便地与朋友、家人、同事等保持联系。同时，即时性也带来了一些负面影响，如信息爆炸、信息过载等问题，因此需要人们合理利用和管理信息，才能更好地利用即时性的优势。

（3）全球性

全球性是具有全球范围、全球影响的特征或性质。在数字化时代，随着网络技术的发展和互联网的普及，信息和数据可以在全球范围内自由传播和共享，使得信息和资源具有了全球性的特征。例如，社交网络、在线商务、数字娱乐等领域的服务和应用，都可以让人们在全球范围内进行交流、交易、娱乐等。同时，全球性也带来了一些挑战和问题，如信息安全、隐私保护、文化差异等方面的挑战。因此，全球性的特征需要人们在利用和开发中注意合法性、合规性和适应性，使得全球性的优势能够更好地服务于人类的发展和进步。

（4）多媒体性

多媒体性是数字化时代的信息技术和网络技术。多媒体性还可以进行交互式操作，使人们可以针对特定需求进行个性化的操作和使用。多媒体性的优势在于可以更加生动、直观、多样地呈现信息，提高了信息的吸引力和传达效果。多媒体技术可以将复杂的数据和信息通过图表、动画、视频等形式进行呈现，使人们可以更加直观、形象地理解和掌握信息内容。多媒体技术的应用不仅使得信息传播更加高效和便捷，同时也拓展了人们的娱乐方式。多媒体技术为人们提供了丰富多彩的娱乐形式，例如电影、电视、游戏等，这些娱乐形式不仅可以满足人们的娱乐需求，还可以为人们提供信息和知识。

（5）个性化

个性化是根据个人的需求、兴趣、偏好等特点，为其提供个性化的服务和产品。数字化时代的信息技术和网络技术，使得个性化服务和产品的实现变得更加容易和便利。个性化的优势在于可以更好地满足消费者的需求和期望，从而提高消费者的满意度和忠诚度。通过个性化服务，企业可以更好地了解消费者的兴趣爱好、偏好习惯等信息，结合消费者的历史购买记录、浏览行为等数据，为其提供更加精准、个性化的产品推荐和服务方案。这不仅可以提高消费者的购买成功率和满意度，还可以增强消费者对企业的信任感和忠诚度。同时，个性化的教育、医疗、金融等服务也可以根据个人的特点和需求进行定制，提高服务的效率和效果。

2. 新媒介的分类

（1）社交媒体

社交媒体是一种基于互联网和移动通信技术的新型媒介，旨在为用户提供各种交流、互动、分享等社交功能。用户可以自主创建个人账号和主页，发布文字、图片、视频等多种形式的信息，并与其他用户进行互动和交流。社交媒体的优势在于用户可以随时随地与朋友、家人、同事等进行交流和互动，分享自己的生活、观点、经验等，增强社交关系和归属感。除此之外，社交媒体还为企业、政府等机构开辟了一条新的营销、宣传和互动渠道，为其实现更加精准和便捷的目标受众群体定位和信息传递提供了便利。

（2）视频媒体

视频媒体是以视频为主要形式的媒体，包括电视、电影、网络视频等形式。随着互联网和移动通信技术的飞速发展，视频媒体已经成为人们日常生活中必不可少的一部分。视频媒体以其生动形象、视听效果强、情感传递力强等特点深受人们的喜爱，成为信息传递和文化交流的重要手段。视频媒体的优势在于其图像和声音的直观性和感染力，能够更好地传递情感和信息，增强观众的参与感和体验感。同时，视频媒体也具有高度的娱乐性和互动性，能够满足人们的消费需求和社交需求。

（3）直播媒体

直播媒体是通过网络直接实时传输音视频信号的媒体形式，包括直播平台、社交媒体直播、电视直播等。随着移动互联网和 5G 技术的飞速发展，直播媒体已成为人们日常生活中不可或缺的一部分，具有举足轻重的地位和广泛的影响力。直播媒体的优势在于其实时性和互动性，能够更好地满足观众的需求和参与感。与传统媒体相比，直播媒体更具有个性化和多样化的特点，可以让用户自主选择感兴趣的内容和主播，增强了用户黏性和忠诚度。

（4）虚拟现实媒体

虚拟现实媒体是通过计算机技术实现虚拟环境的媒体形式，包括虚拟现实游戏、虚拟现实电影、虚拟现实教育等。虚拟现实媒体利用 3D 技术和交互式设备，将用户带入虚拟世界中，给人们带来身临其境的感觉，具有非凡的沉浸感和互动体验。虚拟现实媒体的优势在于其逼真感和互动性，能够让用户感受到更真实的体验和更立体的感受，增强用户的参与感和体验感。同时，虚拟现实媒体也具有高度的娱乐性和教育性，能够满足人们的消费需求和学习需求。

（5）移动互联网媒介

移动互联网媒介是指通过移动设备（如手机、平板电脑、智能手表等）连接互联网，实现信息获取、交流和娱乐等多种功能的媒介形式。随着移动设备的不断普及和移动通信技术的飞速发展，移动互联网媒介已成为人们日常生活中不可或缺的一部分。移动互联网媒介的优势在于其便捷性和互动性。用户可以通过移动设备随时随地获取各种信息和进行交流，如社交媒体、即时通信、电子邮件等，具有强大的实时性和互动性。移动互联网媒介的出现，让用户的参与感和体验感得到了极大的提升。与传统媒体相比，移动互联网媒介更具有个性化和多样化的特点，可以让用户自主选择感兴趣的内容和服务，提升了用户忠诚度和黏性。

（6）电子商务媒介

电子商务媒介是一种通过计算机和互联网技术，实现在线购买、销售、交易和支付等功能的媒介形式。电子商务媒介具有诸多优势，如便捷、快速、安全、低成本等，已经成为现代商业发展的重要组成部分。电子商务媒介具有快速、便捷的购物体验和互动交流的优势，消除了时空限制，让用户可以在任何时间、任何地点进行购物和交易。通过电子商务媒介，用户可以随时随地在线购买各种商品和服务，如服装、食品、旅游、教育等，方便快捷。同时，电子商务媒介也为用户和企业提供了全方位的互动交流渠道，如在线客服、社交媒体、评论、点赞等，增强了用户的参与感和体验感。

二、新媒介的发展历程

新媒介的真正意义可以追溯到信息时代，即万维网开始普及的时期。1988年，联合国新闻委员会正式将互联网称为"第四媒体"，标志着新媒介正式进入了一个全新的阶段。有的学者根据使用方式、内容和情境等不同特点，把当前的新媒介大致划分为四个主要类别，包括用于人际传播的媒介、用于互动操作的媒介、用于信息搜索的媒介以及用于集体参与的媒介。这四种类型的新媒介可以分为不同的分类。移动电话、电子邮件和即时通信软件属于人与人之间的传播媒介，它们主要用于人际交流和信息传递，方便快捷。计算机游戏、电视游戏和虚拟现实设备则属于互动操作媒介，这些媒介可以提供沉浸式的体验和互动性，让用户可以参与到游戏和虚拟现实中，获得更加丰富和多样的体验。信息搜索媒介则是针对互联网的海量信息、资料和数据的功能，方便用户快速获取所需信息。而集体参与媒介则是以计算机为中介的传播，用于传递情感、组织社会动员等功能，可以促进用户之间的互动和合作，实现信息的共享和传播。

随着互联网的不断发展和移动互联网时代的到来，新媒介在传播过程中的可能性变得越来越多。现在越来越多的用户积极参与到新媒介的使用中，不断丰富和扩大新媒介的边界和影响力。

三、从大众媒体到信息生产销售

研究新媒介与人关系的重要方向之一是受众理论。在受众理论中，受众被定义为大众传播所面对的无名个体和群体。受众是大众传播效果的核心概念和考察效果的基点，在由媒介、社会和人的复杂关系构成的大众传播理论中扮演着至关重要的角色，是所有问题的交叉点。自从拉斯韦尔在1932年提出了"5W"模式以来，受众分析就成为传播研究不可或缺的一部分。

（一）群体和大众

丹尼斯·麦奎尔（Denis McQuail）的研究将受众研究分为三个历史阶段。第一个阶段是电视广泛传播之前的阶段，主要研究时间跨度为20世纪初到60年代。在这个阶段，受众研究主要关注大众传媒对受众的影响，主要采用问卷调查和实验等方法进行研究。随着电视广泛传播，第二个阶段的受众研究在20世纪60年代到90年代逐渐兴起，研究方法和技术得到了进一步发展和完善。在这个阶段，受众研究开始关注受众的主动性和多样性等因素，研究方法也逐渐多样化，如采用访谈、焦点小组等方法。随着互联网的普及，第三个阶段的受众研究开始兴起，主要研究时间跨度为20世纪90年代至今。在这个阶段，受众研究开始关注互联网对受众的影响和变化，研究方法也逐渐转向网络调查、数据分析等技术手段，研究内容和深度也得到了进一步拓展和深化。

根据麦奎尔的观点，媒介受众就像聚集在一起的观众一样，通过大众传媒产品获取信息、娱乐和社交体验。这种聚集是自由而非正式的，可以通过各式各样的媒介形式来实现，例如电视、广播、互联网等。随着大众传媒的不断进步和发展，为了在竞争激烈的市场中保持竞争优势，研究书籍、报刊的读者，广播电视收听人等，成为经验研究的重要内容。这些研究致力于通过对受众行为和反应的定量和分析，深入了解他们的需求和兴趣，以便媒介机构更好地满足他们的需求。早期芝加哥学派的成员赫伯特·布鲁默（Herbert Blumer）发现，大众传媒的兴起与现代工业化和城市化的发展密不可分，这使得研究受众行为和媒介效果成为社会学、传播学等学科的热门话题。研究表明，大众传媒的出现不仅为人们提供了更加丰富和多样化的信息和娱乐选择，也对社会和文化产生了深远的影响。布鲁默认为，大众有着规模庞大、匿名、无根、无组织等特点，缺乏为实现个人目的而行动的动机，更容易受外部力量的影响和驱动。这种观点对早期受众研究具有重要启示意义，促使研究者开始关注受众的心理、态度和行为，并探究他们对媒介产品的接受和反应。

古斯塔夫·勒庞（Gustav Le Bon）最为经典的群体心理学研究著作《乌合之众》中，总结了群体的特征，并提出了"集体无意识"的心理状态。他认为，群体的行为和反应通常呈现出冲动、易变和急躁等特点；群体成员容易受到暗示和轻信，缺乏独立思考和判断能力；群体情绪的表达通常是夸张和简单化的，不容许怀疑和不确定，情感总是过度极端化的，可能导致偏执、专横和保守的行为，在《大众的反叛》一书中，西班牙哲学家奥尔特加·加塞特（José Ortega y Gasset）也指出了类似的情况，即大众缺乏必要的政治训练和理性涵养，容易被短视的功利心驱动，并过分相信政治投机家的承诺，对公共利益表现出漠不关心的态度。

随着大众传媒企业化的不断推进，媒体产生的效果受到限制，因此企业和机构迫切希望通过"满足受众需求"来达到其发行效果的目标，例如提高阅读、收听、观看率和销售量等。通过调查表明，大众传媒的受众不仅是信息的接收者，还可以选择和使用信息，对媒体内容进行评价和选择。这种转变反映了受众在信息时代中的地位和角色的变化，受众已不再是被动的信息接收者，而是具有主动性和选择性的信息使用者和传播者。

（二）重新探索受众的主体地位

斯图亚特·霍尔（Stuart Hall）是批判学派中受众研究的代表人物，他认为受众的信息解码方式是多样的，文本并不是一个意义完全封闭的结构。受众也不再是盲目顺从媒介生产者的消极客体。研究表明，观众对电视节目的解读可以分为三种类型：主导霸权式解读意味着观众的解码与电视节目制作者的意图一致；协商性解读则是观众在接受电视节目对事件的定义和判断时，会有所保留并提出异议；而对立解读则是观众对电视节目的理解与制作者的意图存在根本分歧。这些解读方式反映了观众在信息获取和解读中的主动性和选择性，而不是被动地接受媒介制作者的信息。这种转变也表明了受众在信息时代中的地位和角色的变化，受众逐渐成为具有主动性和选择性的信息使用者和传播者。

随着中国成为全球最大的网络大国，中国学者对于网民、群体和网络社区的研究正在不断深入和扩展。随着数字媒体、移动互联网和社交媒体等新型媒介的不断涌现和蓬勃发展，这些新媒介不仅改变了人们的媒介行为和生活方式，还对传统的信息传播方式带来了全新的挑战。

四、结构与意识形态

新媒体的崛起，使传播权力的范围逐渐扩大，人们可以通过新媒体获得更多的信息来源和交流渠道。

在新媒体时代，米歇尔·福柯（Michel Foucault）的话语理论、规训与惩罚、全景监狱等理论被广泛应用于微观权力、监视与控制等相关研究中。福柯认为，话语是权力的一种表现形式，是知识传播和权力控制的重要手段。在传统的话语权力中，少数人或组织通常掌握着话语权力的决定权。然而，在新媒体时代，这种格局正在发生改变。新媒体为更多的人提供了话语权力的机会和平台，从而实现了话语权力的更加广泛地分布和交流。

随着新媒体、社交媒体和人工智能媒体等技术的不断进步，媒体技术的发展引发了人们对媒体与社会关系的深刻思考，这是关于技术影响的核心问题。媒体作为信息传播和交流的重要工具，与社会关系密切相关。一项文献计量研究对《新媒体与社会》1999—2014年的新媒介研究文章进行了分析，结果显示该期刊过去16年最受关注的领域是媒介数字化，其占论文总数的48%；其次是媒介社会生态、媒介受众、媒介交互与融合，分别占21%、17%和8%。这些研究领域关注的是新媒体时代的重要问题和热点，如数字化转型、社会生态变迁、受众行为和互动交流等方面，反映了新媒体时代的研究趋势和方向。新媒介研究的主流方向一直是媒介数字化和媒介社会生态，同时新媒体本身的研究也越来越受到关注。

在新媒介时代，传媒已成为国家、地区甚至组织和个人不可或缺的重要组成部分。由此，对于新媒介自身、新媒介与人、新媒介与社会的思考变得尤为紧迫而又复杂。传播研究者需要从微观的角度出发，观察新媒介背后的观念和趋势，保持审慎和清醒地对技术的快速进步进行观察，以此了解人类传播历史上正在发生的变化，关注人类生活世界的丰富维度和多元内涵。

第三章　与时俱进的媒介形态理论

第一节　英尼斯——垄断、权力、扩张、依附

媒介形态理论的奠基人英尼斯主要奠定了以身份危机为基础的媒介"偏向论",并强调了关注文化和传播史的现实关怀。英尼斯的关注点在于加拿大人口多元性和多样性之间的身份危机。他认为,在这种文化多元性的社会环境中,媒介可以帮助人们理解不同的观点和文化,从而更好地发挥文化的多样性。

一、探究加拿大的民族认同和其在传播领域的表现

加拿大是一个由英国殖民者在自身利益驱动下组合而成的政治经济联合体。自1867年成立之日起,加拿大人民就一直在为争取独立自主而努力奋斗,直至1926年才最终获得了外交上的独立地位。在历史上,加拿大曾被英国和法国两个国家交替殖民统治,成了英国、法国和美国三个国家之间利益争夺的战场。这三个国家的语言、文化和宗教信仰,共同促成了加拿大多元

文化的形成。虽然在斗争中获得了政治自决和国家独立，但一直没有找到自己真正的文化和民族身份，作为加拿大独特的精神特征。由于加拿大的地形复杂、气候恶劣、人口稀少，因此运输和交通对于加拿大的存在和发展至关重要。

由于以上历史和地理因素的影响，加拿大的民族主义主要基于这样一个事实：在更大的群体中进行交流时，同一民族的成员比外部成员能更有效地进行交流，并且交流的话题更加广泛。[1]

英尼斯是这两个特征的一个典型体现者。在早期对加拿大经济史的研究中，英尼斯着重分析了美国的经济扩张以及随之而来的美国文化的渗透。他深信，美国的经济和文化渗透是导致加拿大长期处于依附地位的主要原因。加拿大的经济发展史，是边缘和中心之间矛盾冲突的历史。[2] 经济贸易所需要的技术条件——交通和运输，英尼斯认为，在这种冲突中有着基本的重要性。[3] 20世纪初，加拿大的独立斗争取得了成功。然而，第二次世界大战让英尼斯认识到，政治独立并不能解决文明冲突问题。这是因为文明之间的冲突不仅取决于政治经济问题，而且与信息传递有着密切的关系。因此，在晚年，英尼斯改变了研究方向，从研究经济学转向传播和文明之间的关系，以探究它们之间的相互关系。

---

[1] 玛丽·葳庞德：《传媒的历史与分析——大众媒介在加拿大》，郭镇之译，中国传媒大学出版社，2003。

[2] Harold A. Innis, *The Fur Trade in Canada: an Introduction to Canadian Economic History* (Canada:University of Toronto Press, 1956), p.385.

[3] Harold A. Innis, *The Fur Trade in Canada: an Introduction to Canadian Economic History*(Canada:University of Toronto Press, 1956), p176.

二、传播与知识垄断

英尼斯将经济学的概念，如"垄断"和"偏向"，应用到文化传播领域中，以研究传播媒介对知识流通、控制、权威和影响等方面所产生的影响。

在经济领域中，垄断指的是某种商品的生产和销售被独占控制，而垄断者因此可以独享生产和销售所带来的收益。类似的，当出现知识垄断时，某些人独占了客观世界和主观自我认知领域的成果，这些知识寡头因此拥有了对事物和现象的解释权，从而形成了权威和权力。因此可以推论，作为承载和传递知识的媒介，传播媒介的属性和功能决定了谁能够控制它，以及它是否会偏向支持某些势力。这一点与谁成为知识寡头和文化权威密切相关，是一个根本性的问题。

具有高超记忆力的人在口语社会中因口头传播成功。英国历史学者保尔·汤普逊在他的书《过去的声音：口述史》中强调，卢旺达的重要口述文化都保存在那些记忆力非凡的人中。家谱官必须熟记国王和母后们的名单；记忆官要精通各个统治时期最为重要的事件；赞颂官需要保存对国王们的颂词；而秘书官则必须将王朝的机密铭记在脑海里。[①] 随着羊皮纸和文字的发明，扮演记忆官角色的人被替代了，而那些能够识字的读书人逐渐成为文化精英，特别是教会成了文化的主导者。随后，莎草的出现成了主要的知识传播媒介，教权逐渐减弱，相反地，普通民众的才智被进一步提高。英尼斯对此有着深刻见解。他认为，每当引入新的技术发明时，会带来全新的服务环境，从而导致社会经验的大规模重新组合。各种利益集团会争夺对新媒介的控制和利用，以加强自身的权威和地位。英尼斯指出，在这个关键的时间点，社会和文明往往面临动荡和不稳定。

美国学者切特罗姆曾经如此评价英尼斯："即使在他对现代政治经济学的

---

① 保尔·汤普逊：《过去的声音：口述史》，覃方明等译，辽宁教育出版社，2000，第27页。

论述绝望之后，他依然离不开经济学的隐喻和思想范畴，比如'垄断''平衡''偏向'。"[1] 英尼斯的研究表明，在传播领域中，对于这些范畴的掌控意味着对知识接近的权利。这种权利有助于权力和权威的培育和巩固。控制传播媒介的人会拥有重大的影响力，包括决定什么是合法知识的权力。有人认为，英尼斯的这些观点孕育了法国学者福柯的知识考古学思想，成为其思想发展的温床。[2]

三、传播对经济的影响

英尼斯认为，传播与交通运输一样，是促进经济发展的重要引擎。

20世纪40年代初，英尼斯开始转向研究通讯传播，并发表了一篇名为《报纸在经济发展中的作用》的文章。在这篇文章中，他探讨了报纸和经济变革之间的联系。他认为，商品生产和销售的变化不仅仅是因为市场经济和价格体系的扩张，报纸的快速传播和低廉价格也是其中重要的原因之一。

便士报的低价销售策略开创了商业领域薄利多销的新时代。与此同时，大众传媒对各种商品信息和价格信息的迅速传播，使得价格体系在市场中的作用更加明显。"在信息传播快速的区域，如城市而不是郊区，价格体系的作用更加强烈。"[3] 因此，英尼斯得出结论："由于其能够在大规模生产、分配和

---

[1] 丹尼尔·杰·切特罗姆：《传播媒介与美国人的思想》，曹静生、黄艾禾译，中国广播电视出版社，1991，第166页。

[2] Soules P M, "Harold Adams Innis: The Bias of Communications & Monopolies of Power" (PhD diss., Malaspina University-College, 2007).

[3] William J. Buxton, "Harold Innis' Excavation of Modernity: The Newspaper Industry, Communications, and the Decline of Public Life," *Canadian Journal of Communication*, 1998:23.

销售中扮演重要的角色，报纸成为了百货商店和现代消费者经济的先驱。"[1]

我们由此可以看出英尼斯别样的眼光和思维方式。他不像一般人那样把经济因素视为传播的决定力量，而是考察了现代传媒对经济运行的影响，并提出了一个重要的理论命题——"报纸是经济变革的发动机"。[2]

四、美国和加拿大之间的关系

英尼斯高度关注美国和加拿大之间的中心——边缘关系，以及加拿大文化面临的危机。

英尼斯在早期的经济史研究中发现，加拿大与西方文明特别是美国的关系中仍处于边缘地位。晚年专注于传播学研究的他认为，媒介在这一关系模式中发挥了重要作用。例如，他认为，在太平洋铁路开通后，美国商品和文化影响进入了加拿大。然而，讽刺的是，加拿大出口到美国的纸浆成了美国文化影响加拿大的途径。美国新闻和广告通过纸浆深深地植入了加拿大，引起了英尼斯的担忧，他认为这对加拿大造成了致命的威胁。加拿大另外一个传播学者斯迈思（Dallas W.Smythe），在《依附之路》一书中，他的观念与其他学者不同，他说，加拿大成为一个依附国家的原因并非是因为媒介信息中存在着明显的美国意识形态，而是由于加拿大的媒介产业在经济结构上向美国的广告商出售了其受众。[3] 综上所述，可以认为传播媒介在美加之间的经济和政治关系中扮演着至关重要的角色，因此它的重要性不言而喻。

---

[1] 丹尼尔·杰·切特罗姆：《传播媒介与美国人的思想》，曹静生、黄艾禾译，中国广播电视出版社，1991，第165页。

[2] Innis, Harold Aadm, The Newspaper in Economic Development. Political economy in the modern state(Toronto: Ryerson Press, 1946), p.32.

[3] 陈韬文：《批判传播理论对传播理论及社会发展之贡献》，载朱立、陈韬文《传播与社会发展》，香港中文大学出版社，1992，第24页。

英尼斯认为，中心和边缘之间的关系是可变的，边缘地区可以通过发展和利用传播媒介来增强自身的影响力，以对抗中心的影响。他用印刷术的例子阐述，最初，大英帝国在殖民地引进印刷术，其目的是更好地管理海外财产。然而，该技术迅速被殖民地的反对派用于煽动反抗英国的压制性措施，如1765年的星期五法令，并取得了重大胜利。

英尼斯提出了对于加拿大文化危机的解决方案，他认为"只要加拿大坚持普通法传统和欧洲文化遗产，就可以有效地抵御美国文化的影响。所谓欧洲文化遗产主要指古希腊的口头文化传统。不仅加拿大，整个西方文明都急需这种药方"。因为，现代西方文明正在走向一种失衡的状态，商业利益的无限制扩张促进了空间征服，专业化和社会分工得到了高度推崇。而古希腊的口头文化传统与此完全相反。古希腊的口头文化传统创建了认可的标准、长久的道德和社会制度。它奠定了社会组织的基础，保持其连续性。此外，它还形成了一种机制来保持其自身的延续。[1]

英尼斯把古希腊口头文化的"神韵"成为重要因素。他认为，为了抵消现代西方社会机械化的倾向，必须重新把握这一"神韵"。

五、英尼斯的主要贡献

以下几点是英尼斯的主要贡献。

（1）麦克卢汉意识到英尼斯的创新价值，并有意强调它，以确立探索传播方式及其社会历史意义的研究路径的地位。在此之前，英尼斯的开拓性贡献默默无闻。

（2）英尼斯在传播学研究中采用了一种创新性的宏观历史研究方法，这

---

[1] 哈罗德·英尼斯：《传播的偏向》，何道宽译，中国人民大学出版社，2003，第86页。

种方法后来被广泛运用于媒介形态理论中，并成了一种惯用的方法和显著特征。凯里曾经评价英尼斯的传播研究方法为一种学术探讨的模式，这种模式是历史的、经验的、解释的和批判的，而且在美国其他学者还没有采用这种方法的时候，英尼斯已经率先提供了这种模式。

（3）英尼斯的研究问题和理论命题形成了媒介形态理论的主要研究主题，为后续的研究提供了启发。在研究现代媒介时，英尼斯提出了集中化和分散化的问题，他认为印刷是一种分散化的媒介，而广播则是一种集中化的媒介，尽管两者之间存在一定的偏差。集中化与非集中化媒介的问题一直是人们关注的焦点问题。在麦克卢汉的"媒介偏向论"指导下，出现了一系列重要的思想体系，其中包括麦克卢汉的感官偏向和梅罗维兹的场景偏向，这些体系直接应用了英尼斯的思想。

他还提出："在一种传播形式主导的文化向另一种传播形式主导的文化迁移的过程中，必然要发生动荡。"[①]这种思想对于后来的学者产生了深远的影响和启示。麦克卢汉的感官偏向理论在20世纪60年代提出，预测了西方社会的冲突，并得到了准确验证。这种理论认为，不同的媒介形态和技术会对人们的感官偏向产生影响，从而带来社会和文化的变革和冲突。这种理论的准确性得到了实证研究的支持，为后来的媒介形态理论和文化研究提供了重要的启示。同时，梅罗维兹提出的印刷场景和电子场景相遇时地域感的消失，也反映了这一思想的影响。

虽然英尼斯的后期传播学著作备受诟病，但也有人指出了几种原因来为他开脱。首先，加重的危机感使他失去了冷静和稳重。其次，他担任学校教务长职务，使得他没有足够的时间来进行深入的研究。此外，身体状况的恶化使他只能提出问题，而不能进行严谨的论证。无可否认，英尼斯的晚期著作存在一些写作方面的缺陷，这已经成为事实。类似地，切特罗姆也持有相

---

① 哈罗德·英尼斯：《传播的偏向》，何道宽译，中国人民大学出版社，2003，第119页。

同的观点，认为英尼斯的晚期著作整体给人一种粗糙、不完整的感觉。实际上，英尼斯从未详细地解释过他的观点，而是希望读者具备一种探索的精神，通过想象力和毅力去发掘他那丰富的知识和深刻的见解。[1]

第二节 麦克卢汉——感觉、延伸、反叛

麦克卢汉出人意料地成为媒介形态理论中最著名的代表之一。1964年，他出版了《理解媒介》一书，这使他成为新思想新学科的明星。一篇《纽约先驱论坛报》的文章声称："麦克卢汉是继牛顿、达尔文、弗洛伊德、爱因斯坦和巴甫洛夫之后最杰出的思想家。"但是他也面对着许多无以复加的批评，有人把他斥为形而上的巫师，有人质疑他是一个学术卖弄的大师，指出他的文字浮于表面，缺乏论述的深度，表达混乱不连贯。为什么麦克卢汉既受到至高的赞誉又受到极端的批评？他的独到贡献是什么？什么因素促成了他的独特个性？这些是本节要回答的主要问题。

一、压力与欲望

麦克卢汉受到生活中的压力和渴望取得成就的驱动，一直在持续不断地进行创新和冒险，以探索新的思想和观点。

为了实现自己的梦想，1955年，麦克卢汉联合他人创立了一家"思想咨询公司"，这家公司提供了许多创新的思路和点子，例如婴儿用的透明便盆、

---

[1] 切特罗姆:《传播媒介与美国人的思想》，曹静生、黄艾禾译，中国广播电视出版社，1991，第167页。

公共汽车上照明显示的广告牌、地铁车厢里的报站牌、密封的飞机餐饮盒等。麦克卢汉还曾建议制作并销售用于电视节目重播的微型电影带,他将其称为"电视盘"(television platters)。

麦克卢汉开始涉足通俗文化和传播领域的学术研究,并发现了用文学方法研究传播问题的独特性。他不仅大胆进行跨学科研究,还与多个领域的名人建立友谊,如美国人类学家爱德华·霍尔、管理学家彼得·德鲁克、诗人埃兹拉·庞德、作曲家约翰·凯奇、未来学家阿尔文·托夫勒、英国艺术家温德汉姆·刘易斯、加拿大著名钢琴家格伦·古尔德、加拿大总理特鲁多、法国天主教哲学家吉尔松等。他之所以能够在诸多领域间自由跳跃,涉猎广泛,与其广博的知识面和广泛的人际交往圈有很大关系。

麦克卢汉怀有强烈的欲望,就像一台不知疲倦的机器,四处寻找能够进行谈话和辩论的机会,并不放过任何可能让他出名的机会。

二、文学经历

尽管麦克卢汉中途放弃了文学,但他从文学的经历中获得了巨大的智力财富。

1943年,麦克卢汉进入剑桥大学时,正值文学批评的鼎盛时期,新文学批评学派开始形成。他受益良多,特别是英国文学家利维斯和奎勒-库奇,以及新批评学派的奠基人理查兹(I.A. Richards)。

在传播学的研究中,麦克卢汉自觉贯彻着这一原则:对于新兴的电子传播及其相关社会变动,更加重要的是探索与理解,而非进行毫无用处的价值判断。

在教学过程中,爱伦·坡、杰弗雷·乔叟和莎士比亚的作品可作为丰富的思想资源和思维训练的来源。麦克卢汉在他的著作中也频繁引用它们的话语，以证明自己的论点。但这并非简单的抄袭或堆砌。麦克卢汉对文学有深刻的了解，能够从中发现传播的特点、原理和方法论，并将其作为自己观点的论据。举个例子，他提到了爱伦·坡的一篇短篇小说《莫斯肯旋涡沉浮记》（*The Descent into the Maelstrom*），其目的是为了表达他对于处理社会突变的态度和方法。该故事告诉人们，即使处于世界变革的漩涡中，也应冷静思考、警惕观察，这样才能做出相应的处理方法。"对于麦克卢汉来说，水手的行为和侦探一样，成为他著作中的一个重要象征，他通过这个象征来表达自己对于社会变革的看法和态度——他认为人们需要通过了解变革，才能够摆脱由变革带来的不利影响和威胁。"[1]

经过多年的文学学习和教育经历，麦克卢汉充分认识到文学思维在传播学领域中的重要性和价值。"当时的新批评大师们坚信，文学理论是最充分的认识论力量，具有足够的正确性，因此在理解和解释不同时代人类的思想和行为时，比哲学、神学和历史学等学科提供了更优异的阐释力。麦克卢汉对此深信不疑。"[2] 他在多处声称，文艺家是对社会变革先知先觉的一群人，只有文艺思维能够把握社会剧变的真谛。[3] 这也是他毫不避嫌信手引用文学描写的原因。

麦克卢汉在传播问题研究中充分利用了文学素材和文学思维的手法。他尤其强调了"模式识别"方法的重要性，并将其付诸实践。这是他对文艺思维应用的典型例证。在麦克卢汉看来，"模式识别"是艺术家的专长。[4] 麦克卢汉采用"模式识别"方法来理解媒介，而不是采用传统的实证研究方法。

---

[1] 菲利普·马尔尚：《麦克卢汗：媒介及信使》，何道宽译，中国人民大学出版社，2003，第77页。

[2] Richard Abel, "Marshall Mc Luhan revisited," *Logos* 12, no.1(2001).

[3] Marshall MC Luhan and Bruce R, *Powers, The global village* (New York : Oxford University Press, 1989), Preface.

[4] 埃里克·麦克卢汉：《理解媒介》，何道宽译，商务印书馆，2000，第102页。

三、麦克卢汉的思想转变

麦克卢汉注意到了电子媒介以及带来的大众文化浪潮，而且因为文学事业久无名气，他开始转向传播研究，并开始在课堂上运用文学方法探讨报纸首页、滑稽漫画和广告。这些事情发生在第二次世界大战后电视的迅速发展时期。1951年，他发表了第一本专著《机器新娘》，这是他在大众传媒和流行文化研究方面的开端。他的敏锐感和转向传播研究的决心使他很快找到了可投入的有价值的研究方向。

麦克卢汉从英尼斯那里领悟到了一个至关重要的理念：传播媒介与人类历史和文明的发展密不可分，媒介的属性决定着社会或文明的特质和方向。因此，媒介本身在历史上的重要性不仅仅在于传播内容。人们常常过分关注传播内容的感知，忽略了媒介本身的影响力，从而无法解释大范围的社会变革。麦克卢汉认为这是传播学研究中的一个软肋，应深入推崇英尼斯开创的研究方向，并有意识地将其发展成为一个新的思想流派。

1951年3月14日，他在给英尼斯的信里说："亲爱的英尼斯：谢谢你重印的讲稿。这给我机会说一说我对你的传播研究的兴趣。"麦克卢汉通过自己的不懈努力，他成功地确立了媒介形态理论在传播学中的地位，并在这个领域取得了显著的成就。他的理论成果不仅为学术界带来了新的思考和启示，也对于实践中的媒介传播有着重要的指导意义。然而，值得注意的是，这个理论的奠基人英尼斯却鲜有人知。直到20世纪末，人们才重新发现和认识到英尼斯的开创性工作对该领域的贡献。

四、麦克卢汉的预言：现代媒介对社会影响的探究

他通过综合这些因素的影响，不断发展出语言能力，从而能够预测即将到来的社会变化，包括社会现象和文化成果等方面的复杂变化。

如前所述，英尼斯早就提出，社会主导媒介的变革将带来社会的动荡。麦克卢汉进一步指出，电子传播的内爆过程将会深刻地影响个人，使其更深入地参与到传播过程中，并加强个人的权责意识，因此将改变黑人、少年和其他一些群体的社会地位。[①] 他的言论表明，随着西方印刷文化向电子文化的转变，到20世纪60年代，妇女、青年等边缘群体开始发动反叛运动，争取更多的权利。

他还断言，电子社会里商品本身将越来越具有信息的性质。[②] 在当今时代，财富的积累更多地依赖于商品的命名和品牌形象营销，而非单纯的制造过程。这是一个注重形象和符号流行的时代，人们更加关注符号和形象所代表的含义和价值。麦克卢汉认为，电子传播的速度和方式类似于口头传播，可以向人的各种感官输入信息，从而将整个中枢神经系统暴露于外界，人类社会也将重新部落化，称之为"地球村"。在"地球村"中，人们将成为"无形的电子人"，可以通过电子媒介足不出户地掌握世界的动态。他的假说被电视和网络的发展所证明，人们可以在这种类似于赛博空间的虚拟世界中游荡、交流思想和精神，在其中洞察八方。

---

① 埃里克·麦克卢汉、秦格龙：《麦克卢汉精粹》，何道宽译，南京大学出版社，2000，第22页。
② 埃里克·麦克卢汉：《理解媒介》，何道宽译，商务印书馆，2000，第69页。

五、乐观主义视角下的技术发展

"地球村"的前景吸引了无数人。麦克卢汉也主要因为这个预言,被认为是技术乐观主义者[①]。前面说过,麦克卢汉在面对新事物时,会持反对或抵制态度。理解媒介及其对我们心理、社会价值和制度的革命性的影响是最重要的第一步。只有深入了解媒介的特点和作用,我们才能更好地应对媒介带来的变革和挑战。如果我们能够对正在发生的事情做出正确的判断,就可以有效地减轻变革之风的烈度,使原来视觉文化中最优秀的成分与重新部落化的新社会和平相处。麦克卢汉的"理解媒介"一词是指探求媒介本质的过程,而非对其好与坏进行价值判断。然而,尽管如此,他本人对当前正在发生的新媒体革命并不赞成。

马尔尚在传记《麦克卢汉:媒介即信使》一书中评价到:"终其一生,麦克卢汉从来就不是什么机器的爱护者。"[②]"地球村"概念的预言在当时社会引起了轰动,这是因为此时的西方社会正处于大萧条时期,人们普遍情绪低落,对未来感到迷茫和无力。现在,"地球村"成了现实,这使得该预言更加流行。然而,"地球村"的概念在不同的人看来有不同的理解。在一些人眼中,"地球村"是一个充满希望的乌托邦,而这种新媒体带来的变革则是不可避免的。这与麦克卢汉的乐观主义和主观描画有所不同。

---

① 王怡红:《"忧虑的时代"与不忧虑的麦克卢汉》,《国际新闻界》1997年第1期;陈卫星:《麦克卢汉的传播思想》,《新闻与传播研究》1997年第4期。

② 菲利普·马尔尚:《麦克卢汗:媒介及信使》,何道宽译,中国人民大学出版社,2003,第18页。

六、麦克卢汉的传播研究特点

综上所述，以下几点是麦克卢汉的传播研究的特点。

（1）麦克卢汉是一位有创造力和才华的学者，他敢于挑战学科的边界和学术规范。他的研究领域广泛，包括文学、传播、建筑、音乐、绘画、教育、大众文化以及与边缘群体权利相关的问题。他将传播视为一种指挥棒，将不同领域和性质的问题编织在一起，形成一支宏大的交响乐团，从而激发思想的共鸣。他的思想不受常规规范束缚，常常没有严格的逻辑推理，而是像散布豆子一样四散飞溅。

（2）在麦克卢汉的思想学说中，文学因子是一种灵动的存在，它无所不在，影响着方方面面。与英尼斯关注的政治、经济和知识权力不同，麦克卢汉聚焦于媒介形态及其变革所带来的文化和心理后果。他认为，文学家敏感的思维方式和文学的表达方式，是他生成和组织思想洞见的得力武器。因此，文学成了他思考和探索媒介影响的重要工具之一。

（3）麦克卢汉指出："机械时代正在逐渐被淘汰，我们正处在数字化时代的舞台上。在这个时代里，行动和反应几乎同时发生，我们似乎生活在一个神奇的一体化时间和空间中。然而，我们仍然在使用陈旧的、前电子时代那种支离破碎的时间模式和空间模式来思考问题。"[1]麦克卢汉发现，传统的认知、研究和表达方法并不适合研究由电子媒介所塑造的新型社会。因此，他提出了一种新的研究方法和表达方式，主要包括"模式识别"和"马赛克"式的表达。这种方法和方式的主要目标是研究电子社会这种快速变化的漩涡状态。他特意强调媒介形态理论的创新，以纠正内容研究的偏颇。在表达方式上，他常常使用过激和武断的语言，以突出其研究结果的重要性。

麦克卢汉对研究对象的特征有明确的认识，并根据这些特征采用相应的

---

[1] 埃里克·麦克卢汉：《理解媒介》，何道宽译，商务印书馆，2000，第21页。

研究方法。他也意识到,这些方法和技巧并不符合当时的学术规范,因此,他已经做好了可能产生社会影响的准备。无论这些影响是好是坏,麦克卢汉都能泰然自若地面对可能的评价。因此,我们可以看到,他在研究过程中保持了稳定、自信和果敢的态度。

"仿佛一切均在平平常常之中,没有偶然,没有惊奇,只有必然。"[①]

第三节 梅罗维茨——场景、前/后台、角色、行为

一、麦克卢汉未提之事

梅罗维茨在攻读博士学位时开始关注媒介与人际交互之间的相互影响,并将其作为他十多年来的主要研究方向。为了深入研究这一领域,他受到了媒介形态理论以及欧文·戈夫曼的社会场景理论的指导。这些理论为他提供了重要的思路和指导,帮助他深入探究媒介能够对人际交互产生的影响,从而进行更为深入和系统的研究。

麦克卢汉强调,随着西方社会主导媒介从书籍、报纸、杂志转变为广播和电视,将带来剧烈的社会变革。20世纪60年代,这一预测得以证实,西方整个社会被一波波的社会冲突所席卷,包括女权主义、黑人运动和嬉皮士潮流等。但梅罗维茨认为麦克卢汉并没有充分阐释电子媒介如何引起广泛的社会变化的原理。梅罗维茨认为,随着主导媒介的变革,媒介形态的变化导致

---

① 埃里克·麦克卢汉:《理解媒介》,何道宽译,商务印书馆,2000,第1页。

了人们行为方式的变化。然而，他发现麦克卢汉并没有对这一影响机制做出充分的解释，因此，梅罗维茨希望利用欧文·戈夫曼的"场景"理论来作为一个中介变量来帮助链接媒介形态与行为方式。他试图通过这种方式来弥补麦克卢汉理论中的不足之处，更全面地理解媒介形态对人类社会的影响。

二、探究戈夫曼的社会场景理论

欧文·戈夫曼是一位加拿大裔美国社会学家，也是当代著名的社会戏剧理论家。他曾经担任过美国社会学会的主席，并于1959年出版了《日常生活中的自我呈现》。他在这本书中提出了社会场景理论，对美国社会学界产生了深刻影响。《美国社会学杂志》赞誉这本书是"这一代社会心理学最为重要的贡献之一"。戈夫曼通过社会场景理论揭示了社会交往中的隐含规则和社会习惯，极大地促进了对社会交往的理解。在《日常生活中的自我表演》一书中，戈夫曼将戏剧理论引入社会学研究，并详细分析了人们在社会交往中如何通过行为调节和角色扮演来管理自己给别人留下的印象。他认为，社会生活就像一场戏剧，人们需要在不同的社会场景中扮演不同的角色，以达到自己的目标和维护社会秩序。通过这种方式，他揭示了社交行为的科学本质，以及影响它们的内部和外部力量，为社会学研究提供了新的视角和方法。

人们经常在社交场合中扮演不同的角色，以影响他人对自己的看法和反应。许多角色扮演是有规则的，发生在家庭、工作场所或社交活动中的固定场所。在社交场合中，人们的社交表现就像戏剧舞台一样，分为前台和后台。前台是人们用来展示自己特定角色的场所，例如公共场所、工作场合等，人们需要在这些场所中扮演特定的角色，以满足社交需求和期望。而后台则是人们进行角色训练和休息的场所，例如家庭、朋友圈等，人们可以在这些场所中放松自己的行为规范和社交表现，以保证前台表演的质量。通常情况下，越是充裕和封闭的后台空间，越容易维护前台表演的质量，角色的形象管理也就越容易成功。

在社交场合中，人们通常会避免暴露后台行为，因为这会破坏前台表演的神秘感和完美感。例如，当公司老板了解到某个职员的个人生活情况时，他可能会感到难以继续维护原有角色的形象，这至少会让角色润饰不再像以前那样轻松。同样地，餐厅的厨房通常不会向顾客开放，因为暴露出服务员在背后的活动可能会破坏他们在前台表演的效果。因此在社交场合中，保持一定的隐私感和神秘感是非常重要的。人们在生活中会有意识或无意识地学习社交场景中的行为规范，以便可以在不同的场景中表现出不同的形象。同时，他们也非常注重前台和后台之间、不同社交场景之间的界限，以避免损害他们在他人眼中的印象。这就是戈夫曼的戏剧交往理论，它旨在揭示社交行为的本质和规律，帮助人们更好地适应社交场合，有效地管理个人形象，实现印象管理的目标。

三、梅罗维茨的修正

尽管戈夫曼在20世纪50年代提出的戏剧交往理论涵盖了日常社交行为，但它并没有像麦克卢汉那样预测60年代西方的社会运动。梅罗维茨指出，这可能是因为这一理论过于强调社交场景的静态性而忽略了它们可能发生的变化。由于社会场景的变化会对个体的行为和偏好产生深远的影响，因此理解和研究这种变化对于理解和预测社会运动具有重要的意义。

梅罗维茨指出，社交场景已经不再是固定的，它们随着社交媒体的发展而不断发生改变。现在，女性可以看到男性之间的私下交流，选民可以目睹政治家们之间的斗争，孩子可以了解自己父母的教育方式，也可以看到老师被问到无法回答的问题。因此，梅罗维茨将戈夫曼的静态社交场景理论改成了动态社交场景理论，以更好地适应日新月异的社交媒体时代。

　　梅罗维茨认为，现实世界中定义场景的关键不只是与之相关的有形地点或场所，还包括场景中参与者的行为和交往方式。例如，即使在正常的餐厅营业时间内，如果两个服务员在餐厅里做出一些可笑的动作，以向某位顾客传递信息，但他们实际上正在进行后台的交往行为。在这种情况下，服务员们的行为属于后台行为，因为这种行为不符合社交规范和期望，而是为了私人目的而进行的。因此，梅罗维茨说："对人们交往的性质起决定作用的并不是物质场地本身，而是信息流动模式。"[①] 梅罗维茨认为，服务员的行为方式不仅受制于行为发生的地点，更重要的是它们所传达的交往信息是否被顾客所察觉。因此，梅罗维茨所研究的不仅仅是戈夫曼的有形的社交场景，也包括信息流动的无形社交场景。在这样的场景中，人们的行为或态度可能并不受物理空间的限制，而是受到信息流动的影响。

　　通过这种修正，梅罗维茨开创了他自己的研究分析框架。具体而言，他从研究传播媒介的变化如何改变社会交往场景内的信息流动入手，探讨信息流动的变化如何重新定义了社交场景，以及这种重新定义又对人们的行为方式产生了怎样的连锁反应。基于这一框架，梅罗维茨不仅提供了更为深入的社交场景分析，同时也拓展了我们对传播及其影响机制的理解。

四、媒介、场景和行为

　　梅罗维茨认为，随着印刷媒介和电子媒介的兴起，社交场景的定义发生了重大变化。他比较了印刷媒介和电子媒介在物理特征、信息形式、接触难易度和受众反应方式等方面的差异。他发现印刷媒介倾向于分隔不同的社交

[①] 梅罗维茨：《消失的地域》，肖志军译，清华大学出版社，2002，第33页。

场景，而电子媒介则更倾向于融合不同的社交场景。这种差异体现在电子媒介消除时空限制方面的效能上，使得人们越来越难以将不同的社交场景分割开来。简言之，印刷媒介主要用于保护前后场景，而电子媒介则更容易泄露后台场景。因此，场景的隔离和融合会直接影响人们的行为方式，因为人们通常通过场景来引导自己的交往行为，以管理自己的印象和形象。不同的场景定义和隔离程度可能会导致人们采取不同的副交际行为或策略。

在文化主要通过书籍和印刷媒介传播、学习的过程中，文字是最基础和重要的学习内容，然而文字相对较为复杂难学，因此学校通常将儿童分年级分阶段学习文字和文化，并对不同年级的学生的行为有着不同的期望和要求，所以儿童在成年之前对成人世界有着相对较少的了解。在印刷社会中，儿童和成人之间界限分明，因为他们受教育的路径和方式大多相似，进入成人社会的门槛也相对一致。这也是印刷媒介所导致的文化和知识传承方式的一种特殊现象，其对于社会结构和文化传承的影响引起我们的高度关注。

随着电子媒介的兴起，人们所接触到的信息流动模式也发生了明显变化。电视等电子媒介不仅让人们可以足不出户了解世界的新闻动态，而且能够超越无形的社会层次，让大众接触到权威专家，了解成人世界的秘密，了解边缘群体的内情。这种变化不仅改变了人们对社会的认知和理解，同时也对行为规范和准则产生了深远的影响。比如说，印刷媒介时代不愿涉及的问题，如家庭暴力等，成为社会关注的问题。同时，儿童的玩具、服饰和言行也更多地具有了成人的特征，这种变化反映了文化和价值观的多样性和开放性。

印刷媒介与电子媒介在社会场景中的扮演并不是互相独立的，而是相互补充的。

梅罗维茨论证道："随着书写的出现，象征性的共同体开始挑战实在性的共同体。书写使得同一环境下的人们能够了解和经历不同的事情，也使得来自不同实在环境的人们能够通过阅读同样的材料而建立联系。因此，书写以一种新的方式既分裂又组合了人们。"[1] 在不同形态的社交环境中,"我们"这个词的定义和意义也在不断演变。在口语社会中,"我们"通常指的是在面对面交流时彼此团结在一起的人群,这种集体也通常具有某些相似的特质和行为方式。当进入印刷社会时,"我们"的定义扩大了。在这个时代,"我们"指的是通过分享同一个书籍或文本而团结起来的人群,有着共同的语言和文化背景,并共同关注着某些特定的议题或文化现象。随后,随着电子媒介的兴起,"我们"的定义又发生了进一步的变化。在电子社会中,"我们"更可能跨越国家、语言和文化的界限,共享跨越时间和空间的信息和文化内容。这也使得社会场景变得更加分离、但也更加融合。

梅罗维茨的研究指出,相较于印刷媒介,电子媒介更容易带来不同场景之间的融合。在印刷媒介时代,由于信息的传播不如今日的电子媒介那么迅速和广泛,因此不同的社群之间呈现出明显的等级差异,旱涝保收的孤岛效应越来越明显。而在电子媒介时代,由于信息可以穿越时空障碍,越来越多的人可以跨越不同的场景进行互动和融合。

五、梅罗维茨的创新和贡献

戈夫曼主要关注的是如何在不受外部因素影响的情况下,更好地扮演角色、管理印象。他试图探究不同场景下人们的不同行为,并认为人们的行为是由外界环境、社会情境以及个人经验综合作用的结果。相比之下,梅罗维茨的研究旨在揭示社会行为会随着社会背景的变化而发生变化。社会背景也会跟着变化。他认为,一个社会场景的行为方式取决于其前台的表演、后台的休息排练、界限的界定以及场景内的观众等多种因素。因此,不同的场景

---

[1] David Crowley, David Mitchell, *Communication Theory Today* (London: Polity Press,1994), pp.54-55.

会对人们的行为产生不同的影响。

电子媒介的兴起打破了传统社会中前台和后台之间的界限，使得场景内的行为直接暴露给了外界观众。这种变化引发了人们对习惯行为的不适应，迫使人们调整自己的行为方式。就好像当孩子知道成年人的不良行为时，父母可能会因此改变自己的行为方式一样。在这种情况下，过去适用的行为准则会变得无效和愚蠢。根据梅罗维茨的研究结论，电视让我们失去了传统社会中的时间和空间感，使得人们的社会行为变得更加多元、自由和开放。电视作为一种新的媒介形式，打破了传统媒体的时空限制，使得信息和文化得以更加广泛地传播和交流。

梅罗维茨最早的研究主要关注美国电视如何颠覆政治权威，这一现象在20世纪80年代前后在美国社会广泛存在。当时，电视已经深度渗透到人们的生活中，与政治紧密结合，从而显著改变了美国的政治运作方式，尤其是产生了"电视领袖"的政治现象。梅罗维茨的后续研究扩展到了社会的其他方面，例如男女气质的变化和儿童行为成人化等社会问题。

梅罗维茨曾说："第一代媒介形态理论忽视了一个角度，那就是把理论视角与日常社会交往进行详细地结合。"[1] 梅罗维茨试图将媒介形态理论转化为更加具体、易懂的形式，使其更贴近现实生活，更易于理解和应用。在他的著作《消失的地域》中，他进一步阐述了媒介形态理论，并为该理论提供了一种完整的思想学说。

---

[1] David Crowley, David Mitchell, *Communication Theory Today* (London: Polity Press, 1994).

第四节 利文森——数字时代的"麦克卢汉"

1975—1978年,在纽约大学攻读博士的研讨班上,梅罗维茨与我邻座。这个博士点叫"媒介生态学",由波斯曼主持。我们逐渐建立了深厚的情谊,从细节问题的激烈争论发展到终生的友谊。我们认识到,我们对媒介世界的看法基本上相似。我们核心的视野是从麦克卢汉学来的。

——利文森[①]

一、数字时代悄然来临

根据媒介形态理论的分类,1844年电报的出现标志着电子社会的开始,随后广播、电视、网络等媒体不断涌现,推动了电子社会的不断演进和发展。英尼斯的研究主要关注电子社会之前的历史阶段,着重探究了媒介技术的产生和发展背后的经济、政治、文化及其相互关系等重要问题。而麦克卢汉则在及时回应广播、电视带来的社会变革的同时,也对数字时代的媒介形态进行预测。

利文森作为数字时代的亲历者,见证了从数字化大规模应用到数字化进一步发展的整个过程。数字时代是在计算机和因特网发明之后形成的新阶段,

---

[①] 保罗·利文森:《数字麦克卢汉》,何道宽译,社会科学文献出版社,2001,第25页。

包括了信息技术、人工智能、大数据等前沿技术的发展和应用,推动了媒介形态向更加开放和自由的方向发展。利文森说:"《消失的地域》写得太早,不可能完全抓住数字时代飘然降临的势头。梅罗维茨评价的主要是电视,而不是电脑。"① 利文森主要的理论作品都是写于20世纪最后几年,致力于探究新兴数字传播对社会关系和组织的影响。他关注了数字传播所带来的社会变革和文化变迁,着重探讨数字媒体如何影响社交、公共空间、政治和文化认同等方面,并探索数字媒体在全球化背景下的意义和作用。

除了是数字社会的研究者,利文森也积极投身于数字技术的开发和应用。1985年,他和妻子共同成立了"联合教育公司",旨在推动远程教育的发展和应用。当时,网络教育还是一个新生事物,但作为网络教育的先锋,利文森长期从事网络教学,亲身感受到了数字网络的神奇之处,深入探究了数字化和教育改革之间的联系和影响。通过网络教育,他推崇数字技术可以突破传统教育的时间和空间限制,为深度贫困区提供更好的教育资源和机会。此举掀起了数字教育和远程教育领域的革命,为数字化时代下教育改革提供了新思路与无限探索的空间。

利文森所创建的"联合教育公司"跨足20多个国家,拥有来自美国、俄罗斯和南非等地的优秀师资和丰富多彩的学生群体。这份无所不在的存在模式体现了麦克卢汉思想中的"处处皆中心"和"非集中化"倾向,同时也展现了数字时代的"地球村"和"无形无象之人"等理论洞见。随着网络技术的不断发展,学生、老师和教育场所之间的联系已经不再受到时空限制。通过网络技术的支持,教学、讨论和交流可以随时随地进行,而传统的教育场所逐渐失去了它们的重要性。"数字时代"的概念与麦克卢汉的思想不再是抽象而玄奥的理论,而是在利文森的切身生活中得到了充分的体现和应用。

---

① 保罗·利文森:《数字麦克卢汉》,何道宽译,社会科学文献出版社,2001,第25页。

二、利文森与麦克卢汉的关系

利文森与麦克卢汉的关系密切,是他学术研究中的一个重要方面。

在1964年读本科期间,利文森和当时的大多数学生一样,只是被指定阅读麦克卢汉的著作,并未有幸亲身接触到麦克卢汉本人。进入研究生阶段后,利文森特别选择了一门名为"麦克卢汉"的主题课程,跟进深入研究了麦克卢汉的理论和观点。在接下来的攻读博士学位的过程中,利文森师从波斯曼教授,与麦克卢汉正式结识。利文森曾深有感触地说,与麦克卢汉成为朋友是他一生中最重要的事情之一。如果没有麦克卢汉的启示和指导,他不可能成为如今的学者和媒介理论家。[①] 利文森与麦克卢汉之间的关系非常紧密,他不仅深入研究麦克卢汉的思想和理论,还将其理论传承和发扬光大。利文森的第一篇论文就是关于麦克卢汉思想的,他在为麦克卢汉的文章写序言时,与其结识并建立了联系。利文森的大部分学术成果都与麦克卢汉的思想理论有关,他还长期开设了"麦克卢汉研究班",让更多人接触和了解麦克卢汉的思想,同时也能够深入探讨这些理论的内涵和外延。通过长期的研究和教学,利文森对麦克卢汉的理解越来越深入,在麦克卢汉的思想中不断探索并将其发扬光大。

三、利文森的特色研究方向

利文森所处的时代、他在新技术实践方面的探索,以及与麦克卢汉的深入合作,是他学术重点的决定性因素,也是其学术特色的砥柱。

---

① 保罗·利文森:《数字麦克卢汉》,何道宽译,社会科学文献出版社,2001。

（一）利文森对麦克卢汉思想的卓越解读

利文森的著作中清晰地表述了对麦克卢汉思想的深刻理解和精细阐述，这一点毫无疑问。

1955年，麦克卢汉在哥伦比亚师范学院举行的学术活动上展现了其卓越的学术才华和深刻的思想。在演讲中，他提到了拼音字母表、X光线和弗洛伊德的心理分析等话题，展现了他对多个领域的广泛兴趣和深入了解。此外，他还探讨了印刷机、电报、广播和电视等主题，深刻阐述了媒介对人类社会的影响和作用。著名的美国社会学家罗伯特·金·默顿（Robert King Merton）坐在台下，他忍不住站起来批评这位无名小辈的东拉西扯："我不知道该从何说起。"这是默顿憋出的第一句话。他的脸气得铁青："你说的每一句话都要打问号！"他从麦克卢汉的第一段话开始批评，由于不能进一步说明他的批评，他一开口就高声嚷嚷，干脆把麦克卢汉的所有观点全部一笔勾销。[1]

在一次回答问题时，麦克卢汉说："我并不是解释，我只是探讨。"波斯曼在提及麦克卢汉的回答时表示，麦克卢汉回答问题往往不是简单的解释，而是通过比喻来更深入地探索问题的本质。麦克卢汉经常说的一句话是"如果你不懂这一点，我这里还有一点"，说完这句话，他会连珠炮地再列举三四种联系。[2]

利文森运用唐纳德·坎贝尔（Donald Campbell）的进化认识论，对传统学术大师们的研究方法做了合理的解释。坎贝尔提出，知识的演进包括"生成""选择"和"传播"三个阶段。传统学术规范不仅要求在第一个阶段进行探索，还要求进行批评、检验和论辩。然而，麦克卢汉却非常关注知识生成的阶段，这与坎贝尔的认知理论有相似之处。利文森在阐述麦克卢汉的思想

---

[1] 保罗·利文森：《数字麦克卢汉》，何道宽译，社会科学文献出版社，2001，第33页。
[2] 菲利普·马尔尚：《麦克卢汗：媒介即信使》，何道宽译，中国人民大学出版社，2003，第1页。

时，举了一个生动的例子。他说，传统的学者通常追求的是终极的目标和结果，比如面包和美酒。[1]

麦克卢汉的著作中使用的类比和暗喻一直备受诟病，但利文森为此进行了辩护。他认为，"光阴似箭"这个比喻是常识所能涵盖的，每个人都能够理解，没有人会过于纠结于其细节。只有那些刻意诘难麦克卢汉的人才会拿这些比喻不断追问：你说的这支箭像什么样子？带羽毛吗？箭头用什么材料？它用什么动力？为什么飞得快？你凭什么说它飞得快，你用了什么钟表？[2]

利文森进一步解释说，麦克卢汉文章的风格其实是一种与电子文本相适应的"在线"风格。这种风格旨在与他所表达的主题紧密契合，它强调非线性思维和跨学科融合，希望以最适当的方式将思考和表达有机地结合在一起。但是，"迫于当时的媒介环境，他的风格被囚禁在纸上"。[3]利文森有一句话概括得非常准确，他说麦克卢汉是"在书页的紧身衣中奋力用电子模式传播信息"。[4]麦克卢汉早就预见到电子社会的特征，并渴望通过电子传播方式来表达这个主题，但当时的传播媒介和技术并没有达到这一水平，只能以印刷书页的形式书写他的探索。他的思考方式和观点，不仅与当时的学科体系相脱节，也包含着一种新兴的思想形态，该思想更适合利用数字媒介实现创新的表达。

利文森结合最新的网络传播和实践经验，对麦克卢汉的思想假说进行了深入有力的论述。他的观点极具见解，并将麦克卢汉的思想与数字化时代的传播方式有机地结合起来。利文森的著作《数字麦克卢汉》是深入介绍数字时代和麦克卢汉思想最佳的入门书，充分表达了他对麦克卢汉思想的理解和

---

[1] 保罗·利文森:《数字麦克卢汉》，何道宽译，社会科学文献出版社，2001，第35页。
[2] 保罗·利文森:《数字麦克卢汉》，何道宽译，社会科学文献出版社，2001，第36页。
[3] 保罗·利文森:《数字麦克卢汉》，何道宽译，社会科学文献出版社，2001，第27—28页。
[4] 保罗·利文森:《数字麦克卢汉》，何道宽译，社会科学文献出版社，2001，第5页。

认识。在网络传播繁盛的今天，麦克卢汉的思想更加深入人心，数字媒介与人们生活紧密相连，形成了一股新的思想和文化潮流。利文森的著作为这股潮流注入了更多新的思想元素和表达方式，他为此做出的积极贡献，让更多人对数字时代和麦克卢汉思想有了更深入地了解和认知。

（二）利文森致力于完善和发展自身理论

利文森认为，麦克卢汉为我们提供了至少一个理解数字时代的框架。

但是，这些思想仅仅是"导航的线索、环境的轮廓"，[①] 利文森不仅仅是针对数字媒介和传播特点方面的细节问题，而是结合了数字媒介的传播特点对麦克卢汉的思想假说进行了修正。他认为麦克卢汉的思想框架需要根据数字时代的发展和变革做出适当的调整，以更好地适应数字时代的特征和需求。利文森将麦克卢汉的"地球村"理论进一步分解为传统地球村和赛博空间的地球村，并深入挖掘了传统地球村的两个维度：广播地球村和电视地球村。他指出，广播地球村只允许听取信息而不允许反馈，这种单向的传播方式适合儿童和不太成熟的受众；电视地球村只允许窥视者欣赏，没有真正的参与感；而赛博空间则是参与者的村落，能真正再现"地球村"之"声觉空间"的特点，这与麦克卢汉所认为的电视不同。

利文森在对麦克卢汉的"地球村"理论进行研究和探讨时，进行了深入的分析和修正。他将这一理论细分为传统地球村和赛博空间的地球村两个部分，并进一步对传统地球村进行了划分，分为广播地球村和电视地球村。他强调了广播地球村和电视地球村在人们参与程度和传播方式上的区别。广播地球村适合儿童，因为其只允许听不允许说；电视地球村则突出了视觉传达，没有真正的参与感。"因特网把地球村变成了货真价实的比喻。换言之，它把

[①] 保罗·利文森：《数字麦克卢汉》，何道宽译，社会科学文献出版社，2001，第2页。

地球村从比喻变成了接近于现实的白描。"[1]

(三)坚信人类理性能够带来美好的未来

与麦克卢汉极力克制不作价值判断相反,利文森的著作洋溢着走向完美和接近胜利的喜悦。他乐观地认为,"因特网是传播的民主化"。[2] 利文森认为,由于人类的理性控制和媒介演变,网络传播的"地球村"将不再出现垄断,每个人都有机会在网络上来自由发布内容,实现公开出版。这一发展趋势意味着媒体行业将更加符合人性,而未来的媒体发展也将更加开放和多元化。因此,美国政府起诉微软行业垄断的必要性也得到了缩减,网络环境的开放和制度的逐渐完善,将更好地保障公平竞争和媒体多样性。

利文森认为,每一种新媒介都是旧媒介的某种补救,但他的分析显然没有充分关注新媒介的弊端。也许他过于看重技术的潜力,而忽略了网络传播在门槛进入和标准认可上的短板。因此,虽然技术能够提供许多可能性,但这些可能性不一定能够真正落地并成为普及的现实。

总之,这四位代表学者在多方面表现出了各自的理论特色,主要体现在以下四个方面。

(1)从学科角度来看,英尼斯采用政治经济学的视角研究网络传播,麦克卢汉则以文学视角进行解读,梅罗维茨则从社会学的角度来探讨网络传播,而利文森则将技术和人文综合在一起,提出了一种更加全面的解释框架。

(2)从理论研究的重点来看,英尼斯关注的是政治、经济和知识权力的演变,以及这些变化所带来的民族和文明危机。麦克卢汉的研究重点则在于感官参与的程度、方式和数量,以及它们对心理认知和社会结构的影响。梅罗维茨探究的是人们交往场景的变化,以及这些变化对人们行为方式的影响。

---

[1] 保罗·利文森:《数字麦克卢汉》,何道宽译,社会科学文献出版社,2001,第97页。
[2] 保罗·利文森:《数字麦克卢汉》,何道宽译,社会科学文献出版社,2001,第21页。

而利文森则更加注重传播技术的发展历程和趋势分析，以及技术带来的影响。

（3）从学术风格的角度来看，英尼斯注重对资料的充分佐证，但由于资料缺乏，他的证据不够充足。麦克卢汉并不是一个自我炫耀的学者，但他却通过运用不同寻常的研究方式和表达方式，成功地将他的研究思想和理论传达出去。他打破了传统学术规范，采用了悖逆的研究方式，这种方式不仅可以更好地理解和把握研究对象，也能够起到引人注目和轰动的效应。利文森可以被视为麦克卢汉的通俗版。梅罗维茨在其理论著作中展示了完备的理论体系，思路清晰、逻辑严谨，所使用的例证平实易懂，又兼具幽默感和有力的论证。

（4）从媒介形态理论的发展史角度来看，英尼斯无疑是该领域的奠基人，奠定了该理论的基础。麦克卢汉则承接并发扬了这个理论，成了此领域的旗手。梅罗维茨则创立了自己的系统理论，开拓了该领域的另一片新天地。利文森则在数字时代对麦克卢汉的研究进行了延伸和扩展，成了数字时代的"麦克卢汉"。

中篇　媒介形态与乡村社会发展

媒介形态和乡村社会的发展之间存在着密不可分的联系。媒介形态的变化可以改变乡村社会的结构，影响其发展方向。例如，新媒体的出现可以改变乡村社会的信息传播模式，提高教育水平，促进经济发展。此外，媒介形态还能够改变乡村社会文化传统、社会关系和经济结构，从而进一步影响乡村社会的方向和速度。在这种互动关系中，媒介形态起着重要作用，可以被视为乡村社会发展的推进力量。

第四章 乡村社会的媒介形态变迁

第一节 近现代的乡村社会媒介形态（1840—1949 年）

从 1840 年开始，西方报纸的形式迅速在中国流行开来，改善了中国信息传播的封闭状况。报纸的发展受到了当时现代党派和社会发展的影响，同时也借鉴了西方便士报和党报的发展历程，形成了具有独特特征的发展模式。在这个时期，报纸不仅成了政治文化交流的重要媒介，也成为社会信息传播的关键平台。这促使中国新闻传播进入了一个新的阶段，而受到现代科技和社会发展背景的影响，中国的媒介形态也迅速发生了变化。

近现代以来，随着晚清到民国时期政治、文化的兴盛，以及中华人民共和国成立后的社会建设探索，中国的媒介形态和信息方式正在经历一个由缓慢推进到快速发展的转型和演化过程。

一、媒介技术的发展

媒介形态和信息方式的演变可以追溯到媒介技术的发展。随着科技的不断进步以及工业化和数字化的兴起，媒介技术得以更新和改良，进而推动了媒介形态和信息方式的变革。

早在唐代，雕刻印刷就开始被用于文字传播，在宋朝，毕昇发明的活字印刷术不仅给中国文字传播带来了重大变革，也为全球印刷传播带来了巨大的革命。印刷术是人类文字传播史上最重要的发明之一，它彻底颠覆了文字传播的方式，使得知识和信息得以快速、大量地复制和传播，为文艺复兴和工业革命提供了强大的思想支持。17 世纪，以工业革命为标志的巨大社会变革席卷了西方新兴的资本主义国家，电子传播时代随之兴起并取代了传统的文字传播形式。从莫尔斯发明电报，到马可尼发明无线电报，再到卢米埃尔兄弟发明电影摄影机和黑白电视机；彩色电影和电视的普及，这些新的媒介技术在短短一个世纪内得到了迅速发展，推动了新的媒介形态和信息方式的出现和普及。

1946 年，埃尼阿克发明的第一台模拟计算机标志着新的媒介时代的开启；1971 年，芯片电脑的问世进一步推动了集成电路技术的发展，让电子媒介开始进入舞台中心；20 世纪 80 年代初，互联网的民间化和个人计算机的普及促成了新媒介时代的到来。计算机和互联网的发明为信息获取和传递提供了革命性的基础，媒介传播正在经历从单向到双向和多向互动的发展方向转变，这种转变形成了独特的网状传播结构，以多元化为特点。在这个新的媒介时代，我们已经可以看到媒介的形态和信息的方式正在经历着更加快速和多变的发展和创新，这不仅有助于促进人类信息交流的全球化进程，也为全球信息创新和技术革新打开了更多的前景和可能。

对中国近现代以来的媒介技术发展史的回顾，我们不难发现，中国在新媒介技术的使用上参考了西方的发展思路和技术模式。从最初的西方报纸的引入，到印刷和电子媒介技术的普及，中国一直没有能够形成独立的、自主的媒介技术发展路线和思路，这在一定程度上限制了中国新闻传播和文化交流的自主性和深度。

大约在1815年，一批西方传教士代表人物如马礼逊等将中文活字制造技术和铅字印刷术引进中国。由此，中国第一批中文报纸的出现，如《汇报》《顺天时报》《申报》等，推动了南海沿岸地区的阅读习惯的变革，也为近代媒介技术的变革拉开了序幕。

鸦片战争的爆发对中国的新闻出版业带来了深刻的冲击，同时也促进了民间新闻刊物和出版业的发展。1822年，上海成立的同文书局更是代表了中国新闻出版业转型进入新时期的标志。这一时期，国内曾经引进了西方最先进的出版技术和思想，这些技术和思想在蒸汽、电力等动力设备和技术方面，以及石印、轮转、胶印等印刷设备和相关技术方面得到了广泛的应用。此外，珂罗版、石版、金属板等一系列制版技术以及铸字设备和技术等也逐渐被引入到国内。同时，排字架、纸型、纤维纸、油墨制造技术等辅助设备和技术也得到了快速的发展和应用。这些新技术的普遍使用，使铅字印刷成为市场主流，传统雕版印刷技术逐渐被淘汰。[1] 近代以来，中国出版业在机械化媒介出版和出版物印装形制方面进行了重大的改革和升级，广播和电影这两种新的媒介形态也迅速进入了中国社会，为人们带来新的娱乐和信息渠道。

然而，由于中国经济基础薄弱，虽然机械化、电气化技术和新媒介形态不断涌现，但在中国，这些技术和形态并未被广泛普及。目前，中国的出版业仍以半机械化为主要特征，而且在很多内陆地区和普通家庭中，这些技术和形态的应用还远远不够普及。尽管如此，中国在新媒介技术的引入和创新方面依然不断努力，通过自主研发和技术进口，有望在不久的将来实现媒介

---

[1] 施威、刘青、匡导球：《近现代中国媒介技术演进的历史轨迹》，《黑龙江史志》2015年第1期。

技术和思想的自主创新和升级，为中国的现代化建设和媒介文化的发展带来更多的机会和空间。

中华人民共和国成立后，中国的媒介发展环境和机遇得到了极大的改善。在以机械化和电气化技术为主的技术浪潮的推动下，中国的媒介行业得到了快速的发展和壮大。然而，那时中国所处的环境十分恶劣，百废待兴，我国的经济发展停滞落后，政治制度上部分不健全，这种情况导致媒介技术的创新动力不足，并且生产技术的更新速度相对缓慢，出现了发展不均衡的现象，导致我国与西方国家在自动排版技术等方面的差距逐渐扩大。

然而，相比于前一阶段，中国的媒介技术在国营体制和组织体系下得到了较大的提升。印刷技术环节逐步向自动化、高速度和多色化方向演进，研发出了一系列中小型转轮印刷机、多色胶印机等。在完善传统铸字、排版技术的基础上，逐步引入了照相排字、电子分色等新技术。媒介技术体系逐渐得到完善，编辑、印刷、发行等各方面都实现了系统性配套和升级。[①] 在中华人民共和国成立后，广播作为一种全国范围内广泛普及的媒介形态，被应用于传递重要信息和丰富人们的娱乐生活。改革开放以来，中国的广播事业经历了快速发展的历程，不仅广播数量和覆盖范围不断扩大，而且广播形式和内容也得到了极大的丰富和提升，电影和电视等媒介形态也逐渐普及到了更广泛的民众群体中，成为人们全新的家庭娱乐方式。可以说，媒介生产技术从中华人民共和国成立至改革开放初期得到了稳步的发展和提升，现代媒介技术的基础也由此初步形成，为中国的媒介文化建设打下了重要的基础和奠定了关键的基石。

进入 20 世纪 80 年代中后期，高新技术的普及和全球媒介技术发展趋势中"数字化、一体化、网络化"的大趋势开始对传统媒介形式、运行方式和内涵等方面造成了巨大的挑战和颠覆。这种变革，使得媒介产业面临着前所

---

① 施威、刘青、匡导球：《近现代中国媒介技术演进的历史轨迹》，《黑龙江史志》2015 年第 1 期。

未有的机遇和挑战。为了适应这种变革，媒介产业通过信息技术的发展，进入了一个全新的跨媒介生产阶段。这一时期，计算机激光汉字编排系统的研制与推广，以王选为主导，使得中国的媒介产业由"铅与火"向"光与电"方向迈进，开启了一个全新的时代。正是在这个时代的浪潮中，中国的媒介技术和文化开始了深刻的变革。1957年，我国开始研制通用数字电子计算机，经过长期的研究和开发，1958年8月1日，中国成功研制出了第一台电子计算机，这标志着我国在电子信息技术领域迈出了重要的一步。

20世纪80年代，普及计算机成为我国一股全国性的浪潮，人们开始广泛学习计算机应用和操作，使得我国迅速成了全球信息技术普及和发展的主要引领者之一。如今，电脑已经成了家喻户晓的媒介工具，在人们的工作和生活中扮演了不可替代的角色，而互联网的兴起更是为人们提供了更加便利和高效的信息交流和通信方式，成为现代社会发展不可或缺的力量和支撑。

随着电脑的普及和发展，手机作为一种便携式的电子设备开始逐渐流行起来，并成为人们日常生活中必不可少的一部分。借助互联网的便利和效率，手机不仅能够满足人们的通信需求，而且也成了一种重要的信息传播媒介，使得人们能够更加便捷、高效地获取和交流信息。1987年11月18日，广州成功开通了我国第一个移动电话局，这标志着中国移动通信时代的正式开启。随着移动电话技术的不断发展和普及，移动电话逐渐成为人们生活中不可或缺的一部分，为人们的通信和信息传播带来了更多的便利和效率。同时，移动电话在全国和国际漫游服务的实现，使得信息传播和交流的速度和效率得到了极大的提升，为人们的生活和工作带来了极大的便利和帮助。

随着模拟网向数字网的转化和普及，中国移动通信公司推出了WAP业务，在2G、3G和4G的不断升级和发展下，逐渐覆盖了人们的生活和工作，成为人们获取和交流信息的重要渠道。2009年，随着智能手机的普及和推广，其迅速成了人们主要的通信工具和生活伴侣，并且在不断拓展和升级的技术下，正朝着 5G 时代迈进。可以说，移动通信技术的不断发展和创新，为中国电子信息技术和媒介文化的升级和转型奠定了重要的基础和基石。

我国在科学研究方面的不断提升和信息革命的全球推广，为网络技术的快速发展提供了坚实的基础和保障，并取得了显著成就。随着计算机的普及和应用广泛，我国现代媒介技术开始迎来了深刻的变革和转型。随着媒介技术的不断发展和普及，它已经开始逐渐渗透到人们生活的各个方面，并对我国的各个行业和领域产生了深远的影响。例如，互联网、移动通信技术等信息技术的飞速发展和普及，不仅改变了人们获取和传播信息的方式和渠道，也带动了新型的商业、教育、文化等领域的发展和升级。虽然在近代，媒介技术主要是在追随和模仿西方的基础上逐渐发展起来的，但是时至今日，中国在媒介技术自主创新方面已经实现了跨越式的发展，正在逐步缩小与世界先进水平的现实差距。[①]

二、社会环境的改变

社会环境是促进媒介技术和信息传播方式发生变革的强大推动力量。

从清朝开始，小农经济受到了种种限制，农耕文明逐渐占据了主导地位。当时的中国拒绝和外部国家进行交流与合作，在自我封闭的环境中生存和发展。然而，在 18 世纪和 19 世纪资本主义的不断崛起和扩张下，小农经济遭受了巨大的冲击，中国经济倍感压力。直到 1840 年，鸦片战争中国战败，与英国签订了丧权辱国的《南京条约》，随着巨额赔款和白银的流失，中国开始沦为半殖民地半封建社会，丧失独立自主的地位，并促进了小农经济的解体。可以说，这个时期的中国经历了许多磨难和挑战，但也逐渐开始认识到外部

---

① 施威、刘青、匡导球：《近现代中国媒介技术演进的历史轨迹》，《黑龙江史志》2015 年第 1 期。

世界的重要性和自身的不足之处，试图寻求新的发展和突破，并不断向现代化和工业化方向迈进。工业革命和原始资本积累极大地推动了英国及其后来的列强强大而有力的经济基础，使他们能够有能力发动侵略战争和在世界范围内进行经济和文化掠夺。而西方经济的迅速崛起和扩张从根本上改变了中国的传统经济模式，给中国的经济和社会带来了极大的冲击和压力。为了巩固自身权力和谋求利益，外国资本家纷纷进入中国沿海地区，建立起资本主义性质的工厂和企业。洋商和买办的雇用与手工业的商业化都对中国的经济和社会带来了积极或消极的影响。

一方面，促进了中国商贸的发展、技术的传播和生产力的提高，使得中国被迫进入世界市场并成为其中一个重要的参与者；另一方面，这也导致了传统手工业的瓦解和中国经济的不断失衡。可以说，这一时期是中国历史上一个重要的变革和转型时期，也为未来的现代化和发展奠定了基础和前提。课税盘剥成了广大农民负重前行的重要阻碍和难题。在这种压力下，不少农民被迫离开家园，进入工厂成了工人。随着官僚资本家和民营资本家的兴起，工人的数量不断增加，而小农经济此时却在濒临崩溃的边缘。在西方经济和武力的威胁下，中国也开始寻求新的出路和发展方向。

中华人民共和国成立以来，特别是改革开放后，中国经济发展已经逐步摆脱了以往受制于资本主义世界的困境，开始实现了经济自主的重要转变和转型。中国已积极融入全球化进程，不断推行对外开放政策，实现了经济持续快速发展。党的第十八届全国代表大会召开后，中国继续深化全面改革开放，迈入了一个新的发展阶段。其中"一带一路"倡议的实施进一步推动了中国对外贸易的扩大和巩固，产业转型和升级也为国内经济发展带来了积极有利的影响。这些经济基础和条件的增长不仅为媒介技术和信息的进步提供了优越的时机和环境，也不断诞生着新的媒介形态和信息方式。

1949年中华人民共和国的成立，不仅是共产党在政治舞台上的重大胜利,更是整个中国开始崭新道路的起点和标志,自此以后,中国成功摆脱半殖民地半封建社会的束缚,真正获得了自由和独立。随着国家政治的逐渐稳定和社会建设的快速推进,建设和发展社会主义成了中国政府的首要目标。中国近现代的政治历程是一个动荡而曲折的过程,中国人民经历了无数次的抗争和尝试,为国家的独立和发展做出了巨大的贡献和历史性的牺牲。在这种艰难和革命的背景下,新思想和新理念也应运而生,并要求媒介形式和信息方式也随之更新。

1919年五四运动中,学生和工人群众以及其他革命者对北洋政府的控诉和对中国现状的反对展现了革命斗争的强大力量和不懈的决心。同时,如马克思主义等新思想的传播也促进了中国共产党等新政党的产生和崛起。在这个时期,革命宣传对于媒介和传播方式的配合需求迫切,因此媒介对于社会、思想和文化建设的作用也是前所未有的。报纸、杂志等成为主流媒介形态,展现出一种勇于开放和求新的现代姿态和态度。在这一时期,如科学、经济、文学等方面的各类专业性刊物也逐渐受到了更广泛的读者群体的关注和欢迎。最具代表性的刊物包括《青年杂志》(后更名为《新青年》)、《每周评论》、《新潮》月刊、《北京晨报》、上海《时事新报》等。这些刊物不仅传递了时代的思想和文化,而且也成为推动社会进步和变革的重要力量。总的来说,这些杂志在言论上形成了一股反封建、反对旧思想的思潮和热潮,充分报道了新旧思想之间激烈的斗争情况和思想斗争的重要性。

在抗日战争和解放战争时期,战争动员和战况传递成为当时信息传播的主要需求,同时也促进了新媒介在战争领域的广泛应用和发展。随着中华人民共和国的成立和国家建设的快速推进,人们在政治、经济建设的宣传、教育和娱乐等方面的需求不断增长,新媒介如广播、电影、电话和电视的广泛普及和应用,已成为当今媒介技术发展的主流和趋势。这些新媒介技术在教育、文化和娱乐领域中发挥了重要作用,为人们提供了更加便捷和高效的学习、娱乐和交流方式。同时，随着全球化进程的加速，中国正在积极参与全球化进程，成为构建人类命运共同体的中坚力量。

全球化的推进，使得中国逐渐成了构建人类命运共同体的中坚力量，这也推动了媒介技术的发展与升级。为适应时代发展的要求和全球化的挑战，中国对于新媒体和网络媒体的应用日益提高。从历史的长远角度来看，中国社会的发展和进步经历了原始社会、奴隶社会、封建社会、半殖民地半封建社会以及社会主义社会五个社会阶段。在这个过程中，媒介技术和信息方式的发展同样在不断变化和演进，每一个时期的媒介形态都受到新媒介技术的影响，呈现出阶段性的特征。

（一）报刊促进大众觉醒

1840—1949年，中国社会经历了一段残酷的历史，政治上层体系的覆灭和大规模的社会动荡不仅破坏了人们的生计和安稳，也造成了民众的恐慌和绝望，但是同时也唤醒了越来越多的中国人，激发了人民群众的声音和力量，推动了中国现代化进程的实现和转型。在这个过程中，媒介发挥了极其重要的作用，特别是报刊等形式，通过高亢的言论和启发性的思想引导，引起了社会的回响和共鸣。

1. 刊物的发展

鸦片战争后，随着西方传教士及其教义的涌入，中国社会也引进了一系列前所未有的思想观念。与儒家、道统等传统观念的僵化相比，西方资本主义的民主、开放、自由、竞争等观念则显得十分新颖和具有吸引力，成为当时追求进步的知识分子和爱国志士所向往的目标。西方先进思想的学习和传播浪潮引发了书籍和小册子的涌现，成为一种重要的传播媒介。这些书籍和小册子可以根据其内容和主旨分为三类：第一类是介绍和普及西方科技和学说的读物，包括王韬于的《法国志略》和《普法战纪》、严复翻译的《天演论》和《国富论》，以及魏源的《海国图志》等；第二类是揭露近代中国社会现状，呼吁变革的小册子，例如陈天华的《警世钟》和《猛回头》，邹容的《革命军》等；第三类是介绍西方思想的自办期刊，如《万国公报》（1895年）、《强学报》（1896年）、《时务报》（1896年）、《新民丛报》（1902年）和《民报》（1905年）等。这些期刊的发行量和影响力远超教会期刊，大大激发了读者对西方政治、经济、社会等领域的理论认知，也促使他们更加关心和参与当时中国社会的政治事务。

晚清到五四运动时期，中国的传媒形态发生了翻天覆地的变化。各种流行刊物成为政治主张和思想观点的重要宣传和传播平台，促进了西方文化在中国的传播和影响，推动了新文化运动的思想解放潮流。这些刊物不仅深刻地记录了当时时代的发展和演变，也象征着中国从封建社会向现代社会转型的重要历程。

这一阶段内，刊物的阅读和书写总体仍然保持了传统的竖排从左到右的习惯，但在形式上却发生了巨大的改革。在五四运动的推动下，新式标点逐渐得到了广泛的应用和普及，这为中文印刷技术的发展开创了新的局面，清朝末期兴起的白话启蒙运动也在1920年得到了北平政府教育部的批准，正式宣布废弃文言文，改用国语，这为中国教育的革新和文化近代化的进程提供了重要的支持。报纸的普及也清楚地表明了信息方式发生的巨大变革。

2. 报纸的崛起

除了宗教小册子，现代意义上的报纸也随着西方文化的引入而传入了中国。报纸借助机器印刷技术的便利，因其信息集中、时效性强等特点而迅速获得了广泛的认可和接受。虽然在晚清时期，一些外国传教士创建了一些期刊，并将它们称为"报"，例如《中国教会新报》和《万国公报》等，但真正意义上的"报"，也就是现代意义下的报纸，是一种时效性强的印刷出版物。

它通常以四开或对开等新闻纸的形态出现，重量较轻，价格较低，因此更适合于大众阅读和传播。这种媒介的引入，不仅给中国大众传播信息提供了新的平台和途径，也为中国的新闻传媒事业提供了坚实的基础和发展空间，帮助中国适应现代化的变革和进步。

随着近代化进程的开端，报纸成为时代变革的重要标志和产物。最早的中国报纸和期刊是由外国人创办的，它们在中国的传播和发展过程中发挥了重要的作用。这些报纸包括英国商人创办的《上海新报》（1861年）、《中外新报》（1854年）和《申报》（1872年）等。其中，《申报》经过改版后成为晚清乃至民国时期市场占有率最大的报纸。1858年，《中外新报》在香港创办，是国人创办的第一份近代报纸[①]；1874年，王韬在香港创办了中国报刊史上第一份以政论为主的华资中文日报《循环日报》，这标志着中国报业进入了一个新的时代。

随着白话报刊的兴起，普通大众可以以很少的费用，获得当时的时事新闻和新颖知识。同时，这些报纸展现了通俗易懂的文章内容，更容易被普通大众所接受和认可，这也是知识精英们刻意普及大众知识的标志，报纸的广泛普及也是其中的一个表现。随着报纸的推广，新闻传播的方式和途径发生了巨大的变化，导致信息传播的覆盖面和影响力不断扩大。此外，报纸的兴起也催生出了新的职业，如记者和送报员。报纸的出现为整个新闻媒体行业的兴盛提供了强大的支撑，推动着社会的知识革新和舆论形态的转变。

报纸业的发展在推动经济发展方面发挥了巨大作用，作为代表性报纸，《申报》经常将其头版和头条作为广告的展示位置，而且使用醒目的红色字体印刷，以吸引读者的视线，从而极大地提高了广告的传播效果。这种方式可以有效地传递产品信息和商业价值，同时为广告商带来了良好的商机。报纸

[①] 孙中山撰写的《伍秩庸博士墓表》称，伍廷芳从圣保罗书院毕业后，"复以暇暑，与友人创《中外新报》。吾国之有日报自此始"。迄今为止，该报前身《香港船头货价纸》的创始人依然未能找到。

业的发展也推进了中国新闻学的发展，为创立具有中国特色的新闻报道和新闻事业奠定了基础。北京大学新闻学研究会是中国新闻教育发展的一个重要的里程碑，成立于1918年10月14日，该组织为中国新闻行业从策划到发行、从写作到编辑等方面提供了必要的知识和技能支持。

五四时期，知识分子为了改变中国社会的前途而不懈努力、奔走呼号，他们充分利用报刊等媒介和信息形式传播新思想，影响了许多年轻人和社会知识分子，并在启蒙民智方面发挥了重要作用。这种趋势的发展使得大众在社会现代化转型中的力量显现，为中国社会的进步与发展做出了不可磨灭的贡献。

3. 电影和大众娱乐

随着中国经济的发展和科技的进步，尤其是摄像技术的广泛应用，中国电影在民国时期迅速崛起。中国电影的开端可以追溯到1905年，北京丰泰照相馆拍摄了中国第一部电影《定军山》。20世纪初，中国电影产业开始朝私营化方向发展，一些重要的电影公司逐渐崛起，其中"明星""联华""天一"等电影公司成为当时的主要厂牌。这些公司通过积极引进先进技术和才华横溢的电影制片人、演员，推动了中国电影的不断发展和壮大。中国电影工业的兴起，体现了中国文化和艺术创作能力的强大和广泛，使得中国电影产业成为中国文化的重要支撑和体现。

1921年拍摄的电影《海誓》展示了欧式豪宅的完整画面、西装革履的主角、郊外草坪上的浪漫野餐和花园长凳上的爱情故事。这些场景实质上代表了当时现代化进程中中国文化不断西化的过程。同时，这也反映了由传播媒介和信息传递方式引发的剧烈变革。在新的传媒环境下，新生的中国电影产业不断接受国外先进的电影技术与文化理念，同时也在创作中保留着中国文化的浓郁特色。这样的转型和创新，加速了中国社会的现代化进程，推动了中国文化和艺术的多元化发展。电影作为一种文化传播媒介，不仅传递信息和娱乐，还深刻反映了当时社会文化的动态和发展方向，是中国文化和艺术进步中不可或缺的一环。

1929年2月4日，有声电影在中国首次亮相，虽然遭到了激烈的批评，但更新换代已是历史的必然趋势。20世纪30年代，国产电影开始面临来自美国好莱坞电影的激烈竞争，市场压力巨大。当时，中国电影业的"明星""联华""天一"三大公司几乎难以为继。随着中国电影业的持续改革和转型，电影的主题开始围绕着广阔而多元化的中国社会展开，不再局限于舞台剧的叙事模式。

1934年，中国电影《渔光曲》在莫斯科国际电影节上获奖，这一事件表明电影作为一种外来文化形式被引入中国市场，具有巨大的发展潜力和前景。然而，到了1937年，抗日战争的全面爆发，使得中国电影业遭逢大劫难，旧有的电影产业迅速凋敝，包括"明星""联华""天一"三大公司接连倒闭，曾经的短暂时髦和辉煌早已成为历史记忆。

20世纪30年代上海的繁荣时期，电影只是有产阶级的娱乐活动，是时尚文化的一种象征，并没有普及到普通百姓的家庭中。1947年2月，电影《八千里路云和月》在上海放映。该电影以抗战演剧队的生活为主线，生动地展示了战争时期和战后社会生活的真实情况。1948年，由梅兰芳主演的中国第一部彩色电影《生死恨》，是中国电影产业的重要里程碑。这标志着中国电影产业在技术和艺术水平上得到了极大的提高。然而，在当时的中国，贫困的生活状况和缺乏教育机会使得广大乡村贫民和社会底层工人很难接触到这种娱乐形式。

尽管电影行业的创新和技术进步成了中国现代文化和艺术发展的重要动力，但是这个过程并非一帆风顺。中国电影业无法脱离现实的经济和社会环境，任何不以实际生活中的人民为核心的文艺创作都是虚假和空洞的。在这个时代，电影作为一种文化惯用语，承载着深刻的历史记忆和社会愿望，是记录和呈现时代风貌的重要方式，拉近了传媒和普通人民的距离，同时也激发了民众在文化领域的创造欲望和文化自信心。

（二）广告业在中国近现代史中的地位

随着 19 世纪上半叶工业革命的兴起，市场竞争越来越激烈，资产阶级不断寻找新的市场和更多的资本积累。为此，他们开始向外扩张，将拥有广阔土地和众多人口的中国列为其目标之一。在这个过程中，资本主义的掠夺本质逐渐暴露出来，他们带来了新的商品经济，却也剥夺了劳动力和廉价的原材料资源，进一步加剧了中国的贫困和落后。

《遐迩贯珍》是中英《南京条约》签订后最早出现的中文刊物，又是中国第一份宗教期刊。1854 年，《遐尔贯珍》杂志刊登了一则广告，征集广告刊户，通过该杂志展示商品和服务，与贴广告于街上的做法相比，可以得到更高的效果，并获得更多的商业收益。历史学家认为，《遐尔贯珍》是中国最早的刊物之一，也是第一个在发行时发布广告的刊物之一。这则广告的出现标志着广告业在中国的早期发展，同时也说明了商业活动的发展趋势和对通信技术适应能力的需求。广告的出现不仅推动了产品销售和市场扩大，还填补了社会信息和商业传播的空缺，促进了商业和传媒领域的交流与合作。

近代历史表明，现代广告通过报刊杂志的形式被外商引入中国。在 1858 年，外商在香港创办了《孑孓剌报》。此后，它被专门用于发布船舶价格和贸易信息的广告报纸。除此之外，外国居民还创建了其他专业的广告报纸，如《中国广告报》等。这些广告报纸既为外商和本地商家提供了广而全面的宣传途径，也为中国商业文化的快速发展奠定了基础。同时，广告报纸成了信息沟通和传播的重要桥梁和催化剂，并推动了中国广告业和传媒领域的新一轮创新和发展。广告业逐渐从外国商人手中转移到中国国内的经济体制中，成为推动中西方文化交流、商贸合作、经济发展的一个富有特色的标志性产业。

随着五口通商口岸逐渐发展，外国商船频繁往来，大量货物出入，广告业务也逐渐从船期和商品价格为主向更为多元化的方向发展。1872年4月30日（同治十一年三月二十三日），《申报》于上海创刊，这是我国最有名、持续时间最长的中文报纸之一，也是最早的现代广告报纸之一。同时，《上海新报》《中国教会新报》等报纸中也有大量的广告，这些广告占据了报纸版面的三分之二。在这个时期，机械设备广告的出现表明国内已经有人开始开办现代化的工业生产厂家。广告业的多样化和不断创新，为商业和传媒领域带来了新的机遇和挑战，同时也为广告业的快速发展奠定了基础。

1894年，甲午战争中国战败，中日签订了《马关条约》。这份条约迫使中国开放了沙市、重庆、苏州、杭州等城市作为商埠，并允许日本商人在通商口岸设立工厂。为了迎合帝国主义的利益，该条约促使日本商业势力从沿海城市向内地扩张，同时也合法化了外资在中国设立厂区的行为。这一过程对于中国的经济发展和商业文化产生了深远的影响。一方面，外商和日本资本制度的扩张，推动了中国经济的全面开放和转型升级；另一方面，也导致了中外经济体系切割的局面，中国在国际商贸市场的地位逐渐降低。而在这个过程中，广告业也随之转型升级，不断向更广泛、多元化领域拓展，成了推动中国商业文化和市场竞争力不断提升的重要力量。

在广告宣传的推动下，日本商人通过大规模收购中国农副产品，如猪鬃、桐油、棉花、生丝等，或者通过建厂和转口生意等方式，进行了大规模的掠夺和剥削，这给中国乡村经济和民族工业带来了严重的破坏。在这种情况下，许多爱国志士决定设立厂矿来自救。1912—1919年，中国近代工业新建厂矿的数量已经增加到了470多个。在与洋商竞争的过程中，民族工业开始意识到广告的重要性，并开始将广告作为重要的竞争工具，以期通过广告营销提高其产品的市场竞争力。

19世纪末期，华人报纸开始陆续创刊，中国全国在1895—1898年间创办了32种主要报纸。随着资本竞争的不断加剧，每个报纸的广告版面需要满足不断增长的市场需求。此时的广告业，已经不仅仅是商家之间的信息交流和营销，也成了报纸销售和利润的重要来源。

截至1922年，我国中外文报纸的数量已经超过了1100种，这标志着中国近代广告业的快速发展已经进入了一个新的历史时期。广告已经成为报纸的重要来源，同时也为商家和消费者之间的信息交流和市场营销提供了重要的渠道。广告代理商在这个过程中也应运而生，助力商家们更加有效地营销和推广产品。与此同时，广告不仅出现在报纸中，更多出现在城市的街头巷尾，成了引领城市文化和商业发展的重要力量。

广告代理商的诞生最初是由早期的报馆广告代理人发展而来。这些广告代理人早期主要是拉卖广告和报纸的同时进行的，后来逐渐形成为专业代理人，主要为报纸和杂志的广告推广提供服务。在中国广告业的初期，广告代理商在推广和执行广告的过程中发扬了自己的专业知识和技能，从而逐渐形成了自己的业态和市场。

在1872年，广告业还处于初期阶段，《申报》的广告刊列中就已经出现了各种告白广告。当时，苏杭等地的商家想要在该报纸中刊登广告，就需要联系卖报的代理人说明自己的需求，并快速寄送广告费用。由于广告代理业尚未真正发展起来，最初的代理服务由报馆的"卖报人"来提供，他们为了鼓励商家在他们店里刊登广告，还把代理费拆分的一半作为自己的"饭资"。在当时，广告行业还处于萌芽阶段，广告代理人的服务主要局限于帮助商家在报刊上刊登广告。报纸广告业务不断扩大，报馆内设立了广告部门，广告代理人也逐渐成为报馆广告部的正式雇员，为商家提供更为专业的广告服务。与此同时，广告代理业也经历了不断的调整和升级，出现了专营广告制作业务的广告社和广告公司。这些公司通过引入更多技术和资源，提高广告效果和质量，拓宽了广告业务的范围和渠道。

20 世纪 30 年代，广告公司的兴起标志着中国广告业发展历史上的又一个里程碑。这一时期，广告市场在不断扩大，广告媒介也变得更加多样化。在这个时期，各种新型广告形式开始出现，广告行业也逐渐实现了与国际市场的接轨。抗日战争前，上海成了中国广告业的中心，各外商外企为了推销自己所生产的洋货，纷纷在企业内部设立了专业的广告部门。这些广告部门负责制定广告策略、选定广告媒介、设计广告内容等，大力推广品牌和产品。

英美烟草公司的广告部门采用邀请国内外画家绘制广告的方式，成功地将英美烟草品牌推广到更广泛的消费群体中。随着商业竞争的加剧，越来越多的民族工业开始意识到广告的重要性，并在企业内部设立专门的广告部门。这些部门主要负责策划、设计、制作和发布广告，以提升品牌和产品的知名度和竞争力。

20 世纪 30 年代初，上海成了中国广告业的中心。当时，上海已经拥有数十家广告公司，主要的业务是报纸广告。除此之外，各种新型的广告形式也开始出现，如路牌、橱窗、霓虹灯、电影、幻灯片等，这些广告形式都各有专营的广告公司对其进行推广。

20 世纪 30 年代，报纸是中国广告业最主要的媒介之一。特别是《新闻报》的日销量高达 15 万份，成为各个品牌争相抢占的广告空间。同时，邹韬奋主编的《生活周刊》也非常受欢迎，每期的销售量都超过了 15 万份。这些数据吸引了众多广告商的注意，他们纷纷将广告投放到这些畅销媒体上，以此提升品牌知名度和影响力。一些主要的杂志，如《生活周刊》《东方杂志》和《妇女杂志》等，成为广告商们争相角逐的广告媒介。这些杂志都登载了大量的广告，为广告商提供了展示品牌和产品的平台。与此同时，早期的路牌广告也占据了广告市场的主导地位，在整个广告业务中发挥着重要的作用。虽然后来报纸媒体逐渐超越了路牌广告，成为广告市场的重要组成部分。但路牌广告作为广告媒介的一种，仍然占有一定的市场份额。

简陋的路牌广告在大城市里已经无法吸引人们的注意力和兴趣。为了更好地展示品牌和产品，一些广告公司开始使用五彩缤纷的招牌，将其贴在台面上。后来，这种广告方式逐渐升级，开始使用更加复杂和精美的装置，如木架支撑、铅皮装置、用油漆绘画的广告等，为品牌展示带来更多的空间和想象力。在这种趋势下，一些广告公司纷纷将路牌广告作为自己的主要收入来源，如法兴、克劳、美灵登等知名企业。这些企业不断创新，通过提高技术和艺术水平，为广告市场注入了更大的活力和创意。

20 世纪 20 年代初，美国人奥斯邦在上海建立了一座 50 瓦特的电台，开启了中国电波广告的先河。1927 年，上海新新公司建立了第一家完全由中国人创办的电台，开始播放各种行情、时事和音乐广播，为广告业注入了新的媒介和形式。此后，天津、北京等城市也相继建立了自己的电台。到了 20 世纪 30 年代，上海已经拥有了 36 个华资私人电台、4 个外资电台以及国民政府和交通部各自经营的电台。这些电台以广告为主要的维持费用来源，通过借助电波的传播效应，为广告商打开了新的市场空间和商机。

20 世纪 20 年代末，上海引进了最早的霓虹灯广告，这种新式的广告形式立即吸引了包括外商在内的广告公司的关注和投资。在随后的发展中，霓虹灯广告厂成了这一行业中的领军者，不断提高技术和生产水平，为广告市场带来更多的创新和惊喜。除了霓虹灯广告，车身广告、橱窗广告等新型广告形式也在不断涌现和壮大。与此同时，印刷广告也得到了进一步的发展，表现为出现了一些新的广告形式，例如产品样本、企业内部刊物（免费赠阅）、企业主办专业性刊物、月份牌和日历等。

1936 年，为了扩大上海《新闻报》的影响力，该报在全国运动会期间进行了一次空中广告的实验。他们使用气球将标有"新闻报发行量最多，欢迎客选"的广告条幅放入空中。这是中国历史上首次出现的空中广告，标志着广告业进入了新的发展阶段和创新形式。与此同时，上海还举办了一场全国性的商业美术展览会，在提升广告艺术水平、引领广告新潮流方面做出了积极贡献。

1927年，随着中国广告业商业化和职业化的进程，中华广告公会在上海成立，成为广告业同行中最早的组织之一。通过组织和协调广告行业内的利益关系，中华广告公会发挥了推广广告发展、引领广告行业新潮流的重要作用，为广告业未来的迅速增长和发展注入了重要动力。到1933年，该公会经历了多次改名和重新组织的过程，在1933年改名为上海市广告业同业公会，成为中国广告业规范和发展的重要交流平台和组织形式。同时，在政府对广告业的规范和控制方面，民法、刑法、交通法、出版法等都涉及广告的相关条款和管理制度，广告税也开始得到征收和实践。这些法规和税收措施在一定程度上保护了广告商和广告受众的权益，也为广告行业的合规性和规范性提供了一个有力的框架和指引。

抗日战争的全面爆发使得中国广告业受到了严重的影响，战时物资紧缺和经济萧条都给广告业带来了极大的挑战。在上海沦陷后，大多数主要的广告公司相继关闭，剩下的广告业务主要是宣传和推销日本商品的广告，这给中国广告业带来了更大的压力和挑战。虽然在战争后期和战后，部分广告公司和广告业务获得了一定的恢复和重新启动，但是整个广告业仍然没有取得显著的进步和发展。

抗日战争胜利后，各种报纸和媒体单位相继迁回原址并重新开刊，广告公司也随之重新启动。当时的广告中，有很多是"寻人启事"，同时市场上也充斥着大量的美国商品，这给本土产业和民族工业带来了严峻的挑战。为了挽救本土产业，国货机制工厂联合会倡导并发起了一项旨在抵制外货、推广民族工业的"用国货最光荣"宣传运动。在这次运动中，一个标志被专门设计出来，广告出现在本地和外埠的报纸和路牌上，呼吁人们使用本土商品和民族工业产品，以支持本土经济的发展。然而，在1947年后，由于连续的内战和国内经济的崩溃，中国的广告业再次陷入低谷。

第二节 社会主义革命和建设时期的乡村社会媒介形态（1949—1978年）

中华人民共和国成立后，中国社会开始进入社会主义国家的体制下，国家通过推进现代化进程来建设新中国、发展经济、改善民生。同时，乡村社会也开始构建新的社会结构，并逐渐实现了乡村的全面转型。自1978年起，中国乡村社会所涉及的媒体和通信技术发生了翻天覆地的变化，这有效地推动了中国乡村社会现代化的进程。由于历史地域和社会系统的差异，不同地区的乡村社会表现出了不同的文化特征和社会组织形式，此外，近50年来的发展和变革也表现出了很大的差异。在中国乡村社会发展的过程中，传媒一直扮演着重要的角色，为推动和促进乡村社会的变革和发展方面做出了重要贡献。传媒作为一种传播手段，在推广信息、传达文化、加强沟通等方面有着独特的优势和价值。

1949—1978年是中国社会主义建设时期，中国通过反帝反封建斗争结束了长期的战争，迎来了国家发展新阶段。在这个过程中，媒体形态的发展也不例外，当时国内的环境还比较稳定，媒体形态的发展为中国以后的各项事业都奠定了基础。

1949年是中国命运的转折点，中华民族在长期斗争之后获得了新生。随着五星红旗的升起，中国历史迎来了新篇章。中华人民共和国成立后，中国的信息传播媒介迅速发展，媒介的作用和功能也呈现出多样化的趋势。电影和广播成为人们主要的娱乐工具，中国电影业进入一个新的发展时期，通过不断创新和改进，为广大观众提供了更多更好的电影作品。

1962年5月，在中国电影界的引领下，百花奖成立并开始评选优秀影片和演员。由此引发了电影创作的热情，在中国电影产业中掀起一股新的创作浪潮。针对百花奖的评选，中国电影团队不断创新和探索，推出了一批批优秀的电影作品，如《上甘岭》《红旗谱》《中华儿女》等电影与观众产生了强烈的共鸣，成了最受观众喜爱的经典电影之一。

这一时期，中国电影界不仅推陈出新，还探索和创新了不同的电影形式。其中"样板戏"是一种由舞台剧目改编而成的独特电影形式，迅速受到广大观众的喜爱，成为全国单一的影片形式。通过这种独特的电影形式，中国电影界结合了戏剧和电影的优势，创造了更加生动逼真的表现形式，丰富了中国电影的发展和成就。但是，由于只有少数城市有电影院，且大多数人承受不起电影票的费用，电影的普及仍然存在较大的限制。当时，乡村居民大多数没有机会接触到电影，于是，在这样的背景下，乡村放映队迅速崛起，成为乡村和城市之间的重要纽带，电影放映员也成了这段时期的特色职业。这些放映员不仅有着较高的知识水平和政治觉悟，还扮演着国家意识形态和广大民众的中介角色，利用方言解说、幻灯片演示和民歌说唱等方式帮助民众理解影片并接受相关教育。

当时，在乡村地区，电影放映主要靠投影机、胶片和幕布实现。电影通常在开阔的场地上播放，如田野、广场等。一台手摇胶片机和悬挂在中央的幕布构成了一个大型的集中教育和娱乐的环境，影响着当时乡村社会的生活和思想。尽管这种方式比较简陋，但它仍然是一种备受欢迎的电影放映方式。

中华人民共和国成立到改革开放时期，随着科技、文化和经济的不断进步，电视以一种新媒介的形式进入了大众的生活。经过几十年的发展，电视已经成为人们日常娱乐和新闻信息获取的重要手段，并且在不断演化和更新中不断奠定着新的市场和产业基础。由于改革开放带来的经济发展，人们的消费能力也不断提高，更多的人能够购买电视机，享受电视带来的信息和视觉体验。1958年3月18日，中国第一台黑白电视机诞生，同年北京电视台开播，奠定了中国电视产业的基础。但是，因为当时的经济比较落后，电视机的普及率不高，大多数人还无法享受到电视的娱乐和传媒功能。此外，当时的电视节目非常有限，因此报纸和广播仍是大众传播的主要媒介。广播成了官方向公众发布和传播重要消息和政令的首选媒介，而许多重要消息也是通过广播来向国人传递的。

改革开放初期和中期，我国传播媒介发生了巨大的变化，报刊、广播、电影、电视等各种媒介并行不悖，为人民提供了更为多样化、更丰富的信息和体验。改革开放所带来的变化深刻影响了广告和文化产业的大发展，各种媒介形式的流动与交叉，不断激发人们的视觉、听觉和思维的创新，使得中国广告和文化艺术在这个时期获得巨大的进步和飞速发展。

电视的普及是改革开放的一个重要里程碑，这主要是由于经济的发展和人均收入的显著提高所带来的结果。自1978年中国引进第一条彩色电视机生产线以来，中国的电视行业得到了飞速发展。同年，经中共中央批准，北京电视台正式改称中央电视台，并开始播出新闻、娱乐、电视剧等各种节目。各省市也相继建立了自己的电视台，电视节目的数量和质量都有了显著的提高。

电视新闻是人们非常关注的内容，通过电视媒介，新闻消息得以以声与画的结合方式大范围传播。这使得电视成了中国现代化家庭中必不可少的娱乐工具。人们借助电视可以轻松获得即时的新闻和信息，帮助人们了解世界和时事，拓宽人们的视野和阅历。

20世纪90年代是中国电视剧、电影和综艺节目集中于一身的黄金时代。

中国电视剧,如《射雕英雄传》《霍元甲》《便衣警察》《围城》等,以及外国作品,如《血疑》等,都引起了广泛的关注,并成为人们热议的话题。1983年开始,春晚成为除夕夜不可缺少的娱乐节目,广受人们的欢迎和追捧。同期,中国电影产业也经历了一次重生,经济复苏和政策的刺激为中国电影的创作带来了新的契机和灵感。大量的电影作品如《霸王别姬》《红高粱》《一个都不能少》《甲方乙方》等成为国内观众之爱,并在国际上获得较高的评价和声誉。

中国电视业的发展为国民打开了认识更广泛的世界的大门,提供了丰富多彩的内容,吸引了不同年龄段的观众。电视带来的全新文化模式极大地改变了人们的社会和政治生活,让他们可以在家门口欣赏到世界上的政治风云和美丽景色。电视节目提供了丰富多样的信息和文化体验,让观众对于时事、文化、艺术等各个方面有了更为全面深入的了解。在不断更新和改进的电视媒介中,人们能够看到更为全面、立体和丰富多彩的世界,同时也让人们不断开拓自己的眼界和思维方式。

在中国社会主义建设时期,媒介形态得到了普遍发展。广播、电影和电视等传播形式迅速盛行,为群众提供了丰富多彩的娱乐选择。通过这些媒介,人们能够接触到包括文学、音乐、舞蹈、话剧等在内的各种艺术形式和精神文化生活的内容,拓展了人们的思想和文化。同时,这些媒介转化了传统的文化形态,让文化走出寺庙和书斋,走向大众,推动了中国文学和艺术的现代化和实践化进程。

第三节 改革开放以来的乡村社会媒介形态
（1978—2005年）

由于国际上的动荡局势和美苏冷战的持续，中国的媒体和社会发展长期处于被动的局面。在这一时期，中国经历了多次战争和外交风波，开始接触到更多的西方文化和技术，但这种被动的全球化并没有真正带给中国媒体和社会自主发展的机会，一直在西方国家的发展之后缓慢跟进。直到1978年，中国才得以彻底改变这种局面。改革开放的开始，为中国带来了新生和机遇，开始大力推进新闻传媒事业的发展，不断引进和学习西方媒体的先进技术和经验，不断改善传媒环境和加强媒体自由的权利，进一步加强和发展与世界其他国家的文化交流和合作。

1979年，改革开放的春风席卷了中国。以经济建设为中心的中国特色社会主义发展思想彻底改变了中国的面貌，各个领域快速发展。改革开放至今，中国与世界日益紧密联系，科学技术快速发展，现代化观念迅速普及。在这一背景下，新媒介应运而生，为大众的发声提供了新的舞台。中国的媒体形态和信息方式也呈现出了百花齐放、百家争鸣的状态，中国的媒介事业得到了长足的发展，不断推进媒体自由和专业性的提升，不断加强和完善媒体控制和监管体系，提高了新闻传媒的质量和效率。

20世纪80年代，电子信息技术革命的推进深刻影响了全世界，计算机的广泛应用标志着信息化时代的到来。20世纪90年代后半期，信息时代的发展呈现出了惊人的速度和规模，应用范围不断扩张。

网络和手机作为新型传媒媒介，可以被看作是传统媒介的拓展和延伸。在传媒技术层面上，"上网"这一关键词使得它们的作用被深度拓展，成为新型传播媒介技术的重要组成部分。电脑和手机的普及程度的提升，进一步实现了媒介社会化和社会媒介化，从根本上改变了人们获取信息和传递信息的方式。

互联网是一场通信技术的伟大变革，它极大地改变了人类社会的结构和组织方式。它带来的不仅是全新的媒介形态，而且重塑了人们之间的人际关系和行为方式，同时也涉及个人空间的各个领域，最终形成了媒介对社会的普及和渗透。在这个新的媒体时代，人们可以通过互联网便捷地获取和传递信息，并且在全球范围内与其他人互动和交流。凭借着电脑和调制解调器，人们就可以在网络上畅游全球，使用自己的 IP 地址获取和传递信息。网络传播的自由表达特性和广阔延展性，赋予了受众全新的信息获取和共享体验。网络传播已经成为民意集散地，在社会传播行为中扮演着越来越重要的角色，也促进了社会结构的快速变化。网络的出现极大地提高了现代社会对媒介的依赖性。随着数字化和计算机网络技术的不断发展，一批新型传播媒介不断涌现。这些新型媒介的出现，使媒介的功能、形态和内容发生了极大的变革，形成了媒介化的社会。

新型传播媒介形态的出现影响深远。随着电子阅读和拼写技术的应用，以往以纸张为媒介的传播形式被深度冲击。这些技术的创新对 20 世纪末期至 21 世纪的生产力和社会现象带来了深刻的影响。纸质书报的影响力和产量逐渐下降，而电脑、手机等移动端的应用逐渐普及。新型传媒媒介的广泛应用，改变了人们获取和传递信息的方式，创造了前所未有的信息传播和共享体验。同时，纸质书报的生产和控制也与意识形态领域紧密相连，在信息传播方面为政府和其他组织提供了有效的传播工具。

在我国封建社会中，知识获取的权力和书籍的所有权都在精英和统治阶层手中。信息的传播被有限地限制在邸报、驿站和坊间消息等形式之内，而科举制度则是知识传播的主导力量。然而，随着电脑和手机等新型传播媒介的出现，网络信息互动性成为不容忽视的特点之一，使得信息双向和多向传播成为可能。在这种新型传播媒介的背后，信息的获取和共享变得更加公平和开放。电脑和手机等新型传播媒介以惊人的速度取代了以书报为代表的传统媒介，互联网的广泛应用使信息来源变得多样化，迅速占领了人们社会生活的各个方面。媒介的社会化趋势逐渐形成，社会媒体化现象也初露端倪，对意识形态的控制面临着重重困难。网络的出现是对传统媒介垄断地位的一种挑战，尤其是在信息权威性方面。新媒体为人们提供了更多的选择，使得民间信息沟通变得更加广泛和复杂，也使得信息传递的个性化特征越来越明显。

随着我国当代社会信息高速公路的建设和互联网的普及，信息传播方式也发生了极大的变化。电脑不仅成为家庭的信息接收和娱乐教育工具，智能手机也提供了便捷的信息检索和浏览方式。同时，手机购物、支付和出行等服务也得以快速普及，为民众的生活带来了极大的便利。这些新型传播媒介的广泛应用，不仅丰富了人们信息的来源和类型，也提高了人们的信息获取和共享的效率，极大地改善了人们的生活品质。

在改革开放的推动下，互联网等新型媒体得以迅速发展。多端互联互动已成为一种常态，广大受众对信息的参与感也显著提高。信息空前丰富，信道也大大拓宽，全球化特征更加明显，媒介融合也成为一种基本趋势。新型媒体时代的到来，让人们的视野前所未有的开阔，不断带来各种新的信息和体验。虽然中国民众参与信息传递的程度是否已经实现了民主大众化一直存在争议，但是随着网络媒介的快速发展，中国民众参与信息传递的程度已经空前提高。这一事实是不可否认的。

第四节 社会主义新乡村建设的乡村社会媒介形态
（2005—2017年）

互联网引领着一种全新的全球思想和交流模式。自1991年计算机实现了电话、电视等功能的"会合"以来，电脑和手机的普及使得互联网的覆盖面愈发广泛，大众媒介和个人媒介的不同特点，使得全球的信息和接收者连接在一起。互联网的应用改变了人们获取和传递信息的方式，使信息的传播变得更加快速，有效地超越了传统地域和时间限制。

新兴的全球化意识是一种更加开放和自由的全球化趋势，是为了实现互利共赢而不可逆转的社会发展。在这个趋势推动下，信息资源被普及，距离感逐渐消失，这也使得"地球村"这一称谓越来越为人们所熟知。作为新型全球化趋势的体现，全球化意识的崛起推动了不同地区在政治、经济和社会等方面的交流与合作。

建设和维护互联网高速公路，是中国在21世纪中积极参与和平与发展的全球化进程的一项重要举措，也是在全球化竞争中谋求主导权的一种前瞻性举措。相对于近代中国被融入世界一体化的历史轨迹，这是中国具有里程碑式的重大变革。随着互联网技术的迅猛发展，信息技术的应用不仅使得中国社会的信息化进程成为国际先进水平的重要内容，也为实现国家的创新和现代化发展提供了有力的支持。在建设和维护互联网高速公路的进程中，中国还积极参与了国际互联网安全合作，维护了全球互联网的稳定、健康和安全。在新的历史时期，中国将继续推进互联网高速公路的制度创新和技术突破，深化互联网国际交流与合作，促进全球发展和繁荣。

随着经济和技术的飞速发展，通信基础设施的全球化建设和升级变得越来越可行。网络和卫星等技术的应用随着网络的普及和发展，为普通民众、贫困和边远地区的人们提供了便利。2015年，国务院正式提出了"互联网+"的概念，这一新理念增强了互联网在线下的联动性，并积极推动了互联网跳出传统行业的模式，成为国民经济的重要推动力。"互联网+"的强大作用力使得中国大众传媒产生了深远的影响，它在公众生活、出行、购物、住房等方面带来了巨大的变化。在此影响下，网上消费方式成为最好的例子，人们只需要携带一个智能手机，即可满足各种需求。随着电脑和手机媒介广泛应用于社会生活的各个领域，包括商业、教育、文化、政务等，互联网已成为人们日常生活中不可或缺的组成部分。互联网的应用极大地丰富了人们的生活，为人们提供了更便利、更丰富和更经济的服务，改变了人们的工作和生活方式，产生了令人瞩目的成果，同时使信息的传递更加快捷、精准和高效。在这个浩瀚的信息世界中，互联网的普及和应用，在推动世界发展和社会经济的同时，也给未来带来更多的可能。

随着改革开放的不断深入，中国的新闻体制发生了巨大的变革。新闻管制、新闻受众分流以及新闻经营机构进行了多次试验和实践。中国一直在积极尝试现代媒体的具体运营和管理，以实现对外主动全球化的态度。

新时代的中国，传统媒体正在经历着新媒体的冲击和变革，为了适应时代的发展和提供更好的服务，他们寻求突破和创新，不断努力提供更加全面有效的信息。面对信息全球化和科技进步带来的机遇，中国传统媒体意识到自己必须在变革中求生存，在创新中谋发展，在稳固自身基础的同时不断发掘和探索新的可能性。

随着媒介形态的转型，传统的口耳相传和文字印刷已经逐渐被电子存储和数字展示所取代。这样的转变不仅加速了信息的传播速度，大幅提升了存储容量和支持海量知识的呈现，而且也为未来的技术进步和文化传承提供了无限的可能性和巨大的推动力。对于整个人类的发展来说，这个变化的意义重大，不仅让我们更快地获取和交流信息，更好地掌握世界的全貌，更加便捷地进行学习和工作，而且也为多元文化的传承和发展提供了广泛的空间和更为有效的手段。信息方式的现代化变革为人们的生活和生产方式带来了前所未有的变化和提升。现代化的信息技术让我们不仅可以实现秒发邮件，还能进行视频通话和网上购物等各种生活方式的体验，它们极大地方便了我们的日常生活和生产工作，成为现代社会快捷、高效、方便的代表。从古人到现代人，人类一直在不断探索和追求更好的生活和生存方式，现代化的信息技术为我们带来了巨大的改变和提升，展现了人类智慧和时代进步的飞跃。

网络已经成为现代社会的一个必不可少的组成部分，它在学习、工作和生活中发挥着重要的角色。尽管网络技术为我们带来了方便，但是我们不能认为技术可以决定我们的一切，技术只是提供了一种更加方便的思考和诠释内容的方式。在探究技术发展的过程中，我们同样需要关注到与之紧密相连的受众群体。特别是新闻领域，优质的新闻内容一直是新闻从业者所追求和坚守的方向。随着中国进入信息高速发展的时代，高效便捷的信息传播方式受到了广泛的关注和支持，它为每个家庭带来了便利，也为中国新时期的发展注入了强大的动力。信息方式的转变不仅体现了技术发展的进步，更代表了媒介形态的重要变革。传统媒介正向更加公开、透明和开放的方向转变，也让中国开始进入到世界的视野中。

从近代到现代，中国媒介形态的演变有着漫长历程，这也表明中国始终以开放和包容的态度对待各种媒介形式，包括报纸、广播、电影、电视和电脑等。这些媒介形式都是西方科技先于我们一步的结果，因此，中国的媒介形态演变也是一个不断引进西方先进科技成果的过程。然而，无论是近代还是现代，在接纳西方文明的进步成果方面，中国始终以开放、包容和自我丰富为宗旨，在新时代的信息高速公路上阔步前行。

第五节　乡村振兴战略下的乡村社会媒介形态
（2017—2022年）

自2017年乡村振兴战略提出以来，乡村社会的媒介形态发生了显著的变化。传统媒体，如报纸、电视、广播等，仍然在发挥着重要作用，并且这些传统媒体也在不断改进和升级，以更好地满足乡村居民对信息的需求。

一、媒介推动乡村振兴发展

（一）建设数字乡村

数字化手段可以帮助我们更新发展思路，优化产业升级流程，为农民的生产经营提供更加精准和有效的支持。数字化乡村建设的过程应该以乡村和传统农户的经济社会现实为基础，找到可供给的突破口，实现经济高效增长，并使数字红利惠及农民。数字化手段的大规模应用需要充分考虑农民的实际需求和生产生活现状，在帮助乡村地区建立数字化基础设施的同时，也需要注重实际效果和社会反响。数字化乡村建设的目标是促进乡村和农业现代化，推动农业生产效率和竞争力的提高，同时也要尊重乡村特色和传统文化，保持地方风情和特色优势。

数字平台可以为乡村建设提供强大的支持，在数字化乡村建设中起着至关重要的作用，可以帮助乡村居民实现信息融合与互动。数字平台是数字乡村建设的重要工具，可以使数字乡村建设更加贴近实际、具体可行。

目前，数字化乡村建设中存在诸多问题，如单一化、碎片化、同质化等，已经引起了人们的关注。当前数字乡村建设缺乏综合性、科学性和前瞻性的平台规划，需要加强对数字平台的战略性规划和科学性布局。数字平台不应该仅仅是物理世界的数字映射，而是应该承载现代文明和未来社会的重要组成部分。数字化乡村建设需要有明确的愿景和有力的战略规划，注重草根创新和社区参与，充分发挥数字科技的创新力和推动力，以实现乡村发展和现代化的目标。同时，在数字化乡村建设的过程中，应该注重乡村特色、文化传承和生态环保等方面的考虑，确保可持续发展和社会红利的稳健推进。

为了推动数字乡村的发展，我们需要对未来社会、人居环境以及生产与生活的交互方式有深刻的理解。在数字化乡村建设的前瞻性规划中，我们需要顺应城市赋能乡村、带动乡村的趋势，充分考虑城乡融合发展的需要和乡村特色的保护。在技术实现路径、场景规划以及数据底层设施搭建方面，我们也可以借鉴数字城市建设的成熟场景。数字城市建设的经验和教训可以给数字乡村建设提供有价值的参考。数字化乡村和数字城市之间存在许多相似性和差异性，我们需要理性看待，充分吸收相同点和优势，同时也要注重针对性和差异性的研究和创新。数字化乡村的建设需要重视发展乡村特色和产业优势，构建数字经济和数字社会的良性互动机制，带动全社会共同参与和改善乡村生产生活环境，打造全方位、多层次、高效率的数字化乡村发展模式。

通过数字化渠道的引导和支持，乡村资源得到了有效的激活和利用。长期以来，乡村资源开发利用面临诸多问题，如传统农户融资困难、金融市场欠发达等，严重制约了乡村资源的发展潜力。数字渠道可以实现城乡间的无缝连接，为乡村资源开发和利用提供了新的通道和途径。通过数字化渠道，可以高效地集结城市资本和乡村资源,并将它们精准地匹配起来,实现乡村和城市双赢的局面。引资下乡的方式可以提高农民的资产性收入,为乡村资源向资产和资金的转化提供可视化渠道,缩小城乡之间的信息鸿沟。在引资下乡的过程中,需要对乡村可商品化和可产业化的项目进行盘点和筛选,寻找满足市场需求的高价值项目和商机,进一步激活乡村资源和资产,促进乡村经济增长和社会发展。在推进引资下乡的过程中,需要注重市场营销和风险管理,加强与投资机构的对接和合作,制定切实可行的产业规划和发展方案,实现有质量、有规模、可持续的乡村产业发展。通过引资下乡的方式,可以为乡村振兴注入市场化的"活水",推动乡村产业化、城乡融合、信息化和现代化进程,为构建富裕美丽幸福新乡村提供有力支撑。

针对农户房屋闲置率高的问题,可以探索政府监督下的众筹改造模式。通过众筹改造模式,政府可以为农户提供必要的资金支持和技术指导,以改善乡村房屋的硬件和软件条件,推动乡村旅游和民宿服务的发展。同时,利用数字化监管平台,以实现对民宿服务的统一监管,包括旅游、卫生、市场、治安等。这种方式可以提供舒适、安全、卫生、具有经济价值的民宿服务,从而满足不同旅游需求和消费水平的人群。

数字产品可以成为"引流下乡"的有力工具,有效地推动乡村经济的腾飞。数字经济涉及多个业态,其中流量经济和直播经济是关键领域。乡村的优美自然景观、丰富多彩的文化传承和生动鲜活的农业生产为数字经济的发展提供了全新的内容形式,并蕴含着无限的市场需求和创新价值。然而,目前乡村领域的高质量、有深度的数字资源仍然相对匮乏,田园风光的爆款主题和有趣活泼的运营号也相对较少。缺少高质量、有特色的数字产品,使得乡村产业的数字化转型面临着巨大的压力和挑战。

除了开发线下乡村体验产品,积极推动数字经济和实体经济的深度融合也是促进乡村经济发展的重要手段。应该加大对乡村主题数字内容生产的资金和技术支持力度,提升乡村产业和田园生态体验数字化产品的营销和利润率。通过创新"渔、樵、耕、读"数字化产品的形式和推广方式,实现乡村产业结构的优化升级,提高数字化转型的生产效率和附加值。数字化渠道的开拓还可以利用城市人口巨大的乡村情感和文化情结,与乡村生产、生活、生态相结合,释放出更多市场活力和创新活力,推动乡村发展的升级和转型。

实现乡村振兴需要大量高水平的数智化人才积极参与和投入,应当深入挖掘乡村人才的潜能,注重拓展乡村人才市场,提高数字化、信息化、智能化人才的培养和配置,加强对乡村人才的持续关注和激励。可以通过建设数字化人才服务平台、推进乡村教育科技的发展、加强乡村人才流动和沟通,以及开展乡村人才示范企业、农民创新创业大赛等活动,来促进乡村人才的培养和发展。运用便捷的信息化技术,提升城市和乡村之间的数字化互通和交流,培养一批懂得城市"田园消费需求"、了解乡村生产、生态和文化优势的数字化人才。这些数字人才不仅要具备市场营销方面的能力,还要掌握数字化技术和数字思维的知识和技能。他们可以通过数字化渠道,开发和推广符合市场需求的田园主题数字内容和产品,促进城乡间的数字经济融合和互惠发展。

为了推动乡村产业数字化转型和乡村振兴,需要重点招募一批拥有专业知识、经营管理经验和数字技术能力的"乡村职业经理人"和"乡村振兴专家"。可以通过将线下坐班入驻和线上实时辅助的方式参与到乡村产业的经营管理中,为乡村产业发展贡献力量。

(二)推广电商模式

数字科技在乡村地区的广泛应用正在推动着数字化在脱贫攻坚、产业振兴和乡村基层治理等方面的快速发展。数字化技术的普及和应用正在改变传统农业生产方式和经营管理模式,促进产业升级和增效改革。

数字化正改变着乡村百姓的生活，并且推动着乡村发展和治理模式的转型升级。以移动互联网的普及为例，现在不仅可以实现村民在线学习网课，还可以联通乡村和城市、甚至是全球的信息交流和文化交流，打破了城乡之间的信息壁垒，实现了信息平等。这种数字化的进步正在推进新技术和新媒体的应用，为乡村电商、移动支付等数字化经济的发展提供有力支撑。

1."互联网+"与农业深度融合

随着乡村振兴和"互联网+"战略的推进，中国农业正在经历重大的变革，不断提升综合效益。尽管"互联网+农业"已成为新时代农业转型的必然趋势，但是许多企业缺乏对它的正确理解与评估，错误地认为只要通过改造升级互联网基础设施，就能获得"互联网+"成功转型的好处。这种盲目跟风与乐观心态导致了农业产业链领域中"互联网+"难以得到有机整合的问题。为了实现"互联网+"与农业的深度融合，需要先解决乡村宽带问题，加速推进农业大数据工程的实施。同时，需要建立覆盖全程的农业大数据全信息链，并着重推广基于"互联网+"的农业大数据应用服务。此外，为了提高农产品物流的效率与质量，还需要完善物流体系建设，特别需要加强农产品冷链物流体系的建设。

2."互联网+自媒体"营销平台深度发展

在电子商务产业的转型优化过程中，自媒体作为一种新型的创新模式发挥了至关重要的作用。自媒体具有低门槛、自主性和广泛性等特点，这些特点不仅解决了传统媒体内容陈旧、体制僵化、传播方式落后和成本高等问题，还为自媒体营销的发展提供了有力支持。在"互联网+"时代，自媒体相比传统媒体更具有新型技术的特色，如大数据和新型智能技术。通过利用这些新技术，可以对客户偏好进行准确定位和目标客户进行有针对性定向，同时与受众客户建立紧密联系，增强客户黏性，并深入挖掘潜在客户的潜力。自媒体可以分为图文、视频、音频和直播等几种类型。在电子商务营销方面，现今比较流行的是一些视频自媒体，例如抖音、西瓜视频等自媒体，通过直播平台来展示商品和带动销售。此外，企业也可以运用图文自媒体，例如公众号和企业微博等，进行企业宣传和营销。

3. 加强"互联网+服务"功能实现服务升级

为了促进乡村电商的发展，我们应该充分利用县镇级电商公共服务中心的作用，采用"县镇村三级公共服务渠道+农产品上行"的应用模式，打造一个集"电商运营+仓储物流+创新孵化"为一体的综合服务体系，为乡村电商提供全方位的支持和服务。

二、乡村振兴：新媒体是重要推手

中国在过去几年间取得了惊人的成就，通过强调红色革命精神、践行绿色发展理念以及坚定不移地推动扶贫攻坚事业，为消除贫困奠定了坚实的基础。通过出台一系列有力的政策，政府正在帮助广大农民实现规划性的发展，从而实现更加富足的生活。在此过程中，新媒体发挥了重要作用。

近年来，随着各种短视频应用的普及，丰富了村民们的休闲娱乐方式。有些人会在短视频平台上观看各种视频，有些人则会在平台上分享自己的生活片段，还有一些人会在平台上学习烹饪、瑜伽、广场舞等技能，在一定程度上丰富了村民们的日常生活。

新媒体协助乡村人才培养。要实现乡村振兴，关键是要培养更多的人才。然而，由于资源问题和发展瓶颈，许多乡村地区仍然面临着人才匮乏的问题。

新媒体的应用可以平衡乡村资源，在各个渠道上开展乡村人才队伍的建设，利用新媒体快速、便捷地传播各种信息和知识，让更多的人了解乡村发展的需要和机遇。在这个过程中，相关部门可以与高校和企业对接，整合政府、高校、企业等各方资源，开设农机知识、短视频制作、专业技术等方面的培训课程。这些课程将由专业的老师和技术人员授课，帮助乡村人才学习新技能，并提高自身素质和技能水平。

新媒体使乡村文化得以广泛传播。通过充分利用新媒体的功能，我们可以向全世界展示乡村文化的魅力，传递乡村的历史、风俗、传统技艺等方面的信息。同时，在新媒体平台分享乡村发展的经验、脱贫攻坚的故事、村民的成功案例等内容，从而营造出更加温馨、充满活力的文化氛围。

新媒体的表现类型众多，可以通过数字特效、多媒体技术等多种方式展示乡村文化。这些不同的呈现方式具有各自的优势和特点，可以更好地展示乡村文化的魅力和特色。例如，影视广告可以给人强烈的视觉冲击，数字特效可以为乡村文化加上更多的创意元素，多媒体技术则能够把文化信息呈现得更加生动、具体。

新媒体促进乡村文化传承。借助新媒体平台，我们可以更加高效、全面地传递乡村文化信息，让更多人了解和学习乡村文化。同时，由于新媒体的受众广泛，我们可以通过互动的方式收集更多反馈和意见，不断完善和改良乡村文化的内容和表现形式。

新媒体对地方产业的发展产生积极的影响。目前，在新媒体的平台上，我们可以看到越来越多的人直播带货，这种模式可以为地方产业带来更多的商机和客户资源，进而推动产业的繁荣和发展。通过直播带货，我们可以把产品的信息和特点以直观、生动的方式传递给消费者，提高消费者的购买欲望和信心。此外，直播带货还可以通过云端旅游等方式，为地方产业带来更多的营销和推广机会。

从过去的经验来看，许多地方已经探索出了在新媒体平台上利用网红进行营销的方式。这种方式可以借助网红的影响力和粉丝资源，快速地扩大商品或服务的知名度和销售渠道。在乡村振兴的过程中，我们可以进一步推进本土网红的培养和发展，让他们成为乡村文化和产业的代言人和推广者。

三、乡村振兴中新媒体的应用

县域公共媒体资源如微信、微博等，可以为乡村振兴提供重要的支持。通过建立乡村新媒体中心，我们可以更好地利用这些公共媒体资源，为乡村提供更全面、更精准的信息服务，帮助乡村建立更加丰富的文化生态和公共服务体系。同时，这些媒体资源也可以加强乡村文化的传播和推广，提高乡村在全国范围内的知名度和影响力，为乡村发展提供更大的动力和支持。

除此之外，新兴支付方式如微信支付也可以为乡村发展环境的改善提供支持。通过这种支付方式，我们可以更方便地进行各类交易和交换，为乡村商业和服务提供更全面和便捷的支持和保障。同时，微信支付等方式也可以帮助农民及时了解最新的政策和信息资源，加强在政策宣传和落实方面的沟通效果，推动乡村振兴和发展的步伐。

为了确保政策能够有效实施，需要媒体在积极宣传相关政策的同时，还要增强村民之间的沟通，为他们答疑解惑。只有这样，才能在各界的共同努力下，实现政策的全面贯彻和发挥出最大的效果。同时，乡村发展也需要考虑文化方面的因素。除了经济发展的支撑外，乡村需要注重文化底蕴的传承和弘扬，发掘和利用本土文化资源，以促进乡村的多元发展和区域特色的塑造。

除了之前提到的本土网红等方式，地方还可以通过创办城市历史相关的杂志来推广当地的文化底蕴。这种杂志可以记录当地的风土人情和发展历程，展示当地的独特魅力和文化特色，为当地文化的传承和发展做出积极的贡献。通过建设高品格、高品质的媒体杂志，更好地传承和保存当地的历史文化，推广乡村旅游和地域特产，提升乡村的知名度和影响力，进而促进乡村的经济文化全面发展。

新媒体技术可以为乡村振兴提供重要支持，其快速、高效的传播效果有助于加强乡村的话题营销和舆论宣传,提高乡村的关注度和吸引力。借助新媒体技术,我们可以更好地推广农业知识、宣传农产品、展示乡村特色文化,帮助乡村实现更好的发展。

当前,各大电商平台都在不断推出购物活动,越来越多的人开始选择在网上购物,这种趋势也让更多的人足不出户却能购买到来自乡村的农产品。在这个过程中,媒介不仅提供了人们的娱乐需求,还对人们的生活起到了日益重要的服务作用,同时也为促进乡村的振兴和发展做出了重要贡献。通过搭建电商平台,我们可以将乡村的优质农产品推向全国各地,增加乡村产品的知名度和普及度,进而提升乡村经济的发展潜力和竞争力。

第五章　社会发展与乡村媒介话语的变迁

第一节　不同国家媒介对乡村社会发展的影响

一、韩国新村运动时期媒介的影响力

（一）韩国乡村运动

1972—1976年，韩国实行第三个五年计划期间，为实现朴正熙总统的"希望之乡"计划，韩国政府明确将"均衡促进工农业发展"和"推进农水产经济发展"等内容置于三大经济发展目标的首位。在1970年4月的全国省部长会议上，提出了以"勤劳、自助、协作"为精神纲领的乡村建设运动，并号召大家积极投入行动，将传统落后的乡村变成现代进步的"希望之乡"。然后，韩国政府就着手开展一项名为"新村运动"的试验性项目计划，旨在"创建更加美好的乡村社区"，通过进一步发展和壮大村庄建设来实现这一目标。这一运动包含四个不同的阶段。

1.1970—1973 年，新村运动的建设阶段。该运动由民政部直接领导和组织实施，打破了部门和行业的界限，成立了全国性的新村运动中央协商会议，并通过自上而下的全国网络开展。同时，设立了新村运动中央研修院以培训大量新乡村指导员。

2.1974—1976 年，新村运动的扩大成果阶段。此时是新村运动的鼎盛，其重点逐渐从改善农民基本生活居住条件向改善和提高居住环境和生活质量方面转型。新村运动逐渐把重点从仅改善屋顶工程，转向以新建住房为主的住房建设方向。此外，为了促进乡村文化建设和发展，新村运动还修建了一系列乡村文化设施，例如村民会馆、敬老院、读书室、运动场、娱乐场以及青少年活动中心等。

3.1977—1980 年，新村运动的充实提升阶段。在此期间，由于城乡之间的差距逐步缩小，因此政府就把重心放在了发展畜牧业、农产品加工业以及特色农产品产业上，以提升乡村经济的发展水平。除此之外，政府还采取了一系列措施，例如实施区域开发计划，建设农产品流通批发市场，支持乡村住宅及农工开发区的建设，积极推动乡村文化建设和乡村保险、金融业的发展，以及大力支持农民协同组织的发展等。

4.1981—1988 年，新村运动国民自觉阶段。20 世纪 70 年代末和 80 年代初期，韩国国内政局动荡不安，新村运动也遭受各种批评和责难。韩国政府认为已经完成了支持、协调和推进新村运动的主要使命，因此，对有关新村运动的政策和措施进行了大幅度调整。在此阶段，新村运动的重点转向推动乡村自我管理、发展和繁荣，以及促进乡村产业的多元化和增长。新村运动逐渐从政府主导的"自上而下"的运动转变为民间自发的运动，注重活动内涵、发展规律和社会实效，成为更加注重群众参与的社会活动。①

---

① 张泉、王晖、陈浩东等：《城乡统筹下的乡村重构》，中国建筑工业出版社，2006，第 37—39 页。

（二）大众媒介在新村运动中的作用

20世纪70年代，韩国掀起了"新村运动"。为了让广播节目进入乡村，韩国广播电台采用了移动广播的方式，并组织农民讨论广播小组。通过广播节目，民族意识得到了提升和熏陶，这在"人的革命"中起到了重要作用。同时，在"新生活运动"的倡导中，城市支援乡村的社会实践也得到了配合，这种配合为传播效果的显著提升做出了贡献。[1]

在韩国开始推行新乡村建设运动之际，韩国报刊（尤其是城市媒体）在推动城市各界关注乡村问题和促进城乡互助互补机制的发展方面发挥了重要的引领和推进作用。这些媒体通过宣传新乡村建设的理念和成果，引导城市居民积极参与乡村建设，同时也加强了城乡之间的联系和互动。2004年6月，韩国经济人联合会、农协中央会和《文化日报》共同合作推出了"一社一村"活动，旨在鼓励企业与乡村建立"姊妹关系"，从而帮助乡村解决实际问题，促进长期交流，实现城乡共同发展的目标。该活动为企业和乡村之间的合作搭建了平台，推动了城乡间的互利共赢。媒体对韩国"一社一村"运动进行广泛报道后，该运动在社会上迅速得到了支持，各类企业和社会组织纷纷参与乡村结亲活动。此后，"一村一校""一村一店""一村一军""一村一区"等各种创新形式逐渐涌现。这些新形式不断丰富和拓展了"一社一村"运动的内涵，也推进了城乡间的交流与合作。政府各部门也积极参与，推出"一村一机关"运动，其中包括外交部、警政厅、国防部等。

---

[1] 郎劲松：《韩国传媒体制创新》，南方日报出版社，2006，第24页。

二、广播对美国乡村生活产生的影响

考察广播发展史，可以发现广播对美国乡村生活产生了巨大的影响。在广播电台问世之初，美国还是一个以农业为主的国家。据统计，截至1920年，美国有49%的人口生活在乡村地区，到1940年，仍有43%的人居住在乡村。美国的农业广播电台得到迅速的发展，尤其在美国中部和南部的多州拥有较为完善的广播网络。农业广播电台的主要职责是提供农业市场信息、天气预报、天气形势分析，以及采访从事农业工作的官员，报道新的农作物品种、农作物升级改良信息、耕作技巧等农业课题，还负责报道有关农业机构、组织的消息等。需要强调的是，这种广播电台所播放的针对农民的广告具有独特的风格，使得这种电台具有浓厚的乡土氛围。

与城市居民相比，乡村居民更加热爱广播。他们通过给电台、演艺人和杂志写信，与农业机构和收音机销售商的交谈等无数途径，表达了对信息的高度重视，并感到摆脱隔离和孤独之后的喜悦。到1938年，已经有三分之二的乡村家庭拥有收音机。

农民购买收音机的主要目的，以及美国农业部和许多州的农学院推广无线广播的主要原因，是因为它对农业经营有很大的实用价值。特别是在天气和市场行情预测方面，广播的作用不可忽视。在出售农产品时，农民常常处于非常不利的位置，因为他们没有独立的市场信息，只能听从批发商的说辞。由于信息不对称，农民很容易受到批发商的欺诈。

在过去，当农民进城时，他们会去当地的商店或邮局获取最新的价格通报，然而随着广播的普及，信息的传播速度得到了大大提升。广播通过传播价格信息，极大地促进了信息的发布。在1920年，美国农业部首次通过广播向公众发布报告。随着时间的推移，该报告已经被广播到50家以上的电台。另外，气象局在1921年开始通过广播发布气象预报，到1923年，已有140

家电台播放了美国农业部发布的气象预报。

初时，乡村听众主要将广播视作获取信息的一种渠道。但是，很快他们意识到了广播节目的娱乐价值。城市广播电台意识到周边乡村听众是一个潜在的市场。广播已经成为乡村生活中解决孤独感的有效方式，并成为社区聚会的主要媒介工具，这种看法得到了农民、农业机构、乡村杂志编辑、广播从业主和广告商们的广泛认可。一项伊利诺伊州农民的调查表明，收音机经常在学校、教堂和其他公共场所的社区集会上用于广播讲座和音乐会。[①]这种情形一致持续到20世纪40年代。

三、大众媒介与"一村一品"运动

"一村一品"运动是日本成功推动农业产业化的杰出代表。该运动的发起者是日本大分县前知事平松守彦先生，他于1979年提出了这一概念。自从大分县开展"一村一品"运动以来，整个县的面貌发生了彻底的变化，并带来了显著的经济和社会效益。这一举措不仅使大分县成为一个宜居、环境优美、经济繁荣的国际化城市，而且在日本国内和全球范围内引起了广泛的关注和赞誉。

许多国家，如韩国、法国、英国、美国和俄罗斯，都与大分县建立了互利互惠的关系，并在各种层面上进行了广泛的交流。其中，美国洛杉矶市专门制定了"一村一品"节庆活动，而美国路易斯安那州也在推行"一州一品"运动。这些举措不仅展示了"一村一品"运动的全球影响力和重要性，也促进了不同国家之间的文化交流和经济合作。受到这一运动的启示，路易斯安那州州长发起了一项旨在解决本地失业问题的"一州一品"运动，并将这一

---

① 理查德·布茨：《美国受众成长记》，王瀚东译，华夏出版社，2007，第218—222页。

活动作为振兴地方经济和落实雇佣计划的新途径。

"一村一品"运动的核心理念在于让每个村庄的居民充分发挥本地资源的优势，因地制宜、自力更生，以发展当地乡村经济为目标。开展"一村一品"运动的意义在于，让每个市镇都能充分利用自身的优势，开发具有地方特色的"拳头产品"或"精品"，"一村一品"运动已经成功地推广到国内和国际市场。该运动实质上是搞活地区经济的一种手段，它代表着一个地方的社会经济发展水平，并象征着该地区在某个地区、全国乃至全球市场上的声誉。此外，"一村一品"还反映了一个地方的精神风貌和文化特色。它已成为各地政府和企业引领地方经济发展、提升地方竞争力的重要举措，对于实现全球可持续发展目标也具有积极意义。

2005年12月，在世界贸易组织（WTO）香港会议上，日本政府推出了国际版的"一村一品"计划，该计划的目标是促进发展中国家建设自由贸易体制，加速各国经济的增长。该计划旨在通过向发展中国家提供资源、技术和市场支持，帮助他们实现经济发展、减少贫困和提高人民生活水平等目标。

2006年2月，日本经济产业省提出了"一村一品"援助计划，该计划主要包括两个部分：首先，在成田机场、羽田机场等地开设"一村一品"展台，展示发展中国家的土特产品，为这些产品提供更广泛的市场和更好的推广机会。其次，该计划通过技术合作的方式，向发展中国家派遣专家，并且欢迎发展中国家的人员前往日本接受培训，以促进技术方面的交流和合作。通过这种方式，日本政府向发展中国家提供了更多的技术支持和帮助，有助于增强他们的技术实力和自主创新能力。同时，"一村一品"运动的核心理念已经逐渐被越来越多的国家和地区所认识和接受，其理念和实践经验也在全球范围内得到了广泛传播和应用。许多国家，如泰国、马来西亚、蒙古、菲律宾等，正在按照"一村一品"的模式发展本国经济，通过发展地方特色产品和产业，努力消除贫富差距，促进公平共享和可持续发展。此外，日本国际协力机构（JICA）还在非洲的马拉维实施了"一村一品"试验项目，并取得了成功。这个项目不仅为当地居民提供了更多的就业机会和增加收入的途径，还为当地文化的传承和保护做出了积极贡献。同时，突尼斯也正在研究如何引进"一村一品"运动，并开展类似的项目，以推动本地经济的发展和社会的进步。

"一村一品"运动的核心目标是通过多种渠道宣传"一村一品"活动成果，例如广播、电视、报纸和互联网等，以及通过展销会等活动促进产品推广，提高"一村一品"产品的知名度和美誉度。通过这种方式，可以增加产品的销量和市场份额，为当地居民创造更多的就业机会和增加收入的途径，促进地方经济的发展和社会进步。同时，"一村一品"运动也注重将大众传媒的综合效力与促进经济发展、消除贫富差距和城乡差距等宏观社会发展目标相结合，以达到长期的社会效益和可持续发展的目标。

我们可以从日本、韩国和美国在乡村社区发展过程中的实践中，看到利用大众传媒的作用对特定社会改革进行推进的重要性。对于乡村社区而言，这是值得借鉴的一种思路。大众媒体在促进乡村发展、帮助改善当地的经济和社会环境方面发挥重要作用。通过媒体的力量，我们可以为乡村社区的发展提供动力，并帮助其实现相关的社会改革。

第二节 中国乡村媒介的生态环境

一、乡村大众媒介生态特征

(一) 乡村信息报道内容的"非农化"与媒介报道话语的误导

乡村社会在大众媒介报道中的角色和位置,取决于大众媒介与乡村社会之间相互兼容的程度。同时,媒介从业人员对乡村社会报道内容的"非农化"[①]除了经济损失,不准确的情况还对乡村社会的发展产生了不良影响。例如,媒体在2006年10月18日的报道中声称"香蕉被加工化学剂催熟",并将正常的香蕉生理催熟过程错误地描绘为存在安全隐患的化学加工;又在2007年3月13日的广州《信息时报》中,将医学词汇"SARS"和"癌症"错误地与香蕉联系在一起,推出了广州香蕉感染"蕉癌"的报道。这些不准确的报道不仅对消费者造成了经济损失,还产生了负面的社会影响。

2007年3月20日,《广州日报》披露了一篇题为"12种常吃的'毒'水果"的文章,其中列举了香蕉。此后,海南香蕉的批发价格出现持续下跌,从之前的2～3元/千克跌至最低仅0.3元/千克。香蕉产区每天运销海外的香蕉也从之前的7 000～10 000吨急剧下降至3 000多吨。这种报道可能会引

[①] "非农化"在此处的意思是:(1) 报道内容与乡村社会的实际问题脱钩或者与之错位;(2) 报道的目标受众定位为城市人,而不是乡村居民。

起消费者的恐慌情绪,对香蕉行业产生巨大的经济损失。2007年3月31日,一则报道声称"香蕉用二氧化硫或氨水催熟"的观点与事实相悖。后来,一条有关香蕉的短信在全国范围内流传,造成了对香蕉产业的新一轮打击,导致某些地方香蕉价格跌至每斤仅0.1元。

媒体对乡村的报道看似在城市社会中受到广泛关注,但对于村民而言,这些报道基本上是无用的。所谓的乡村新现象对他们来说只是无关痛痒,甚至与现实脱节。相比之下,乡村科技新闻报道应该既源自于当地土地和传统技术,又涉及较高层次的科学知识,才能被村民所接受和理解。否则,即便大众媒体在报道方面下了很大的功夫,其中的内容仍然是属于"非农化"和"非城市化"的报道,这种报道最终无法满足乡村和城市市民的需求,变成了既不属于乡村也不属于城市的报道。这样的报道不利于促进城乡信息等级的平衡和发展,应该积极探索更好的报道方式和策略。

(二)大众媒介对乡村社会的想象

针对无用的媒体报道,还有一个更深层次的问题是大众媒体对乡村社会的普遍想象。总的来说,主流的报道语言往往是对乡村发展与进步的歌颂,尤其是小康村的形象经常被大众媒体放大和推广。这种报道方式造成了大众媒体对乡村歌功颂德的刻板印象,把富裕的新乡村现象作为报道的主流话题。

这里主要说明大众媒体对农民工的报道内容存在的问题。从宏观角度来看,目前媒体对农民工的报道未能充分、客观地反映农民工的利益、需求和生活状况,新闻媒体在报道农民工问题时,存在话语权萎缩、镜像被污名化和妖魔化等现象,导致报道规模、质量和议题设置都存在一定的局限性。这种不完整、不准确的报道,加深了主流社会对农民工群体的刻板印象,也直接影响到社会的和谐稳定。[1]针对当前农民工报道存在的问题，建议媒体应当更加关注农民工面临的现实困境和问题，为农民工提供更多更好的服务信息。同时，媒体在报道农民工问题时，应该全面综合观察，避免过于单一的报道角度。通过深入调查和报道，向读者提供更加深入和真实的了解，展现农民工的真实生活和需求，为他们发声、争取权益，同时也促进社会的进步和发展。

另外需要指出的是，大众传媒在报道农民工问题时，也会受到社会主流偏见的影响，并不自觉地传递这些偏见。研究表明，在涉及"农民工议题"的新闻报道中，存在着四个主要的参与方：农民工、政府、城市市民和雇主。然而，据观察，后三者往往对媒体的话题实践产生着不同程度的影响，预设了一定的言论倾向和准则。

当前，媒介资源大多集中于城市主流群体手中，而乡村社会在拥有媒介资源的领域中往往是少数派或处于边缘地位。这两种边缘化的状态必然会降低大众媒介相关报道在乡村社会中的传播效果，进而弱化媒体报道内容与村民之间的联系和纽带。可以看到，乡村居民对大众传播媒介的态度十分丰富多彩。他们可能会漠视、抛弃、迎合或产生意见分歧，对于这些与现代性及其产物相伴而来的媒体，他们表现出了各种出人意料的独特性。这在一定程度上表明，大众媒介无法有效地影响和引导乡村社会的思想观念和价值观念，而且在报道内容与村民之间的信任度方面也会受到一定的削弱。

---

[1] 陈文高：《当代农民工媒介镜像批判》，《学术交流》2007年第5期；雷涛：《媒体农民工报道内容分析》，《中国科技信息》2005年第11期。

二、改善乡村媒介生态环境的建议

（一）以点带面促进乡村媒体发展

1996年，由农业部与中央电视台合作成立的中国农业电影电视中心，正式播出了CCTV-7农业节目。这个农业节目的推出对全国农业节目的发展起到了至关重要的推动作用。最新的调查数据显示，截至2008年3月，CCTV-7农业频道已经基本覆盖了全国乡村地区近5.2亿人口，其覆盖率高达63.2%，在中央电视台的15个卫视频道中排名仅次于第一频道。此外，在乡村地区，CCTV-7农业频道的覆盖率非常广泛，高达84.4%。这些观众中，大部分是通过省、市、区/县级有线电视公共网收看该频道的；CCTV-7农业频道在乡村地区的月度触达人数超过4.2亿，相当于50.9%的月度触达率。这个数字较中央电视台的15个卫视频道的乡村地区平均触达人数高出近5000万，同时月度触达率也高出了平均6个百分点；CCTV-7在乡村地区的观众数已经稳定达到了超过6600万人次，而且这些观众的忠诚度约为15.8%；CCTV-7在乡村地区的喜爱人数超过3.5亿，喜爱率达到了6.8%。CCTV-7的主要节目在乡村地区的收视人数均超过1亿，其收视比例高达25%以上。观众数已经稳定超过了1400万人，并且这些观众在忠诚度方面平均高于10%。此外，《致富经》与《乡村大世界》栏目的收视比例、忠诚度与喜爱率在12个乡村农业类栏目中均位居前列，喜爱人数已经超过了2500万人，喜爱率也在20%以上（见表5-1）。[①]

[①] 崔燕振：《2008年中国乡村居民媒介接触习惯与广告传播价值新探索》，《市场观察》2008年第5期。

表 5-1　CCTV-7 主要栏目在全国乡村地区的收视状况

名称	观众（万人）	比例（%）
《致富经》	19829.0	47.4
《乡村大世界》	16636.8	39.8
《乡土》	15041.4	36.0
《科技苑》	14790.4	35.4
《每日农经》	14381.5	34.4
《聚焦三农》	13934.1	33.3
《阳光大道》	13037.1	31.2
《法制编辑部》	12356.0	29.5
《天天饮食》	11870.9	28.4
《农广天地》	11564.9	27.6
《生活 567》	11179.2	26.7
《乡约》	10738.0	25.7

数据来源：北京美兰德媒体传播策略咨询有限公司。

因此，CCTV-7 农业节目拥有很强的优势地位，它能够以点带面，推动其他乡村媒体的发展，成为改变整个乡村媒介生态环境的有效途径之一。

（二）改善乡村大众媒介生态环境：提升乡村居民综合媒介素养

1. 接触行为在乡村媒介中的作用

调查显示，乡村媒介接触行为呈现为电视—广播—报纸的序列模式。这种过渡模式在一些地区正在向电视—报纸—广播这一成熟模式转换。[1] 就接触媒介的内容而言，电视剧和新闻是主要的两大主题，以观看中央电视台和省级卫视为主。广播的内容与电视大致相同，以新闻和天气预报为主要内容。

---

[1] 张国良、廖圣清：《复旦大学新闻学院最新抽样调查表明——上海市民接触大众媒介的格局发生重大变化——"上海市民与媒介生态"抽样调查报告（之一）》，《新闻记者》2000 年第 7 期。

（1）媒介信息渠道的获取方式

一项关于乡村基层及农民获取信息渠道的调查结果来自科技部乡村技术开发中心。据该调查显示，农民获取信息的主要来源包括广播、电视、报纸、杂志、计算机网络、电话、宣传资料、乡村科教 VCD、乡村图书馆等大众传媒，以及专业协会、信息中介、政府农技推广部门等机构，同样还有乡村邻里、亲朋好友等人际交流和沟通方式（见图 5-1）。

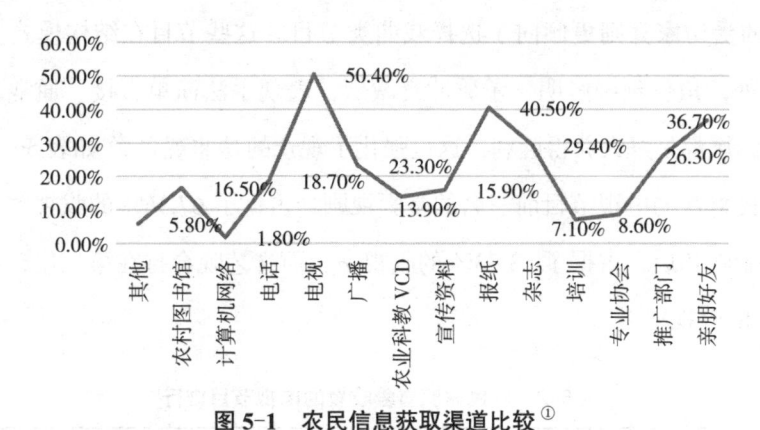

图 5-1　农民信息获取渠道比较[1]

村民普遍将电视视为情感娱乐型媒介的代表，而报纸则被视为新闻和资讯型媒介的代表，而杂志则更多地倾向于情感娱乐型媒介，广播则更多地倾向于新闻和资讯型媒介。据调查，15.9%的受访者几乎不依赖大众媒介，14.4%的受访者依赖程度较低（5～7天），而其余69.7%的受访者则相对较为依赖或非常依赖大众媒介。[2] 这表明，大众媒介在乡村地区仍然具有重要的地位和作用，为村民提供了丰富多彩的信息和娱乐资源，对促进他们的文化素质提升和改善其生活品质起到了积极作用。

据调查数据显示，46.36%的乡村家庭比较青睐中央电视台的节目，而另外43.55%的家庭则更喜欢省级电视台的节目，其中一些家庭表示他们既喜欢

---

[1] 王文生：《中国农村信息化服务模式与机制研究》，经济科技出版社，2007，第63页。

[2] 强月新、张明新：《转型社会的媒介景观》，武汉大学出版社，2007，第13页。

中央电视台的节目，也喜欢省级电视台的节目。同时，31.7%的乡村家庭选择观看市级电视台的节目，而对于县级电视台的节目则几乎无人问津，只有5.82%的乡村家庭喜欢观看县级电视台的节目。[1]

（2）媒介信息内容的获取方式

根据调查结果显示，就电视内容而言，38.4%的受访家庭倾向于选择情感生活类片子，而22.9%的受访家庭则更喜欢侦探和战争类片子。此外，29.4%的受访家庭则更倾向于选择戏曲类节目。这些节目在结构模式上具有共同之处，角色刻画鲜明，矛盾冲突激烈，表现手法简单直接。通常，这些节目的结尾都是好人获得胜利，这也强化了观众的是非观念。[2] 如表5-2所示，排在农民喜欢的电视节目前三名的是影视剧，占据了67.36%的收视率，新闻类节目紧随其后，占据了53.73%的收视率，而文艺晚会排在第三位，占据了36.27%的收视率。

表5-2　农民家庭喜爱收看的电视节目排行

节目名称	比例（%）
影视剧	67.36
新闻	53.73
文艺晚会	36.27
法制类	32.64
监督曝光类	32.64
曲艺类	27.60
娱乐类	19.00
谈话类	18.65
戏剧类	18.60

[1] 吴信讯、倪瑜、赵伟清等：《当代农村电视收视习惯调查》，载贾乐蓉《新世纪大众传媒的发展：中俄学者的对话》，中国传媒大学出版社，2007，第270页。

[2] 申端锋：《电视下乡：大众媒介与乡村社会相关性的实证研究》，《华中科技大学学报（社会科学版）》2008年第6期。

续表

节目名称	比例(%)
体育类	12.60
科教类	9.40
其他节目	8.29
广告	2.50

资料来源：吴信讯、倪瑜、赵伟清：《当代农村电视收视习惯调查》，载贾乐蓉主编《新世纪大众传媒的发展：中俄学者的对话》，中国传媒大学出版社，2007，第271页。

随着传媒技术的发达，电信技术的快速发展，电视频道和电视节目数量不断增加，农民在选择观看的节目方面也有了更多的自由。然而，无论频道和节目有多么丰富多彩，农民的选择仍然是基于他们所在的村庄和生活方式，而不是节目的内容和多样性。农民的节目选择并不是随意的，而是依赖于他们所在村庄以及村庄的生活准则。

2. 乡村居民媒介素养的现状

我国乡村的一般受众在媒介素养方面具有以下几个特点：

（1）在中国乡村，媒介使用呈现出一种被动性特征。由于乡村地区受众的教育水平相对较低，因此他们在与大众传媒进行互动时处于相对被动的地位。由于信息获取受到限制，同时也难以准确地判断和反馈传媒信息。这种被动性特征不仅反映了乡村地区的文化现状和社会现实，也表明了大众传媒在乡村地区的重要性和不可替代性，为乡村地区的信息化普及和文化素质提升提供了重要的支持和帮助。

（2）在接受信息方面表现出的群体从众行为。乡村受众作为同质群体，在接受大众传媒信息时，由于地理、血缘和职业等多种因素的相互作用，呈现出一致的信息接收行为。例如，当某部电视剧在人群中口耳相传时，受众更倾向于从众行为，这种行为特点在信息接受方面尤为明显。另外，生活在乡村社会中的群体，为了维护良好的社会关系，往往会选择接受相同的媒介信息。由于中国乡村社会存在地域、经济和文化等差异，不同地区的受众具有各自的特点，受众的分化已成为不可避免的现实。也就是说，受众在接受媒介信息方面的行为与他们的经济地位、社会身份和文化程度紧密相关，不过在从众性方面，乡村社会的受众则呈现出一致性的特征。

（3）信息的接受具有地域性和文化特征。例如，当电视剧《刘老根》和《胭脂雪》播放时，南方地区和北京地区的收视率存在显著差异，这与中国媒介受众的地域性和文化特征密切相关。在乡村受众群体中，这种现象表现得尤为突出。

（4）针对上述情况而言，尽管媒体在报道乡村问题时仍存在着一些现实问题，但在乡村居民心中，大众媒体的认同度相对较高。在当前中国的政治和社会体制下，由于缺少表达自身利益诉求的途径，农民通常将媒体视为一种重要的表达渠道。然而，由于社会精英对传媒话语权的掌控，农民在传媒上争取利益诉求的困难程度进一步加剧。这种情况导致农民在接收媒介信息时的通道变得更加狭窄，信息获取的不足也影响了农民对社会和政治现象的理解和认知。

社会体制框架的限制和农民迫切表达渴望之间的矛盾冲突，甚至造成了媒体和农民之间的一种"畸形"状态，媒体被视为第二个信访部门。[①]农民通过媒体来表达自己的诉求和意见。作为第二信访部门的媒体，如何通过这种角度，间接地推动社会政治民主化的进程，是当前媒体从业人员可以采取的实践途径之一。

20世纪50至70年代后期，尽管中国广播电视的普及率很高，但大众媒体在乡村社会的形态并没有发生太大的变化。这是因为尽管农民观众数量庞大，但针对农民制作的并且农民愿意观看的节目却相对较少。

---

① 李苓、李红涛：《媒介素养：考察农民与媒体关系的一种视野》，《新闻界》2005年第3期。

报纸和杂志等传统媒体仍然沿用自身的产业化道路，其定位与农民无关，报道内容也大多处于"局外人"的角度。虽然互联网在乡村地区逐渐普及，但其利用程度并不高。相比之下，手机媒体更值得关注，因为它在未来对乡村社会的发展将扮演至关重要的角色。

第三节 乡村媒介融合在中国的发展趋势

一、媒介融合的不同类型

媒介融合是一种新的媒体发展理念，它在信息时代的背景下，针对不同的媒介形式，提出了新的教育、传播、创意和文化交流等模式。"媒介融合"起源于美国。随着信息技术的发展和媒介形式的不断更新，媒介融合模式得到不断的升级和深化，成为一种推动全球化进程和国际交流的重要力量。

在《传媒经济学教程》中，我国的喻国明教授认为，媒介融合是指报刊、广播电视和互联网所依赖的技术越来越相似，以信息技术为中介，以卫星、电缆、计算机技术等为传输手段，数字技术改变了获得数据、现象和语言三种基本信息的时间、空间及成本，在同一平台上整合了各种信息，不同形式的媒介之间的互换性与互联性得到了增强，媒介一体化的趋势越来越明显。[1] "媒介融合"的本质在于实现传统和新媒体的信息传输通道的相互衔接，实现

---

[1] 喻国明等：《传媒经济学教程》，中国人民大学出版社，2009。

资源共享，通过不同平台为受众提供多种形式的信息产品。媒介融合具有技术性和信息包容性两个主要特征。新一代数字、信息和广播技术的不断发展，为媒介融合提供了扎实的基础。随着时代的变化与创新技术的发展，媒介融合越来越成为当代传媒领域的热点话题，并已经成为现代传媒发展的主要趋势之一。

在媒介融合的时代，不同媒介的文化形态从竞争关系逐渐转向合作共赢，政治、经济和娱乐等不同领域都可以在同一平台上展示和传播，多元化的文化格局因此成为可能。随着时代的变迁和技术的进步，媒介融合已成为我国媒介形态发展的重要趋势。媒介融合的采用不仅为社会带来便捷的信息传递方式和良好的传播效果，而且对社会进步和文化多元化的发展也具有重要作用。除此之外，现在正在逐渐实现全面电子化和网络化的环境。不同类型的传播媒介形态必将采用新科技相互协作，为受众提供更好的信息获取和沟通体验，逐渐塑造出一个全新的媒介社会生活方式。在这个不断变革和创新的时代中，数字化、网络化和全面的信息化已经成为社会发展和进步的重要动力，这些技术和趋势的发展必将引领未来的媒介形态发展和媒介融合。

媒介融合是指将不同类型的媒介元素进行整合，包括但不限于形态、传播方式、功能和所有权等方面，以形成五种不同类型的融合形式。这种融合有助于提高媒介传播的效率和准确性，为消费者提供更全面的服务，并增强媒介的竞争力。

（一）新闻资源的融合

实现新闻资源的融合策略，需要不同所有权的媒介之间的协作，包括报纸、网络新闻、通信客户端公司和电视台等。这些媒介可以共享彼此所获取的信息资源，从而扩大信息源，提高信息的质量和准确性。此外，媒介之间的合作还可以促进新闻内容的多样化并进行深度挖掘,为用户提供更加全面和深入的新闻报道和分析。

（二）所有权融合

一个合法的媒体集团通常拥有多种形式的媒体,在竞争激烈的传媒市场中,为了保持稳定地立足,就需要对集团中的不同媒体形式以及相应的所有权进行整合和统一。这将有助于更好、更迅速地整合所获取的资源信息,及时反馈给广大受众。因此,提供一个专业的信息整合平台,用于融合媒体所有权,已经成为必不可少的举措。利用该平台,各种类型的媒体（例如电视、广播、报纸和网站）获取的信息内容可以相互展示和共享,这有助于更快地完善新闻信息,同时更及时有效地为受众提供具有价值的信息服务。

（三）结构方式融合

在结构方式的融合中,媒体形式的协作也至关重要。例如,报纸或杂志完成新闻产品后,可以直接向电视台销售,但电视台的工作人员可能对于该新闻产品了解不深。因此,他们有可能邀请新闻产品的编辑和作者来到电视台,介绍和解读这份新闻,以便更好地向受众阐述内容,这便是媒体在结构方式上的融合。

（四）信息采集方式融合

信息采集方式的融合是保证新闻价值和及时传播的基础,而这种价值和及时性主要取决于信息采集员的水平和能力。优秀的新闻采集者对于媒体集团的发展具有至关重要的推动作用。只有通过获取有价值且及时的信息,媒体集团才能够完成后续的整合和传播工作,从而保证新闻产品的价值和内容。为实现融合信息采集方式,需要多种渠道之间的合作。例如,新闻采集者可以与报社、电视台等媒体建立长期的合作关系，共享信息和资源，以确保获取的内容更加丰富和准确，并及时反馈到相关媒体以便后续工作的顺利开展。

（五）新闻表达方式融合

当一条新闻引起大众的积极反响时，媒体融合应该不仅限于结构方式和信息采集方式的整合，还需要从新闻内容的表达方式上进行融合和整合。新闻从业人员应该采用更加互动的方式向受众传递消息，以更好地完成新闻的播报和传递。这种互动方式可以采用多种形式，例如通过在线论坛、互动直播等交互方式，与观众进行互动和交流，以增强受众的参与感和共鸣感。

二、加强媒介融合的实施

随着社会的发展，数字技术得到广泛应用，在政府政策放宽后，媒体行业陆续受到大量民营和国外资本的注入，从而将媒体行业构建成集团产业，并开始走向市场化运营。

媒介融合为集团提供了高效的利润和优质的新闻信息，同时也能够优化运营成本，从而赢得强大的竞争优势，并推动整个媒体行业的发展。通过媒介融合，不同媒体可以共享信息和资源，实现优势互补，从而提高新闻产品的质量和价值。当媒体集团不断整合和优化资源时，它将会享受到更多的经济和社会效益，也能够提高公众的认可度和新用户的数量。媒介融合已经发展成为全球性的前沿学科领域，其发展必将为中国媒体市场带来新的机遇和挑战，因此加强媒介融合的实施是十分必要的。

三、媒介融合在中国的发展趋势

（一）政策驱动：媒介结构改革加速进行

媒介行业的融合发展必须建立在良好的经济基础之上，这意味着媒介行业必须维持一定程度的经济来源和利润空间以适应市场发展的需求。考虑到中国国情，媒介行业在融资方面仍然受到很强的限制。不过，近年来政府采取行动，允许民营和国外资本进入媒介行业，从而拓宽了资金来源，使市场运作模式趋于多元化。最近几年，媒介行业正在努力抓住发展的方向，采取积极的措施进行行业集团化和市场拓展。从分析来看，未来政策将会更积极地推动媒介行业的深化改革。

未来政策改革的基本方向涉及以下方面：第一是加强党的全面领导；第二是建立宏观管理体系；第三是营造竞争有序的市场环境，同时还包括吸收国外文化精髓，充分利用国内外市场资源，形成开放的环境格局，并强化与世界的联系。为了掌握党对意识形态工作领导权，政府将加强对媒介集团的监管，对实力强大、综合性强的媒介集团进行筛选，希望它们能够克服经济危机并与外国媒体集团竞争。

（二）融合共生：不同形态媒介的交互合作

随着社会的进步和科学的发展，媒介形态日益多样化，传播方式从广播、报刊到电视、网络等都发生了巨大变化，这导致不同媒介形态之间的界限变得模糊。媒介集团的出现不仅打破了媒介行业信息来源的限制，而且通过建立信息平台也可以更快、更好地整合和传播信息。随着经济基础的不断加强，媒介行业的技术水平也不断提升，这促使不同媒介形态之间的联系不断加强，形成了互补关系。

（三）未来趋势：媒介集团化与多媒体化占据主导地位

中国高度重视大众舆论，因此媒介行业的集团化趋势已经成为不可避免的发展方向。同时，随着多媒体技术的不断进步，媒介行业更加注重多媒体化的发展，这个趋势也将更加迅速。媒介集团通过将单一信息结构化形成系统的信息链，有助于有效降低成本、提高利润。未来，可以预见媒介集团将会取代独立的报社、广播电台，成为中国信息市场的主导者，统领着整个媒体行业的发展。

（四）开启新纪元：媒介融合在中国的发展潜力

近年来，国家对媒体行业的限制已经减弱，政府开始允许民营和国外资本进入媒体行业，这使得资本运作模式更加多样化，融资渠道也变得更加广泛。这种政策的出台为媒体行业带来了新的发展机遇，推动了媒体行业的快速发展。民营和国外资本的进入，为媒体行业注入了新的活力，促进了产业结构的优化和升级。同时，这些资本的进入也加速了媒体行业的国际化进程，提升了媒体行业的国际竞争力和知名度。

媒介集团通过建立信息平台，加速了信息的整合，降低了对外界信息源的依赖程度，从而改变了整个媒介信息市场的供求机制。这种变化使得媒介集团在信息市场中的地位日益提升，成为信息市场的主导者。媒介集团通过整合不同媒介形态的资源和优势，可以更好地满足受众需求，提高新闻传播的效率和质量。同时，媒介集团还可以通过技术创新和业务拓展，进一步拓宽自身的发展空间，增强自身竞争力和盈利能力。

（五）道阻且长：媒介融合发展面临的挑战

由于中国巨大的市场和潜在利润，许多外国媒介集团一直对中国市场非常看好。随着政府逐渐放宽限制，大量外资开始涌入中国媒介行业，以先进的经营理念和管理方法加速了外资进入中国媒介行业的步伐。

然而，由于中国媒介行业的不成熟，在遭遇外部环境的挑战时，更容易陷入混乱之中。因此，我们必须采取严格的管理和限制措施，控制外国媒介集团进入国内媒介行业，并持续完善中国媒介行业的各个方面。我们必须始终坚持将大众舆论主导权掌握在自己手中，这样才能有效地控制媒体的发展方向，保持对于公众舆论的掌控。这是媒体行业的重要职责和使命，也是我们对社会和公众的承诺。与此同时，随着政府对媒体行业的调适和媒体行业的改革，媒体资本的融合力度会越来越大。我们应该认识到这种趋势的发展潜力和机遇，但同时也应该谨慎对待，以确保不会出现任何不良后果。

第四节　乡村媒介在推动乡村社会发展中的作用

一、媒介在乡村建设中的作用

（一）及时传播惠农政策

为了促进社会主义新乡村建设，中央和地方政府以及相关部门制定了众多惠农政策。每年中央1号文件的发布更是为"三农"问题的整体规划和政策指导提供了重要的参考，这些政策涵盖了千千万万农民的生产、生活和利益,并受到了广大农民和社会各界的高度关注。为了更好地传达和阐释国家的惠农政策,各种媒介都设立了"政策解读"专栏,通过报纸、杂志、网站、挂图等多种渠道重点介绍和解读取消农业税、良种补贴、种粮补贴、购机补贴、乡村医保等政策,以让广大农民及时了解党和政府的好政策,并提供有益的生产和生活指导。

(二)增强乡村科普宣传

报纸、杂志、挂图和网站都强调实用、实效和实际,突出了农民增收和健康生活这一主题。媒体的定位是全心全意为农民服务,致力于成为农民所喜爱的媒体。为了更好地服务于农民,媒体主要提供实用技术、信息和其他农业资讯,以满足农民的需求和期望。与此同时,媒体还通过深入报道和分析,提供具有实际意义和参考价值的信息和建议,以帮助农民更好地把握市场机遇和提升生产效率。媒体通过这种方式,取代了泛泛而谈的新闻资讯,真正实现了为农民服务的宗旨。

媒体以中高端农民为目标读者,这一读者群体包括思想者、决策者、致富带头人、企业老板、经销商以及农业意见领袖等。媒体针对这一读者群体的需求,进行了明确的定位和分类,以满足广大农民的需求。报纸、杂志、挂图和网站都根据整个乡村读者群体的不同需求进行了分类和侧重。针对不同的读者需求,媒体提供了丰富多彩的信息服务,包括实用技术、市场分析、政策解读、农产品推广等。

中国农业科技出版社为了更好地服务于广大农民,开设了种植园地、科学养殖和加工、农机等专栏,并建立了广泛的联系网络,包括各省农业主管部门、农业科研单位等。同时,中国农业科技出版社还设立了专家顾问团队和作者队伍,以确保报道和宣传的针对性、时效性和指导性。这些措施的实施,每年提供了数以万计的有价值的技术和信息,对农民增收起到了重要的作用。

(三) 提高农民素质

由于长期以来形成的只重视产量而忽略产品质量的思维定式，农产品的质量水平一直处于较低水平，缺乏市场竞争力，因此农民的收入也相对较低。因此，当前农业面临着产品质量和市场两大亟待解决的问题，丰产而不丰收的现象也比较普遍。为了解决这些问题，需要加强对农产品质量的监管和提高农产品的质量。

为了解决农业领域的"产品"和"市场"问题，提高农民素质至关重要。在这一方面，媒体的重要性不言而喻，可以采用以下措施来提高农民素质。

（1）为了让广大农民及时了解市场动态，我们推出了信息平台和市场动态等出版计划。这些出版计划侧重介绍供求信息、市场分析预测、市场价格行情等方面的内容，利用信息化技术手段，全面覆盖各个领域和层面。

（2）为了增强服务功能并关注民生，新乡村建设不仅要实现生产的发展，还要让农民朋友过上富裕的生活、营造文明的乡村环境和规划整洁的村容，同时还要实现村庄民主化管理，让乡村居民参与村庄的管理和决策。

（3）为了全面宣传科学、健康、文明的生活方式，媒体不仅要出版农业实用技术书籍，还要出版健康生活、法制教育和乡村合作金融等方面的书籍。这些出版物不仅可以引导人们关注科学，反对迷信，还可以让人们了解健康生活方式、法制意识和金融知识等方面的内容。与此同时，我们还要注重传递乡村新风尚，推广文明、健康、科学的生活方式。在宣传中，我们还要注重增强农民法制观念和意识，推进乡村"三个文明"建设的协调发展。

（4）为了更好地关注农民工的权益，我们加大了对农民工的关注力度，及时为他们提供各地的用工政策和信息。同时，我们还向农民工介绍了他们的维权知识和政策，让他们了解自身的权益和保障措施。让农民工能够在工作中（或生活中）得到更好的待遇和保障，维护他们自身的利益和权益，提高他们的维权意识，并在政策上获得更多的支持和帮助。

（四）增强科技人员的服务力度

科技工作者是改革创新和经济建设的主要推动力量，科技传媒正是利用媒体资源优势，积极为其提供服务并取得了广泛好评。他们致力于打造一个学以致用、注重人才的优秀氛围，通过大力宣传和展示优秀科技人才的事迹，激发更多人参与到科技创新和经济发展中来。

科技工作者一直是推动改革创新和经济建设的关键力量，而科技传媒则是充分利用媒体资源优势，积极为他们提供服务并被广泛赞扬。科技传媒致力于营造一个学以致用、重视人才的积极氛围，他们大力宣传和展示优秀科技工作者的事迹，以此来激励更多人投身于科技创新和经济建设事业中。

二、媒介在乡村科技中的作用

媒介具有高速、互动、实时和开放等特点，能够综合传播各种目前世界各地的传播方式，这是传统媒体无法比拟的。因此，农业科技应该充分利用这个新媒体平台，将各种农业信息整合起来，不断扩大传播范围，提高传播率。

（一）提升农民农业知识水平

通过新媒体如有线电视、手机以及网络等途径不断获取国内外有效的农业信息，开辟新的传播途径，并将其传播给所需农民群体，以此来激发农民们对科学技术的兴趣，让农业科技真正融入千家万户中去，改变他们的思考方式和生产方式，为更高层次的农业科技发展创造良好的环境。

（二）提升农民信息素养水平

通过网络新媒体的互动传播，我们将农民与"三农"热点问题联系到一起。但我们也必须正视现实：农民在历史社会背景、文化素质和经济条件等方面存在差异，因此他们对新媒体的接受度和使用程度也不尽相同。另外，传统媒介的单向传播特性限制了农民获取信息的方式，使得他们在传统媒介中处于较被动的地位。但是，网络新媒介为农民提供了一种全新的获取信息的方式，不再受限于传统的信息传递方式。通过网络，农民可以主动查询所需的农业信息并实时获取，这可以帮助他们更好地了解市场需求和趋势，提高产品质量和市场竞争力，进而促进农民的经济收入和乡村经济的发展。

（三）媒介对乡村生活的影响

我们通过网络新媒介为农业生产提供科技信息服务，向农民普及科学知识，同时也倡导农民破除封建迷信思想，改善乡村环境卫生，提倡健康科学、和谐有序的生活方式和卫生习惯。通过这些措施，我们试图改变原有的乡村生活方式，使乡村焕然一新，向着更加美好的未来发展。

（四）提高农民科学素养和科技意识

在乡村地区，由于文化教育水平较低，知识匮乏以及思维局限成了制约乡村发展的重要瓶颈。而网络新媒介不仅可以传播科技信息，还能够改变农民的思考方式，鼓励他们摒弃传统的生产方式，接受新的技术，激发新旧观念的碰撞，有助于乡村的快速发展。

第五节　新媒体与农民媒介话语呈现

作为实现乡村振兴目标的重要抓手，互联网持续助力农业农村发展。截至 2022 年底，全国农村宽带用户总数达 1.76 亿户，全年净增 1862 万户，比上年增长 11.8%，增速较城市宽带用户高出 2.5 个百分点。① 智能农机、自动化育秧等数字技术与农业生产融合应用日益普及，进一步提升生产效率。数据显示，智能农机具备连续工作、全时作业能力，作业效率提升 20% 至 60%。② 电子商务有力拓宽农产品销售渠道。全年全国农产品网络零售额达 5313.8 亿元，同比增长 9.2%，增速较 2021 年提升 6.4 个百分点。③④ 相对而言，农民利用网络访问相关农业网站和查找相关乡村技术信息的比例较低。这一点需要引起我们的重视。为此，我们需要综合提升村民的媒介素养能力，让他们具备使用网络的基本能力，从而更好地拓展新媒体的影响力。

在手机普及之前，农民们获取信息十分困难。以往，他们只能通过口耳相传或者极少的书信来获得信息。然而在新时代下，随着农民外出务工的普

---

① 工业和信息化部：《2022 年通信业统计公报》，https://www.miit.gov.cn/gxsj/tjfx/txy/art/2023/art_77b586a554e64763ab2c2888dcf0b9e3.html，访问日期：2023 年 1 月 19 日。

② 央视网：《我国发布首个智能农机技术路线图到"十四五"末形成一批商业化无人农场》，https://m.gmw.cn/baijia/2022-05/18/1302952764.html，访问日期：2022 年 1 月 19 日。

③ 商务部：《商务部电子商务司负责人介绍 2022 年网络零售市场发展情况》，http://www.mofcom.gov.cn/article/xwfb/xwsjfzr/202301/20230103380919.shtml，访问日期：2023 年 1 月 30 日。

④ 中国互联网络信息中心：《第 51 次〈中国互联网络发展状况统计报告〉》，https://www.cnnic.cn/NMediaFile/2023/0807/MAIN169137187130308PEDV637M.pdf，访问日期：2023 年 1 月 30 日。

遍现象，手机和网络媒体已经成了城市农民工和留守乡村农民信息获取的主要途径，这也导致了两者之间存在着一定的差异。

一、探究新媒体对城市农民的影响

农民工在城市生活中常处于漂泊的状态，他们往往感到自己与城市居民存在着差异，不像真正的城市人那样有着稳定的栖息地和生活。随着时代的发展，手机不仅是适应城市生活和工作的必要，也是与人脉资源和乡村家乡之间保持联系的便捷手段。不少农民工认识到拥有手机对自身在城市生活的重要性，他们能够利用手机维护自身的权益，这与过去他们的维权意识较弱，不知如何与相关机构和人员联系维权的情况形成鲜明对比。由于缺乏归属感，农民工通过使用手机与家乡和朋友保持联系，以此来维护他们的感情归属，在城市中逐渐形成了一种新的社会角色。

农民工的网络使用范围异常广泛，农民工主要利用网络作为娱乐工具，例如，在服装厂附近的网吧，大多数正在上网的农民工都通过QQ聊天、观看影视作品和玩网络游戏等方式来消遣、休闲。由于农民工整体知识文化水平相对较低，对网络媒介的素养和认知水平也相对不高，所以他们在利用网络技术进行工作方面的比率相当低。网络改变了农民工在城市中的娱乐方式，让他们进入了一个海量信息的世界。通过使用聊天软件，他们可以与陌生人建立新的联系，并保持与已有人脉的联系，这有助于提高他们的社交圈和社会范围。通过观看网络影视作品，他们不仅改变了以前娱乐缺乏的状况，也在进行一种新的精神体验。

农民工通过网络游戏，可以获得对自我价值的认同，也可以释放压力和情绪。而网络中所包含的大量信息，也使得他们有机会获取到更多现实生活中的信息和多样的言论。网络是一个虚拟的社会，为农民工丰富了生活，但同时也可能会带来负面信息的影响。网络中的负面信息可能会激发农民工对社会不公平的感觉，引导他们采取极端的发泄方式，在一定程度上会对青少年农民工的犯罪问题造成影响。

二、探究新媒体对乡村社会生活的影响

留守在乡村的农民手机普及率很高，他们通过手机与外界保持联系，这有助于消除信息上的隔阂，增加信息的准确性，使生活不再像以前那样完全围绕着农业生产。有些人开始使用手机播报和手机天气预报，以获取更加多样化的信息服务。通过手机，农民工不仅可以获取外界信息，了解新的科技和文化动态，也可以向外界传递和介绍自己家乡的特色，促进乡村与城市之间的文化互动。智能手机的普及，不仅让农民工更加了解外部的信息和文化，同时也激发了他们改善生活和提高生产效率的意愿。

尽管网络早已深入到我们的生活中，但是许多传统的刻板印象和误解并未完全消失。留守儿童和青少年在接触网络时，可能会遇到不真实、虚幻的信息和内容。乡村留守青少年已经形成了一种习惯性地使用网络媒体的行为模式，在这个过程中，他们之间也逐渐形成了一种共同的群体认同感。相比老一辈农民保持的传统观念，留守青少年更愿意接受网络媒体和新科技的发展，将其视作一种信仰和社交方式。

手机和网络这两种新媒体早已成为乡村留守者价值观重构中不可或缺的因素。通过接触新媒体，留守儿童和青少年正在逐步放弃传统的观念体系，然而，这也使得他们更加关注经济利益和个人成长，对于传统乡村道德体系的认同度也有所下降。与此同时，他们对城市文化的接纳和向往正在增加，也对于城乡之间的差距更加关注。

农民在接触和使用新媒体方面存在着很大的个体差异，主要是由于他们

的经济状况和数字素养水平的不同。一般来说，经济条件较好、数字素养较高的农民更乐于接触和利用新媒体，他们更能充分利用信息技术手段来开拓更广阔的市场、提高生产效率，获取更丰富的信息资源并在工作中得到应用。

在乡村社区中，个体经营者普遍使用新媒体的比例较高。通常情况下，他们拥有高端功能较为完备的智能手机，除了基本的通信功能外，还会利用手机拍照、阅读，并通过互联网查询市场信息，他们甚至可以通过网银方式来完成商业的交易活动。

由此可知，新媒体对乡村留守农民的影响是十分显著的。新媒体的影响是多层次的，对不同的个体会产生不同程度的影响，并且与其经济水平和新媒体媒介素养呈正相关关系。

三、探究新媒体对乡村社会发展的综合影响

新媒体，尤其是手机和网络媒体，已经成为乡村生活中非常重要的元素，给乡村的变革和转型带来了很多积极影响。一方面，新媒体促进了乡村特别是农民工扮演新的社会角色，例如创业、雇佣非亲属、参与社会组织、从事网络贸易等，从而拓展了他们的社会联系和市场机会，进一步推动农民工的发展和乡村经济的转型。另一方面，新媒体弱化了传统的社会场景和群体角色，特别是对于乡村留守农民而言。

新媒体的兴起对乡村产生了双重影响。一方面，它的出现消解了乡村传统文化的某些方面，使得一些传统文化和价值观通过媒介替代被逐渐摒弃。此外，新媒体的普及和使用也加速了乡村和城市之间的文化差异，甚至使其逐渐消失。另一方面，新媒体也为学习城市生活方式提供了机会，引导并启发农民关注城市生活、学习先进文化。随着新媒体与传统文化的融合，一些新的生活方式和群体文化逐渐形成和发展。

尽管农民在使用新媒体方面取得了进步，但其在媒介话语权方面仍然受到漠视和挤占。在新媒体的使用和传播过程中，农民的信息获取和利益表达渠道往往受到限制和缺乏公正性，这可能使得农民缺乏利益保障和参与社会决策的权利。这更加凸显出农民作为社会弱势群体的特殊地位和困境。要解决乡村的贫困与发展问题，必须让农民真正成为媒介话语的主体。这意味着农民需要拥有表达自己观点的渠道和平台，能够参与到社会话语中来。

四、探究农民媒介话语权缺失的产生原因

（一）农民媒介话语权方面的现状

1. 农民对媒介接触的现状

调查发现，农民最常使用的媒介是电视，其次是广播，而这种现象的形成是由多种因素所造成的：（1）乡村地区相对城市位置比较偏远，加之杂志传递需要一定的时间和成本，使得信息的传递受到了较大的延迟。（2）杂志对受众文化程度和阅读专注度的要求比电视更高。因此，相较于电视，杂志更需要读者有较高的个人素质和阅读习惯。在这方面，由于乡村地区的教育程度相对较低，农民的阅读和训练习惯可能不如城市居民。加之乡村人群更倾向于通过电视进行内容的接受和传播。此外，农民晚上和早上更倾向于接触媒体，而中午则较少，除此之外，媒介受众的年龄构成也呈现一定的分化。在乡村地区，10～20岁和40～50岁的人群接触媒介的时间最多，这些人呈现出较广泛的接触和使用媒介的趋势，这主要是因为青少年和老年人的时间相对灵活，在生活学习中均能接触到媒介。

2. 媒介的重要性

（1）乡村居民的收入普遍较城市低，这导致了较大的财务差距，部分农

民由于贫困而失去了应有的社会地位和基本权利；(2)乡村地区的媒介资源相对城市较为有限，这导致乡村受众在信息资源获取和反馈能力方面无法与城市受众相比；(3)农民是大众传媒中的弱势群体，受到居住地点分散、缺乏稳定的媒体消费习惯和消费支出以及相对封闭的居住环境等因素的影响，导致其信息交流的变动相对较少；(4)许多人文化素质较低，也缺乏有效的参与意识和文化自觉。

3. 农民对媒介观念的转变

据对受众媒介动机的分析显示，娱乐和时间消磨占受众动机的43%，受众消磨时间占23%。这表明，受众的媒介需求更多地倾向于以娱乐为主、信息为辅。尽管21%的农民受众会观看有关农业的节目，但是目前的涉农节目仍然没有有效地满足农民收视的实际需求，存在信息过时和不实用的问题。

（二）农民媒介话语权缺失的原因

1. 农民的原因

由于缺乏受教育机会、没有意识到教育的重要性，以及缺乏对时事、社会新闻和法律知识的掌握，大部分农民的人际交往受到了很大限制。由于受到传统习俗的限制和约束，农民的心理较为脆弱，普遍存在自卑和因循守旧的态度。这使得他们无法积极利用媒介资源表达自己的意愿，成了沉默的大多数，导致他们的话语权在媒介场域中缺失。

2. 媒介的原因

由于市场经济的影响，传媒机构常常忽视农民的媒介话语需求，更加关注市场表现和收益。传媒行业通过吸引广告商来获得盈利，但并非所有的受众都具备消费能力和消费冲动。这就导致了一些群体，如失业下岗工人和消费能力较低的农民等，在媒介传播中经常被忽视或者被边缘化。

五、提高农民媒介话语权

（一）加强农民文化教育

农民长期受限于传统文化和社会结构的影响，缺乏对现代法律制度的认识和信任，容易被社会舆论误导和法制空白所利用。为了提高农民的媒介话语权，我们需要着力加强对农民法律知识的普及。

（二）构建健康舆论环境

为了反映农民的呼声和意愿，我们需要加强社会舆论建设，营造一个能够容纳不同声音的舆论氛围。这个氛围包括一些关键的元素，如公共话语的平等、公正和参与，对多样化思想的尊重，对合法言论权利的保护等。在这个舆论环境中，大众媒介应该扮演积极的角色，与社会舆论形成有机联系和互动，以更好地把握社会民意，反映公众的关切和热点问题。

（三）提升新闻工作者能力

新闻工作者应该积极参与到农民问题的报道中去，深入到乡村社区和乡村地区，与农民展开更加真实和深入的接触和交流。他们应该充分发挥媒体和信息平台的特点和优势，运用多种新闻报道和传播方式，将农民的诉求和需求传达给更多的受众和关注者，扩大农民话语的影响范围和公众的关注度。除此之外，新闻从业者还应积极寻求和挖掘媒体资源和社会资源，建立起农民与爱心人士之间的有效连接和联盟，为农民提供更多的帮助和支持。

（四）向农民提供公平的表达平台

随着社会的民主和文明发展，政府和各媒介机构应承担起向农民提供表达意愿机会的重要任务，为农民提供更多的媒介服务和支持。这需要我们采取一些实际的措施，如开办农家书屋、电子阅览室，增加农民的文化阅读和媒介知识，提高其参与社会话语的能力和水平；加强乡村信息化建设，推广普及电视、广播、网络等媒介设施，让农民更加便利地获取新闻和信息；支持农民参与社会公益事业，促进乡村社区建设和发展，创造更多的就业机会和创业项目，提高农民的生活质量和媒介参与度。

下篇　媒介形态理论在乡村社会的运用

媒介形态理论可以帮助乡村社会更好地理解和分析社会结构、社会关系和社会变迁机制。借助此理论，乡村社会能够找到社会变迁的原因，进而在调整和控制方向上做出更准确的决策，并且能够识别出社会变迁对乡村社会的影响。媒介在乡村社会中发挥着重要的作用。它作为信息传递的桥梁，向乡村社会传输外部信息，让乡村社会更好地了解外部世界。同时，媒介也有助于提高乡村社会的经济水平和文化水平，改善乡村居民的生活质量。媒介的有效使用能够促进乡村社会的发展，并且对整个社会的进步起着积极的推动作用。

第六章 乡村社会的媒介功能转型路径

第一节 媒介技术对乡村社会人际关系的构建

随着媒介技术的不断进步，人们不再局限于书信、面对面等传统交流方式，而是可以通过各种互联网、通信设备等媒介实现信息传递与交流。随着媒介技术的不断发展和普及，人们的生活和工作方式也在逐渐改变。同时，人们也越来越依赖媒介来维护彼此之间的关系。因此，我们需要深入思考媒介技术发展与人际关系变革之间的关系，以及媒介技术对人际关系所带来的影响。

在《认识媒介文化：社会理论与大众传播》一书中，尼克·史蒂文森（Nick Stevenson）提出了"文化媒介"和"技术媒介"两种媒介解释。他认为"文化媒介"是指由一种文化或社会形态自然产生的、用于传递文化信息的媒介。而"技术媒介"则是指由技术手段创造出来的，用于传递信息和进行交流的媒介。媒介的发展经历了从"文化媒介"向"技术媒介"的转变，这种转变的表现为以电子媒介为分水岭的不同媒介认知取向。

一、媒介技术与人际关系

媒介技术和人际关系之间存在着相互促进、相互影响的关系。随着媒介技术的飞速发展,人际交往方式也发生了深刻的变革。每一次媒介技术革命的推进,都将加速人际交往的速度、拓展其形态和规模,因此二者是紧密联系、相辅相成的。

人类生活方式和整体生活水平的变化,与新媒体的涌现密不可分。从最初的口头传播,到文字、印刷、模拟电子技术、数字电子技术和互联网等多种媒介方式的出现,对人们的日常生活、思想观念以及社会结构等方面产生了深远的影响,人们的交流方式也经历了从面对面对话到无时间和空间限制的文字或语音交流的演变过程,这种变化是媒介技术和人们对沟通形式与便利性要求的双重影响的结果。

虚拟关系指的是网络空间内人们所形成的社会关系和联系,它们是通过网络技术进行各种交流和互动而产生的。这些在网络虚拟空间中形成并且深化的交流,构成了一个真实存在的、与传统人际关系类似的互动关系网络,它在网络空间中发挥着日益重要的作用。虚拟关系中也包含了各种真实的情感、观点甚至交易,它们在网络中的人际关系中占有越来越重要的地位。

媒介技术的出现和进步,彻底改变了人际交往的方式,使得人们能够实现超越时空限制的交流互动,并成为人际交往的主流形式。随着各种媒介技术的诞生和发展,包括飞鸽传书、邮政投递、有线电话、广播电视及电子报刊等,信息传播的规模和传递速度得到了大幅提升,人与人之间的交流也变得日益高效。

随着新媒介技术的问世和稳步发展,人们的信息传播日益高效,现实中的音像信息和多媒体信息都可以在实时处理、即时传播,从此不再受时间和空间的限制，大幅突破了传统沟通方式的局限性，更加完善了人际交流过程。现在，人们的交流方式不再像以往那样"等待"，交往效率大大提升。

二、人际关系的变革：媒介技术的影响

如今，新媒介技术已经成为人际交往的基础，不再是简单的关系维护工具，而是引发人际关系变革的强大推动力。这种新型媒介技术为人们创造了多样性的交流方式，使得我们不再受时空的限制，可以充分展现自我，推进构建多样、复杂的人际关系。

（一）人际关系的维护

媒介作为信息传播工具，其最终服务的还是人，因此人际关系的维护亦需要依赖于媒介技术。媒介技术的迅猛发展，使得人际关系不断演化，新型媒介工具取代了旧有的人际交互方式，并对人际关系的形态产生了巨大而深刻的影响。媒介技术作为交流的主要工具，在人际互动中起着至关重要的作用。媒介技术和人际关系之间的关系可以被认为是彼此相互依赖、互动促进的。

（二）媒介技术引领人际关系

随着新型媒介技术的不断更新，人际交往方式发生了不可逆转的变革，此趋势正稳步发展。新常态下，人际关系发生的变化主要有以下几个方面构成。

（1）新型媒介的涌现使得人际交流的方式变得更为平等、开放和包容。与传统的长幼有序、上下级分明的交际方式相比，新媒介为彼此交流搭建了更加开放和平等的环境，每一个交流对象都可以在同等的地位和权限下被视

为平等的个体。这种特性为人际关系的和谐发展提供了有力的保障，使得人们可以更加平等地进行交流，无需考虑面对面交流时可能带来的难以解决的问题和不适感。

（2）随着新媒介的快速发展和越来越多的人接触到网络，人际关系不再局限于我们所认识的和身边的人，网络上的人际关系包罗万象，不论是熟人还是陌生人，名人还是虚构的人物，都可能成为我们的交际对象。这种新的交际方式为人类带来了更广泛、更多元的社会互动，同时也为人际关系带来了复杂和多样的变化。由于每个人所处的身份、背景及其习惯都不尽相同，无法完全熟知他们的情况，这使得在交际过程中保持理解与共鸣变得更为困难。

（3）随着媒介技术的不断发展，人们享有了更加高效和高速的交流方式，使得信息的快速传递和交流变得更加便捷。信息传播是媒介应用中的一个极为重要的领域，而媒介技术的发展，则极大地促进了信息传播效率的提高。在过去，如果想要将信息传递给远处的对象，需要付出大量的时间和成本。而现在，仅需用手指点一下电子设备，就能够瞬间将信息传递给对方，然而传递信息的速度和效率正是这种新媒介的魅力。在利用新媒介扩大交际范围的同时，许多信息的交流、共享和传播也更加便捷。媒介技术对人际关系的影响是复杂而多面的。一方面，与传统交流方式相比，新媒介为人际交流的便捷性和创新性注入了新的活力。通过网络和移动设备，人们可以更轻易地接触更广泛的人群，拥有更高效的交流方式，从而呈现更多元化的社交经验。另一方面，媒介技术的过度依赖及网络对人际联系的影响不容忽视。

（4）随着媒介技术的不断进步，人们拥有更多灵活、多样的交流方式，可以根据不同的情境和目的进行选择。人们可以利用各种社交平台和聊天工具，例如微博、微信、QQ、电子邮件等来进行快捷而方便的交流。如果需要就某个议题进行更深入的交流，也可以选择视频或者面对面的方式进行交流，进行更深度的思想探讨和交流。而且在进行交流时，人们还可以通过表情、肢体语言、音调和语气等多种辅助方式来增加交流效果，同时也能够更好地表达自己的情感和态度。

三、探索媒介社会化环境下的人际关系

（一）拟态环境下人际关系的探索

随着媒介技术在人际交往中的广泛应用，人们对其重要性的认识不断加深。然而，媒介技术存在一个关键的挑战，在于其无法准确识别信息的真实性和价值，这使得人们在接受信息时往往难以分辨正误、优劣。这种现象在日常生活中愈发普遍，人们容易受到错误信息的干扰和误导。媒介技术的不断发展使得社会环境和人类行为都发生了巨大变化。人们可以通过各种媒介平台来进行交流、探讨问题，甚至建立起拟态环境中的人际关系。在这种新的媒介环境中，人们可以更加自由地表达自己的思想和情感，也可以更快捷、高效地获取信息和资源。

随着媒介技术的不断发展，人际关系变得更加复杂和广泛。我们必须辨别和思考所接触的信息的真实性和价值，以及所接触的人的品行和背景。然而，对于拟态环境和真实环境的区分是一个重要的考验。在拟态环境中，人们很容易将其中的信息和环境误认为是真实、可靠的，并在这种虚幻的世界中进行行动和决策。这种认知误区可能会在现实生活中造成一系列后果，如人际关系的疏远、信任的流失等。

（二）人际关系对媒介技术的依赖性增强

随着人们对媒介技术的巨大依赖，他们不得不开发新的媒介技术来解决人际关系中涌现出的新问题。然而，这种依赖性对人们的影响是深远而复杂的。人们往往过度沉迷于各种媒介技术，难以自拔。媒介技术和人际关系的相互作用和发展已经成了当代社会中不可避免的现象。人们的日常交往和沟通都离不开媒介技术的支持和参与。然而，人们也应该审慎思考电子产品和新技术带来的潜在不良影响，以保持健康、和谐的人际关系。在新技术不断涌现的今天，我们必须深入分析媒介技术和人际关系之间的相互作用，以充分掌握现代人际关系的发展趋势。

第二节　媒介对乡村治理效能的提升

中央一号文件在 2022 年进一步强调了推进乡村振兴的全面发展，加速推进乡村治理体系和治理能力现代化，注重实际效果和提高乡村治理水平。随着快手、抖音等互联网商业平台向更细粒度的区域扩张，以及县级融媒体中心的兴建和推进，乡村社会正在加速媒体化进程。在这种趋势下，乡村治理正处于国家意志、市场需求和社区发展需求的交叉点上，形成了三股力量的交织。由此而来的是治理模式和形态的变革和重组。媒介在其中扮演着重要的治理角色，媒体逻辑也影响并与乡村治理逻辑相近。

一、治理主体的构成与乡村治理媒介形态的演变

随着互联网技术的广泛应用，电视和互联网正在融合。在乡村地区，一些村委会（通常在乡村被称为"大队"）使用电视作为信息传递和公告发布的主要工具，这种方式是在互联网兴起之后才出现的。在乡村地区，村里的党员们经常在村委会进行学习和会议，其中包括通过直播观看党的会议。同时，村委会院内的电子屏幕、政府官方网站、政府运营的自媒体公众号以及微信、微博、快手等自媒体平台的普及，也为乡村社会关系的拓展和城乡信息差距的减小提供了有力支持，促进了新型乡村社区的发展。

过去，乡村治理的主要机构是由乡村干部组成的，同时也有一些村民以外的优秀人员参与到乡村建设和协调中，他们得到了村民的尊重。随着数字乡村新时代的到来，乡村治理主体日益多元化，这里的治理主体包括乡村干部、乡村精英以及普通村民。现在的乡村已经从单一治理模式转变为多元共治模式，更加注重各方的共同参与和建设。

乡村干部被认为是乡村治理的主要推动者，他们带头推进乡村工作的有序开展，与此同时，在数字村庄的背景下，他们还扮演着重要的角色推广和执行各项政策，帮助居民更好地理解并遵守政策。乡村干部坚守公平、公正、公开的原则，他们注册了微信公众号，在媒体宣传方面做出了积极贡献，每日发布有关新闻和动态，推动乡村振兴的发展。在各村庄，"大学生村官"们熟练地掌握了新媒体的运用技巧，他们通过当地乡村公众号的运营，有效地促进了乡村治理工作的有序开展。在乡村民主治理中，普通村民的积极参与是至关重要的基础，他们的受教育程度和参政热情都是决定乡村治理成败的关键因素。只有真正让村民们参与其中，才能在他们内心自发产生认同感，从而提高乡村村民参与度，推动乡村民主治理的深入实施。

二、探索乡村治理的重点：以媒体融合为视角

随着数字化乡村治理的不断升级，进行民主政治乡村治理改革早已成为中国政治民主的基石，也是促进民主政治发展的实验室。乡村善治的实现必须建立在民主政治的基础之上，而民主治理的重要前提是公开治理。从村务公开、村民参与、信息回应三个方面进行全面协调，才能充分体现乡村民主政治的不同表现形式。

互联网和大数据的发展给村务公开带来了新的渠道，政府不仅可以通过网站公开村务信息，还可以通过"两微一端"等多种途径进行信息公开。村民参与是实现乡村民主政治的重要基础，不仅包括村干部和乡村精英的积极参与，更需要广大普通村民的踊跃参与。

政治的发展和乡村治理的成功都需要具备一定的经济基础，经济因素对其起着决定性的作用。"互联网+"经济模式已经广泛应用于乡村地区，为乡村治理提供了一定的经济支持，进而有力地促进了乡村治理体系的快速发展。利用互联网技术，在现代农业、电商、旅游等领域的应用，为推进乡村经济的转型升级提供了有力支持，同时也提高了乡村资源配置的利用效率。通过互联网技术的应用，农业生产和销售的信息化管理得以实现，为农业生产提供了更加精准的指导和支持。同时，电商平台的普及也为乡村产品的销售和宣传提供了便捷的渠道，促进了乡村经济的发展。

乡村治理的文化建设是不可或缺的，它不仅影响着人们的行为方式，赋予乡村治理特定的形式和意义，而且能够为乡村村民提供强大的精神支持。在乡村旅游建设过程中，当地的"民俗文化""农耕文化"和"红色文化"等传统文化应该得到充分的重视和融入。为了乡村旅游的蓬勃发展，应在恢复手工艺作坊、挖掘民俗民艺、展览民俗博物馆的同时，打造带有历史记忆和地域特色的古村镇，以促使乡村旅游更加充满活力和魅力。

三、乡村治理的现代模式：构建"可沟通的乡村"

乡村治理引发了乡镇居民的关注，这是因为居民参与其中。村务信息公开化是影响乡村政务信息关注程度的关键因素。在实现乡村自治和民主治理方面，其中关键在于村务的公开透明化。关于村民自身利益的重大事件，需要通过文字和广播等方式进行宣传公告。此外，新媒体也提供了更多的途径，如建立村务公开群、村民交流群等微信群，以更好地实现村务公开。

要保障乡村治理的有效实施，必须实现群众沟通互动化的管理。这个过程通过互动沟通、取得认同等方式，最大限度地实现了公共利益。乡村治理不仅是国家宏观管理的一部分，也是自下而上的乡村自我改造和乡村改革。在这个背景下，国家推动乡村振兴战略并建立"全国乡村振兴网络"，旨在建立政府和乡村居民之间的互动和沟通机制，同时也促进村民之间的交流互动。

传统的乡村供求模式缺乏对市场准确信息的获取，缺乏对市场需求的敏感度，这容易导致产销脱节的问题。因此，可以通过互联网平台建立供应和需求之间的联系。村民不仅可以通过"赶集"和本地市场购买物品，还可以通过淘宝购买商品。但是，淘宝商品需要邮寄，时间较长，而且不能充分利用本地资源。因此，各乡村可以设置本地网站，明确列出供应信息，以便清晰明了地传达供需信息。例如，一些乡镇通过搭建购物平台，以图文的形式展示当地商品，由于商品是当地生产的，所以当天就可收到货物。网络在电子商务模式下为乡村带来了许多便利，农产品可以直接销售给消费者，省去了中间环节，减少了流通成本，同时也增加了农民的收入来源。

四、融合环境下,构建"可沟通的乡村"

随着微信、微博和短视频等新媒体的兴起,乡村居民对自身利益的诉求不断增加。为满足这些需求,乡村应该建立信息化自治平台,以促进基层管理和服务的创新,增加政民互动的信息传播渠道。平台应作为市县级网站的子站点存在,提高社情民意的畅通程度。

为了有效响应村民的需求,乡镇可以建立本地网站,公开本地的新闻动态、公共服务、财政支出等信息,同时设置互动交流板块,增强反馈机制的建设。鉴于乡村手机普及率很高,乡村干部可以利用手机建立内部信息化自治平台。比如可以开发微信小程序,村民可以在小程序中全面系统地了解本村的新闻和财政状况。为了更好地为农民提供服务,村镇上下应该建立综合信息管理平台,以促进两级之间的互动沟通。为了贯彻实施乡村振兴战略,推动乡村数字经济的发展,创新农业发展方式,必须将数字经济应用于乡村农业生产中,采用智慧化手段提高乡村治理水平。

农业作为乡村发展的基础,数字农业是乡村最主要的发展方向。应当加强"互联网+农业"发展,跟踪监测农业种植和产量,并深入推进物联网在农业中的应用,建设数字农业管理系统。同时,需要推动遥感技术在农业病虫害和稻田灾情监测方面的应用,从而提高农业生产效率和产量。为了提高农业生产和销售效率,可以借鉴其他地区的乡村经济模式中的先进经验。在"互联网+电商"的经济模式中,可以增加农业生产全程直播板块,以视频的方式播出农业的规模、绿色生态、无公害等特点,并利用网络形成规模效应,这样有助于提高农业商品的曝光率和销售渠道,有利于增加农产品的销售量和利润。为了提高农民的数字化素养和强化其互联网思维,政府应加大资金投入,建设更多乡村信息终端,完善乡村信息化管理服务平台,提供数据支持,建立强有力的网络基础设施以提高网络连接质量。这样有助于提升农民的数字化素养，并使他们更好地融入数字技术的时代。

尽管乡村振兴战略的实施正在改变乡村，但是乡村发展滞后的问题仍然存在。随着互联网的发展，中国传统的乡村已经逐渐成为一个新型的"消费化"乡村，其中涵盖了经济、政治、文化、生态文明等多种要素。为了实现"乡村善治"，推向科学化和精准化治理是必要的。政府应该加强对乡村治理的引导和管理，从历史文化传承、生态环境绿化、农业生产经营等各个方面进行科学规划和治理，以提高乡村的生产力，以及增强乡村的整体竞争力。为了更好地实现新时代下的"共建、共治、共享"乡村治理格局，政府需要在媒体融合视野下采取一系列措施。这些包括加强乡村网络文化阵地建设，以实现对乡村文化的共建；构建大数据共享平台，以实现对乡村数据的共享；建设信息化自治平台，以实现对乡村事务的共治；还应该深化数字经济与农业发展的融合，提高农民的互联网应用能力。

第三节　媒介对乡村群众生活的服务

随着媒体传播的广泛深入，乡村人民的公民意识被唤醒，更加深入地了解各个领域，紧随社会发展的步伐，给乡村人们带来了许多变化，对乡村未来的发展产生了重大影响。

一、媒介对乡村群众生活的服务

（一）休闲生活更加丰富

随着新媒体的应用，乡村人的休闲方式发生了翻天覆地的变化。他们越来越少地通过走访邻居、打牌下棋等传统方式进行休闲活动，而更愿意选择观看视频、听音乐、玩游戏、浏览新闻、发帖子等网络娱乐活动。特别是在乡村青年中，智能手机的使用率已达到百分之百，他们通过上网、下载音乐、观看电影和电视剧，以及使用QQ、微信等聊天工具，和朋友进行交流和沟通。部分有学习热情和能力的乡村青年们开始在互联网上学习新知识，进行网上购物，以及利用新媒体观看视频、听音乐、玩游戏、浏览新闻、发帖子等，这使得他们的休闲生活更加丰富多彩。

尽管新媒体为人们提供了各种各样的学习和获取信息的途径，但大多数网民却将其主要用于娱乐消遣而忽略了其带来的文化知识和政策汲取的作用。许多网民的知识摄取能力和自觉学习能力较弱，致使新媒体正确价值观的引导等方面得不到发挥。一些乡村青年把所有空闲时间都投入到网络游戏和上网聊天中，不再参加其他休闲活动。这种娱乐方式频繁地使用网络社交工具也导致了他们的人际交往能力和理性思考能力下降，甚至可能导致一些犯罪行为的发生。这种不良的娱乐方式对乡村人民素质的全面提升造成了严重的影响。为了应对新媒体时代对乡村人民休闲生活的影响，相当的组织部门应该提供多种引导，指导乡村人民如何正确使用新媒体，并深入分析新媒体使用中的利弊。尤其应该加强对乡村青年的积极引导，以塑造他们正确的思想观念。

让他们在享受丰富多彩休闲生活的同时，能够控制自己的娱乐时间和方式，确保日常生活和学习工作不受影响。通过锻炼健康、积极的休闲生活习惯，不断提高自身的意识和能力，通过合理运用新媒体，综合提升个人素质和身心健康水平。

（二）拓展村民的经济活动范围

随着电子商务发展的速度加快，网络销售活动已经变得越来越常见。乡村居民现在利用互联网购买农产品、化肥以及其他物品。一些乡村居民已经在长期的接触和学习中，建立了自己的网上销售平台，从而拓宽了乡村居民的销售渠道，提高了农民的收入水平，同时也在一定程度上推动了乡村经济的发展。新媒体的发展也带动了一些风险投资集团、社团组织、IT企业等前往乡村寻找发展机会。这些机构发现了乡村市场的潜力，并为乡村人民创造了更多的经济活动机会，为乡村经济的发展提供了更好的条件和保障。

（三）提升公民意识

在历史上，我国人民一直缺乏公民意识，虽然在近年来随着法律体系的完善和人们思想观念的变化，城市居民的公民意识得到了提高，但是乡村居民的公民意识仍然相对较低。

乡村居民由于在文化素养、主观思想等方面存在缺陷，总是无法成为权利的享有者，无法获得应有的权利和保护。在清朝时期，一些知识分子在掀起民主政治的社会运动过程中，排除了农民，使得农民的地位进一步边缘化。1908年，梁启超已经意识到对农民进行民主动员的重要性，但是由于种种原因，这一计划没有被付诸实施，最终也加速了清政府的倒台。在随后的发展中，农民对自身权利和义务的认知仍然不足，对自身在当时社会中的地位缺乏深入的了解。

新媒体时代，农民在信息获取方面拥有了更多的途径，这有助于增强他们的公民意识。互联网拥有着丰富的信息资源，传播速度快，能够实现大范围的信息共享。通过新媒体，乡村居民能够获取公民常识、法律制度等相关知识，并进行更深入的学习。同时，他们也更加关注新闻和社会热点话题。新媒体的应用也为乡村居民提供了表达自己意愿的平台，例如微博、贴吧等，这些平台能够让乡村居民的声音得到更多的关注和支持。同时，这也可以有效地解决一些侵权行为问题。

（四）逐渐消失的村民个人威望

在乡村社区的管理中，由于传统祖训和思想观念的影响，某些问题需要按照传统处理方式来解决，例如邀请具有地位和权威的人士加入问题解决方案，以确保乡村社会的正常运作。为解决一些公共事务，村中经常会邀请享有崇高信誉的人士提供协助。这些人包括年迈的老人、担当家族权威的族长、拥有资源的人或者文化水平较高的人，以确保当下的问题能够妥善解决。

新媒体为乡村居民带来了财富和声望，就如电影作品《手机》所描绘的那样，那些拥有手机的人成了村中备受尊敬的人物。因此，那些能熟练地应用新媒体的人，在乡村社会中也担任着备受关注的角色，也是最理想的人际交往伙伴。随着新媒体的广泛使用，乡村居民的资源条件变得更加平等。这种趋势导致新媒体所带来的个人崇拜逐渐消失，相应地，乡村居民的社会地位和威望也发生了一定的变化。

（五）人际交往方式发生了变化

新媒体时代，乡村居民不再局限于面对面的交流方式，还能够借助信息技术和即时通信软件来开展社交活动，这种互联互通的趋势拓宽了交际空间、扩大了社交范围，打破了传统乡村社会中交往空间的限制。新媒体的兴起，为乡村居民带来了另一种全新的社交方式。一些农民利用即时通信软件与网络上的朋友建立起跨越地域的社交关系，甚至有些乡村青年男女在互联网上产生了异地恋或婚姻关系。随着新媒体的到来，乡村居民的人际交往方式发生了变化，从而打通了乡村与外界的联系，弥补了原有的乡村隔绝之痛，因此，政府相关部门应当最大限度地发挥新媒体在促进我国乡村健康发展方面的积极作用。

二、媒介对乡村政治的作用

（一）媒介是乡村政治传播的重要工具

党中央极为重视统筹城乡的经济和社会发展，以更多的关心和支持乡村、农民与农业来推动全面小康的建设。党中央已将"三农"问题作为全党工作的重点，致力于为农业和乡村工作开启新的局面。

电视在乡村新闻报道中发挥了重要的作用，通过提供政策解析和信息服务，报道了税赋制度变革、土地继承、农民权益保护、乡村基层政权的稳定、产业结构的调整、思想文化建设和民主法制建设等方面的内容，成为推动政策和理念宣传的理性力量，促进乡村社会的稳定和经济发展。现代政治理念已经社会化的基础是大众传媒，而在十多年的乡村基层民主实践中，大众传媒成了农民增强民主意识的最主要的渠道。这种主流意识正在逐步从血缘和宗法向民主和法治转变。

近年来，党和政府发布了许多关于"三农"问题的重要文件，旨在解决乡村地区的发展和民生问题。然而，由于信息在行政系统中传递的路线较长，以及一些地方政府部门出于自身利益而对政策进行了篡改，导致这些政策在实际执行中出现了不少问题。政府颁布了一些关于乡村居民最低生活保障等政策的规定，例如《中共中央、国务院关于切实做好减轻农民负担工作的决定》和《中共中央、国务院关于推进社会主义新乡村建设的若干意见》等，但是由于地方政府和媒体没有及时制定相应的措施或详细阐释，导致农民对这些政策的理解产生了偏差和误解。

（二）村民在政治参与中主要依赖媒介渠道

1. 媒介在连接村民参与政治方面具有重要作用

大众传媒在社会主义新乡村建设方面进行了宣传，起到了社会动员的作用。传媒通过向社会传达并宣传社会目标和国家方针政策，促进社会各部门的行动协调，汇聚全社会的积极力量，以鼓励更多人加入国家的重大社会活动。

从社会的角度来看，媒体具有连接的作用。因此通过不断地媒体宣传，可以将全社会的关注点聚焦于和谐社会的构建。新乡村建设是国家力求解决"三农"问题的重要措施，也是大众传媒关注着的其中一个主要报道议题。这项措施的重要性不仅在于它解决了乡村面临的问题，同时还能为村民创造稳定和可持续的生命周期，从而推动国家的经济和社会发展。为了更好地宣传新乡村建设，大众传媒应该加强规划性、保持信息的连续性和多样性，向社会全方位推送乡村发展与建设的相关报道。

2. 媒介能够调动村民政治参与的积极性

大众传媒在乡村社区中扮演着重要的角色，利用其舆论监督职责，鼓励当地居民积极参与政治事务。这有助于增强乡村居民对决策和政治活动的关注度，以及提升他们的意识和参与度。通过报道揭示出乡村社区存在的潜在问题，保护农民利益免受侵害，揭露腐败问题，提供社会预警，并影响政府部门的决策和法律法规的制定。可以为政策决策提供信息咨询、监督和审核等功能。它能够聚集各方面的相关信息，帮助决策者在制定决策前做出更为客观和全面的决策，同时在制定决策期间及其之后反馈最新的情况和漏洞，为之后的修订提供借鉴。通过这种方式，大众传媒成了村民一种隐性的政治参与过程，有效地帮助村民们为利益发声并维护自己的权益。除此之外，大众传媒为人们提供了表达意见和批评的平台，使农民们真切地感受到了宪法赋予的言论自由权利。这些言论和意见对于保护农民的权益，促进政府部门的改革和提高乡村社区的整体治理水平具有重要作用。

随着社会的发展，大众传媒这条渠道正变得越来越重要，因为村民可以通过媒体渠道更好地参与到政治事务中，并提升自身的政治素养和参与能力。大众传媒不仅能够为农民提供更多信息和参与政治事务的机会，还可以帮助村民更好地理解政府的政策和规定，增强其对政治事务的认识和影响力。这将有助于村民更加有效地参与政治决策和公共事务，实现真正的民主自治。

三、媒介对乡村群众生活的影响

（一）媒介对乡村群众生活的积极影响

1. 将现代化理念融入传统文化中

大众传媒为乡村社区提供了一个宝贵的平台，让广大农民能够自由地表达自己的意见和批评，真正体验到了言论自由所带来的权利。这些言论和意见在保护农民权益、促进政府部门改革以及提高乡村社区治理水平方面扮演着极其重要的角色。同时，通过大众传媒，农民的声音能够更直接地传递给政府部门，从而更有效地促进政策响应和解决问题。大众传媒为农民传递现代社会的知识和信息，填补了正规学校教育的不足，成为农民了解外部世界的最便捷渠道。

2. 价值观念的转变

大众传媒通过传播现代观念，不仅为乡村社会带来了发展和进步的机遇，更为农民提供了一个开阔思维的空间。现代观念的传播挑战了传统思维、观念和文化形态,进一步引发了在乡村社会中的许多重要改变,重新定位了社会成员之间的相互关系。大众传媒的现代观念不仅影响了农民的行为和思想,也引发了对传统文化和社会结构的反思和重新审视。这些现代观念通过大众传媒的反复报道逐渐根植于农民的头脑中,很多农民尤其是青年农民在媒体的说服下走出了家门,继而出现了越来越多的农民到城市打工或求学的现象。[1]

随着市场经济的发展,人们的商品经济意识、市场竞争意识日益增强。然而,中国社会的传统思想重"农"抑"商",导致农民更加偏向保持小农本位的传统生产观念。这些传统观念在一定程度上限制了乡村社区的现代化转型和发展,阻碍了乡村经济的国际化和现代化进程。尽管农民在城乡互动中仍保留着许多传统观念,但他们已经逐渐认识到现代思想的重要性。这种认识的建立,进一步获得了大众传媒的强化。农民在传媒的激励下为了获得发展而有意识地培养这些现代观念并体现到实际行动中。[2]

大众传媒的影响不仅局限于农民的思想观念,还涉及农民的消费观念和消费行为。对全国 27 个省市的调查结果显示,对村民消费观念的影响最大因素依次为:电视(60.0%)、亲友邻居(20.3%)、传统习惯(10.6%)、报纸(2.4%)、政策变化(2.6%)、网络(0.9%)、其他(3.2%)。[3]

3. 对生活方式的影响

媒介的出现不可避免地会对乡村群众的生活方式产生影响,包括休闲、消费、学习和购物等方面。但是,这种影响存在着积极和消极两面性。因此,当分析媒介对社会的影响时,必须从积极和消极的角度进行深入分析。

大众传媒为群众生活方式带来了积极的影响,主要有以下几方面的表现。

---

[1] 尚妍、刘文奎:《观察大众传媒与农村文化的现代转型》,《现代商业》2007 年第 30 期。
[2] 尚妍、彭光芒:《大众传媒与农村社会文化变迁》,《理论观察》2006 年第 3 期。
[3] 蔡骐、党美锦:《大众传媒与中国农村发展》,《新闻传播》2006 年第 7 期。

（1）随着大众传媒的普及和发展，大众的学习方式发生了深刻的变革。相对于传统的学习方式，大众在获取信息方面的途径变得更加广泛和多样化。新媒介利用并融合了当前前沿的技术和搜索引擎，推动了智能搜索技术的发展速度，使得我们在获取信息时可以更加准确、高效地获取到需要的信息内容。多元化的搜索设计为查询和获取信息提供了更加多样化和精准的方式，只需要通过输入关键词，即可快速准确地从海量的数据库中找到所需信息。

（2）随着休闲方式的多样化，人们在享受生活和放松创意时的选择也变得越来越丰富。除了传统的运动、旅游、社交等线下方式外，网络视频、网络音乐和网络游戏等新型媒介正在成为人们广泛接受的、新异的休闲娱乐方式，能够更好地满足人们在休闲娱乐方面的个性化需求。

（3）网络技术的广泛应用为人们提供了更多的机会，也增强了人们的人际交往能力，使得相互联系变得更加便捷和自由。许多人由于性格、身份等各种原因而难以与身边的人进行恰当的交流，而网络上的交往更可以打破地域和身份的限制，人们可以在不经过面对面交往和相互认识的情况下进行交流。由于网络交流是通过与人的虚拟交往来实现的，相对于面对面沟通，人们不会产生额外的危机感，更加放松和自在。同时，在虚拟空间中，人们可以更加轻松地分享私人信息和想法，因为这些信息不会走漏，不会影响到周围的关系和环境，从而更加自由和畅所欲言的进行交流。网络是一个充满各行各业人群和兴趣爱好的交流平台，人们可以通过这个平台自由地交流、分享自己的想法和知识，也可以通过这个平台找到和自己有共同兴趣和志趣的人。

（二）媒介对乡村群众生活的消极影响

大众传媒作为人们获取信息和娱乐的主要渠道，既带来了很多的积极影响，如促进文化交流，提高人们的信息素养、文化认知和娱乐体验，同时也存在不可忽视的负面影响。

（1）随着大众传媒技术的发展和普及，信息传播方式变得更加多样化和便利化，信息传递和获取的速度也得以极大提升，这就意味着我们所接收到的信息已经呈现出爆炸式的增长趋势。然而，这也意味着信息真实性难以判断，不良信息给人们带来的负面影响也不能被轻易地关闭或过滤。尤其是对于青少年群体来说，他们面临的信息环境更加复杂和险恶。作为较为年轻、未成年的群体，他们对自己的生活和未来的规划缺乏足够的自我认识和创造力，在新闻报道和社交媒体之中，一些虚假信息和不良价值观常常以各种姿态出现。诸如"金钱至上""裸贷"等，因为涉及些许禁忌让这些小朋友更加感到"新鲜"，从而出现过度关注或者过度认同的情况。

（2）随着新媒体的发展和普及，人类所接触的信息正在大量地从实体世界转移到虚拟世界，这种转移出现了许多特殊和独特的影响。由于虚拟空间的解构性和自由性，人们的思想很有可能受到非常广泛和深入的影响，这包括意识形态、文化信仰、社会心态等各个方面。尤其是在网络大环境下，由于信息的涌入、炒作和相互影响，个人的意识逐渐被外部环境所重构和塑造，群体意识的上升成了普遍的趋势。

当人们遇到有争议的问题时，往往倾向于考虑自己的观点是否与广泛认同或者所谓"主流观点"相符，这种倾向称为"从众行为"。如果人们持有观点与主流观点基本一致，那么他们会更加自信地表达自己的观点，并对他人的质疑持有更强的反驳心理。反之，如果自己的观点与主流观点背道而驰，那么人们往往会担心自己的观点和态度会面临负面评论和来自主流的批评和羞辱，这可能会让他们选择保持沉默和逃避。这样的逃避和沉默会导致信息不对称和偏差，往往在某些场合下激发网络暴力的产生，将整个公共平台上升到一种负向的情感和情绪的爆发。

（3）随着大众传媒技术的不断创新和发展，手机、网络、电子游戏等数字产品也越来越多地进入了人们的生活，成为我们重要的娱乐方式和信息获取途径。然而，这些数字产品的迅速普及也带来了一系列新的问题和挑战，比如人们对手机和互联网的过度依赖、孤独感、沉迷网络游戏等行为，这些现象都在一定程度上威胁了人们的身心健康和生活品质。

如今，在公共场合，我们经常看到许多人低头沉思，专注于手持的手机和平板电脑，而对周围的环境和变化视而不见。这种"低头族"现象已经成为人们的共识，同时，也出现了很多因沉迷手机而导致事故和灾难的新闻，这些新闻提醒我们低头族群体对现实世界的漠视和忽略已经到了一种危险的程度。低头族人群沉迷于虚拟网络世界中，往往把对现实世界的改变和发展忽视掉，导致意外事故频发，同时也催生出对现实世界的"逃离"，甚至丧失了对现实世界的信心与态度。这样的现象对个人和社会的发展都带来了不可挽回的损害。

第四节　媒介对乡村文明建设的守护

一、乡村文明建设的重要性

随着城市化进程的不断加快，乡村地区也逐渐受到了越来越多的关注和重视。作为中国广大地域和人口最为集中的部分，乡村地区的文明建设不仅事关农民的福祉，也影响着整个社会的发展。因此，乡村文明建设的重要性不容小觑。

乡村文明建设是全面推进文明城乡建设的必然要求。乡村地区是中国文化的重要承载地之一，是涵养和传承文化的重要地域。在建设中国特色社会主义新时代，乡村地区同城市地区一样，一体推进文明城乡建设是必需的。因此，在乡村地区展开文明建设工作，既是保持中国传统文化特色的需要，也是满足农民生活需求、提高农民素质和文明建设的需要。

乡村文明建设是加强社会主义精神文明建设的必要保障。精神文明建设是社会主义建设的重要组成部分。在新时代，要加强社会主义核心价值观的宣传，引导农民形成积极向上的文化价值观念，增强道德修养，弘扬中华民族优秀传统文化，倡导绿色文明生活方式等，加强文化软实力建设。为了更好地加强精神文明建设，就需要重视乡村文明建设。

乡村文明建设是新乡村建设的关键性工作之一。新乡村建设是中国乡村地区面向未来发展的一大战略。任何城乡社会主义核心价值观的落实、绿色发展的实现都需要以新乡村建设为发展基础。加强乡村文明建设，对于顺利实施新乡村建设是必不可少的。通过在新乡村建设中加强文明建设，不仅有益于改善乡村社会环境，而且对于促进农民生产、增加乡村土地使用价值、提高乡亲福祉也有积极的作用。

加强乡村文明建设是推动经济、政治、文化、生态文明可持续发展的具体体现，是新时代下乡村发展不可缺少的重要组成部分。加强文明建设，把农民同城市居民一样，都纳入全民文明建设中来，才能更好地实现"同心同德，共建共享"这一目标，推进乡村治理体系和治理能力现代化，提高乡村人民的文明素质。

二、媒介守护乡村文明建设的意义

（一）媒介宣传对乡村文化的保护意义

乡村文化是中国文化的重要组成部分，具有独特的历史、地域、民族和生态环境等特点。保护和传承乡村文化是中华民族的一项重要使命和责任。媒介宣传作为一种文化传播方式，在乡村文化保护方面具有重要保护意义：

1. 保护乡村文化资源

乡村文化资源是乡村文化的重要组成部分，包括文化遗产、民俗文化、乡土文化等。媒介宣传可以通过报道、纪录片、专题节目等方式，深入挖掘和展示乡村文化资源，让公众了解和认识乡村文化的价值和重要性，从而提高公众对乡村文化资源的保护意识和行动力。

2. 弘扬乡村文化精神

乡村文化精神是乡村文化的内在价值和精髓，包括勤劳勇敢、团结互助、敬老爱幼、纯朴善良等。媒介宣传可以通过宣传乡村文化精神，让公众了解和认识乡村文化的核心价值和精神内涵，从而增强公众对乡村文化精神的认同感和自豪感。

3. 提高公众文化素质

乡村文化是中国文化的重要组成部分，保护和传承乡村文化需要公众具备一定的文化素质。媒介宣传可以通过文化节目、知识普及等方式，提高公众的文化素质和文化自觉性，从而增强公众对乡村文化的保护意识和行动力。

4. 推进乡村文明建设

乡村文明建设是乡村振兴的重要内容，也是乡村文化保护的重要途径。媒介宣传可以通过报道、宣传等方式，推广乡村文明建设的先进经验和典型事迹，激发公众的乡村文明建设热情和参与积极性，从而推动乡村文明建设的深入开展。

（二）媒介宣传对乡村文明建设的推动作用

随着媒体传播技术的不断发展，媒介宣传对乡村文明建设的推动作用越来越受到重视。正是在媒介宣传的推动下，乡村文明建设从传统向现代迈进，为乡村地区的高质量发展提供了有力的保障。媒介宣传在乡村文明建设中的推动作用主要有以下几点。

1.媒介宣传可以提高乡村文明建设的广泛认同度

媒介宣传不仅可以在全国范围内宣传乡村文明建设的意义和价值，也可以在地方层面通过传播推广乡村文明的具体实践经验，这样可以让更多人了解和认同乡村文明建设的重要性，增强广大农民参与乡村文明建设的信心，提高广大农民群众的文明素养。

2.媒介宣传可以加速乡村文明建设的现代化进程

媒介宣传可以在全社会营造乡村文明建设的良好氛围，同时也可以引导乡村文明建设的现代化方向。通过宣传绿色发展、健康生活等现代化思想，可以推动乡村文明建设的现代化进程，让传统的乡村文化与生态环境相互结合，满足现代农民的文化、教育、娱乐等多方面需求。

3.媒介宣传可以加强乡村智慧化建设

当前，数字化、信息化是全社会的重要趋势，在这一趋势下，媒介宣传也可以通过即时信息发布、数据采集等手段加强对乡村事务的智能化管理，促进乡村地区的信息化建设和智慧农业发展。这样可以为乡村文明建设营造更加宽松、顺畅的氛围，让更多的人参与到乡村文明建设的过程中，给乡村地区带来更多的发展机遇。

媒介宣传在促进乡村文明建设方面发挥着越来越重要的作用。政府应该加大对媒介宣传在乡村文明建设中的支持和投入力度，不断强化媒介宣传的推广力度，让更多的人了解和参与到乡村文明建设中来，加速实现新乡村建设的目标。

三、媒介守护乡村文明建设的案例分析

"中国故事"是一档以中国传统文化和历史故事为主要内容的电视栏目，在这个节目中经常涉及乡村文明建设的话题。节目以情感为主线，讲述生动有趣、富有韵味的中国传统文化故事和历史人物事迹，尤其强调生命意义和命运规律的探索和发掘。在讲述故事的同时，节目也穿插了一些关于乡村文明建设的内容。例如，关于乡村环境整治、村庄文化保护、传统文化的传承等。

该栏目通过多年的深入挖掘和报道，将全国各地的乡村文明建设，特别是乡村文化传承和乡土文化保护的故事呈现给广大观众。这些故事不仅包括了传统的乡村文化、民俗、习惯、节日等方面的内容，还涉及许多新型的乡村文明建设实践，如村民自治、文化旅游、乡村振兴等。该栏目通过精心策划和制作，以生动的故事和形象的画面，展示了不同地区的乡村文明建设成果，同时也让观众了解到乡村文明建设中的困难和挑战。这不仅有助于宣传和推广乡村文明建设工作，也有助于引导公众积极参与和支持乡村文明建设。除了栏目本身，中央广播电视总台还通过多种形式，如微信公众号、短视频等，将乡村文明建设的故事和成果向更广泛的群众传递，从而引导公众关注和支持乡村文明建设。

通过"中国故事"这样的媒介平台，不仅使观众能够在欣赏节目的美丽故事的同时了解有关乡村文明建设和中国传统文化的知识，也是宣扬社会关爱和支持乡村文化、宣传乡村文明建设所取得的成果等的重要渠道。让更多的人深入到乡村文化当中，了解乡村的风土人情和人们的内心感受，激发团

结、进取和自尊的感情，推动一种全新的认识和态度，帮助中国乡村文明持续繁荣，实现乡村振兴。

第五节　媒介对乡村经济发展的推动

一、媒介促进乡村经济发展

在乡村经济发展的过程中，发挥媒介的作用尤为关键。然而，媒介与广大居民之间面临的问题不仅仅涉及硬件设施的差异，同样也包括了在媒体传播内容及其价值观方面的差异。媒介作为信息传递的介质，其传播的内容是影响人们和社会的关键部分，其重要性不容低估。媒介可以通过传播相关信息、宣传政策、展示优秀的农产品和乡村产业等手段，推动乡村经济快速发展，为农民增加收入，并且有助于有效利用和保护乡村的自然资源。除了推广乡村经济的发展，媒介还可以通过报道乡村文化和乡村旅游等内容，丰富乡村文化内涵和资源，加强文化传承和推广，提高乡村旅游的知名度和影响力，进而带动整个乡村经济的多元化和全面发展。

为了推动乡村经济的发展，媒介需要持续努力，从传播内容的挑选到传播方式的创新，都需要注入更多的活力和创意。在这样的大背景下，助力乡村开展种植、帮助农民增加收入和提高种植、养殖质量成了农业节目追求的目标，这已经成了农业节目的新常态。

因此，在迎接新常态的挑战的同时，农业节目应该积极适应变化，推动中国乡村经济的繁荣发展。作为专为乡村受众而设计的节目，农业节目不仅可以在电视媒介上播出，而且可以通过互联网等新兴媒介进行传播和宣传，为更多人传递乡村经济发展的新理念。为了更好地达到目标，农业节目需要挖掘更多的资源和内容，丰富内容形式，提升制作水平，注重真实性和时效性，以达到更广泛的受众和更好的宣传效果，为乡村经济发展注入新鲜血液，同时也符合农民对信息的需求，进一步助推乡村社会的发展。

（一）农业节目促进乡村经济发展

互联网在乡村的广泛应用，使越来越多的农业节目开始在网络平台上扩大自己的影响力。随着乡村网民数量的增加，农业节目的观众数量也在快速增长。越来越多的人开始通过互联网平台观看农业节目，以了解农业行业最新动态和信息。农业节目通过互联网平台的传播，直接或间接地推动了农民的收入增长，创造了良好的互动效果。

农业节目充分利用互联网平台传播信息，以促进农民的收入增加和实现良好的互动效果。乡村受众可以在观看农业节目的同时享受在线咨询的福利，通过与农业专家或其他农民的交流互动，更全面地了解农业技术和市场信息，从而增强了农民的市场竞争能力。农业节目也定期邀请农业专家进行互动讲解，解答农民遇到的问题，并分享科学种植技巧和实用信息，满足了农民学习的需求，促进了农业发展。

农业节目，尤其是以《致富经》为代表的节目，对乡村经济发展有着极为积极的推动作用。此节目以农民的视角为出发点，报道了身边取得成功的案例，并分享了农民在致富道路上的经验和创新点。这些内容不仅为乡村观众提供了思路，展示了实践可行的案例，同时也印证了该节目的宗旨。

除了吸引乡村观众外，《致富经》等农业节目还吸引了关注农业和涉农产业的城市观众。这些城市观众的参与，为乡村经济的发展提供了另一种重要的人脉资源。此节目的报道内容将乡村现实状况传达给了城市观众，进而引发他们对农业经济发展的关注。因此，这种节目在潜移默化中也给乡村经济带来了积极推动。该节目的宣传口号为"财富无处不在，行动成就梦想"，目的在于激发受众的创业激情、开阔眼界，发掘身边的商机。虽然报道的致富项目并不能直接套用，但这些节目为乡村观众提供了实用的致富经验，进而激发了他们的创业欲望，开拓了他们的发展视野和思维。该节目讲述了那些从事涉农产业的城里人和农民自己的创业故事，他们具有别具特色的致富眼光与浓郁的乡土情感。这些人执着地扎根在乡村土地上，不断为乡村的发展而努力，成为周围人们的致富楷模。通过这些人的故事，乡村观众可以更深入地感受到乡村的活力和吸引力，激励着更多人从事乡村产业的创新创业。每一个致富故事展现出每一个创业者的艰辛与收获，为受众带来切实的经验。[1]

（二）乡村经济发展在纪录片中得以展现

我国的传统文化源远流长，并孕育了许多浓郁的人文情怀，这些情怀在乡村地区尤为浓厚。乡村纪录片以真实的故事为载体，并用真实的情境来激发观众的思考，让观众透过屏幕仿若亲身经历，因此成为一种非常重要的电视节目形式。乡村地区的发展是当今社会关注的热点之一，而纪录片则具备向观众传递信息、展现真实情况的优势，因此在乡村地区具有广泛的发展前景。纪录片是展现现实、反映社会的重要视听媒介，其具有丰富的信息和真实性的特点，因此在乡村经济发展中扮演着重要的角色。纪录片所传递的信息越真实、丰富，越能够让观众了解到乡村地区的美好和发展潜力，吸引更多人的关注和投资。

中国第一部采用高清设备拍摄的大型美食纪录片《舌尖上的中国》在乡

---

[1] 周懿、张建平:《〈致富经〉对农业电视节目创作的启示》，《科技信息（学术版）》2008年第11期。

村地区产生了非凡的经济效应。根据《人民日报》的报道,这部纪录片的播出带动了庞大的消费市场,观众们通过纪录片的介绍,热情地搜索着片中出现的各种美食。这不仅极大地带动了乡村地区的食品生产和销售,也为当地农民带来了更加丰厚的收益。同时,这部纪录片还展现了中国传统文化和人文景观的丰富性,吸引了更多的观众和游客前往乡村地区游览和品尝美食,为乡村地区的旅游和文化产业带来了新的机遇和挑战。因此,可以说,这部纪录片为乡村地区的发展注入了新的生机和活力。

据东方网报道,西贝莜面村与张爷爷挂面的继承人达成了战略合作,旨在挖掘西北菜的美食文化,提升品牌价值。为此,西贝引进了张家传承百年的手工空心挂面制作工艺,在全国66家店现场制作并现场食用,为顾客提供更加优质的美食体验。这次合作的目的在于传承中华传统美食文化,推广西北菜的原材料和特色美食,并弘扬张家凉皮品牌和撒拉族传统文化。通过双方的共同努力和创新,为中国美食文化的发展做出贡献。

据报道,西贝莜面村与张家达成了价值600万元的包销协议,买断未来3年张家全镇生产的所有手工空心挂面,此次协议不仅仅是与张爷爷一家签订,而是涵盖全镇所有挂面生产家庭的订单。值得一提的是,张家山镇的每家每户都会制作这种空心挂面,这样的协议将有力地促进当地村民就业和促进当地经济的发展。从更深层次思考,这项协议不仅仅是对张爷爷家的支持和帮助,更是对整个张家山镇的发展和繁荣的重要推动力。此次协议为全村提供了难得的机遇,促进了当地产业的发展,集结全村的力量,振兴传统手工挂面产业,推动当地的经济发展和社会进步。实现这一协议需要全村人共同努力,通过一起合作,为当地村民提供了更多就业和致富机会,增强了当地经济的竞争力。

这部纪录片所带来的影响不仅仅是单纯的美食文化传承,它还成为一个村庄,甚至是一个县域的发展推动因素。此次成功故事为乡村经济的发展提供了一个可供借鉴的模板，为全国范围内的乡村经济发展提供了宝贵的经验和借鉴。

（三）微电影促进乡村经济发展

微电影是一种以短小、精炼和灵活的形式为特点的艺术表现方式，在新媒介平台的支持下，它已经在网络媒体上风靡一时，开启了微时代的艺术风潮。微电影通过网络平台迅速扩大了影响范围，成为一种新的艺术传播形式，因其内容丰富、形式多样的特点而被广泛传播。微电影的创作题材非常广泛，它可以最大程度地涉及社会生活的各个方面，包括社会现象、热门话题、矛盾焦点和新兴的事物等。微电影以其精炼、短小的格式成了表达社会、文化、情感和人性等多元价值的主要工具，因此它的创作题材几乎没有限制。微电影可以关注社会时事，以其独具的视角和艺术处理方式来探讨人们普遍关注的问题，也可以关注生活琐事，通过细腻的描写和真实的情感来呈现出生活中最真实、最动人的一面。

微电影是互联网时代的产物，以其短小精悍、制作成本低廉、传播平台广阔等特点而备受人们喜爱。它凭借着自身的快速制作和传播方式，在各种即时通信和视频网站上快速传播，随时随地都能够激发观众的观看意愿。微电影作为一种新型广告形式，以其短小精炼、传播速度快和内容有趣生动的特点，具有很大的优势，能够比传统广告更好地塑造产业形象。微电影的短小时长和富有艺术感的拍摄手法能够吸引观众的眼球和兴趣，让其传达的信息更加深入人心。

2014年初，为了推广临沭县的柳编产业，一部名为《金子》的微电影应运而生。值得一提的是，该微电影在当时凭借着网络媒介的广泛渗透性，在短时间内便广受欢迎并引起了社会的广泛关注。正是凭借了该微电影，临沭县成功地树立了良好的柳编产业形象，同时激发了更多消费者的购买欲望，为该县域的经济效益做出了积极贡献。这部微电影生动而真实地展现了柳编行业的历史和现状，能够给人留下深刻印象。通过该微电影的宣传推广，临沭县的柳编产业获得了更高的社会认可和品牌价值，对县域经济的现代化提升也有着积极的正向影响。在微电影快速崛起、成为产业宣传的新平台的时代背景下，临沭县的《金子》微电影成了一部杰出的作品，彰显了微电影在宣传塑造产业形象中的重要作用。

中国农业品牌研究中心发布的"2014年中国农产品区域公用品牌价值"评估数据显示，临沭县的"柳编"区域品牌价值达到了17.83亿元，首次杰出地进入了全国农产品品牌价值百强之列。临沭柳编产品已出口到全球100多个国家和地区，年产值已超过20亿元，出口总额占到了全县总数的约25%。这些数据充分展现了临沭柳编产业在国内外市场的强劲竞争力和良好口碑，值得我们对其背后的实力和市场竞争力给予高度关注和肯定。作为一种传统的手工艺，柳编已助力临沭县经济发展多年，并且凭借其独特美学和文化价值，带动了临沭县的产业升级和文化输出。临沭县的柳编产品虽然在国内市场上销售规模相对较小，但其销售渠道已经初具规模，在各大电商平台上已有100多家网店销售，年销售额已超过七千万元，这一数字还在不断增长。乡村经济作为县域经济发展的重要组成部分，其发展战略需要始终紧跟时代发展的步伐。随着信息消费速度的不断加快和微电影等新媒体的日益普及，塑造一个好的县域产业形象已成为乡村经济发展的重要手段和潮流。当地农业、手工艺和文化等方面的传统资源也有着巨大的潜力和市场竞争力，为乡村经济的转型升级注入了新的生机和活力。

二、媒介传播的作用对乡村经济的发展产生的影响

大众媒体对于乡村经济发展的影响是非常显著的,其传播效果的长期性和潜移默化的特性同样受到了传播学的高度关注。作为信息传播的重要渠道,大众媒体不仅是传递消息的载体,更是承载了人们对于世界各地信息的极大渴求。通过大众媒体的传播,人们可以更为直观地了解国内外的乡村经济发展进展和变化动态,这些信息将对人们的思想和行动不断产生影响。近年来,大众媒体的普及和智能化让信息传递的速度和容量大大提升,这一点对乡村经济的信息传递和推广非常有益。

（一）建立新经济环境

乡村经济的发展与农民的生计息息相关,因为乡村的经济活动就是农民的活动。在这个社会中,农民必须在一定的环境中进行运营。大众媒体的影响力不能忽视乡村经济的发展,尤其是对农民生存环境的影响。在新经济时代,大众媒体在以下几个方面具有重要作用:解释经济现象、市场管理、监督市场行为、促进市场活力、促进和推动新经济行动的创新。

大众媒体在现行环境中的解释以及对新经济环境的构建,对促进社会发展、推动创新和构建新型经济格局具有至关重要的作用。19世纪大部分美国历史陷入了人类无法容忍的正统乐观主义的滔天臭气之中。[1]20世纪的金融危机突然爆发,给人们带来了毁灭性的影响,引发了严重的经济危机。美国失业率急剧上升至25%,工业生产下降,大量工人失业,银行破产,这一连串的灾难性事件彻底摧毁了人们过度的乐观心态。危机的影响范围非常广泛,不仅对人们的工作和生活产生了严重的负面影响,更让人们处于令人不安的状态中。经济大萧条给大众媒体行业从业人员带来了巨大的冲击。

---

[1] 赫伯特·阿特休尔:《权力的媒介》,华夏出版社,1989,第52页。

当时的新闻媒体没有扮演监督环境的角色，导致在报道的过程中，没有向公众提供新闻的背景信息。这导致了一个误解，即观众将报道的情况视为现实的状况。当时的新闻媒体未能尽到职责，使得普通大众的生活陷入了无可奈何的境地，无法掌握生活的发展方向。如果大众媒体能够诚实地提供符合公众期望的媒体环境，及时而全面地报道当下的真实情况，并提供准确的未来预测和恰当的背景解释，就能保证经济的可持续发展，并创造一个和谐的社会环境。

乡村与城市之间存在着互动关系，两者相互交流并通过商品的交换来实现经济发展，这是一种市场行为。为了促进经济发展，及时获取和准确把握市场信息显得尤为重要。随着经济全球化的趋势，大众媒介不断采集和传递信息，构建了满足当代经济发展要求的全球信息环境。乡村也应该适应这一趋势，利用大众媒介来促进经济发展。然而，仅仅满足现状是一种消极的态度。由于各种限制因素，如缺乏资金、社会关系和途径，乡村经济往往会陷入自我持续的贫困陷阱。许多乡村生产者通常选择回避风险，因为他们无法承担这些风险。他们的生活状态已经足够满足他们的需求，或者说他们对目前的状态感到满意，因此，有时候反对创新和变革是有道理的。在这种情况下，大众媒介应该充分利用自身优势，通过信息传播促使农民理解和接受一些创新和变革，积极地推动乡村受众适应新的经济环境。

（二）娱乐化效应在乡村经济发展中的作用

随着新城镇化理念的流行，越来越多的人向往城市生活。城市代表着经济、文化和社会的巨大发展，人们可以在城市里享受更完善的公共服务。城市被认为是高水平的居住方式，是人们未来生活和向往的地方。

中国经济正处于迅猛增长的阶段，同时新城镇化呈现出快速发展的趋势，城市发展水平也在稳步提高。发展始终是一个不断向前的过程。在城市问题日益严重的情况下，人们渴望一个舒适、宜人的环境。正由于其慢节奏的生活方式，少受污染的环境和独有的历史传统观念，乡村成为城市的一个有价值的补充和优越之处。这些因素组成了乡村文化的独特性。

在充满娱乐效果的生活环境下，人们的基本生活需求已得到满足，他们渴望体验不同的生活方式。因此，为了满足这种需求，人们将体验服务视为产品对待。城市居民长期生活在城市的拥堵和污染中，渴望体验一种更为舒适的生活状态。类似于许多其他农业模式（如城市农业），这里不仅销售农产品，也提供相关的服务。而这些产品和服务都是通过广泛使用的大众媒介进行推广。正是大众媒介的娱乐化效果，培养了城市居民对乡村生活的向往，这促进了乡村旅游业的发展，并为乡村经济的繁荣带来新生机。

从政治工具的角度看，大众媒介作为党和人民群众的喉舌，仅仅是商品经济社会的一种附属品。从另一个角度来看，我们不能仅仅将大众媒介视为附属品或县域宣传工具，因为如果我们把它看作一个独立的产业，它的价值和作用也是不可忽视的。大众媒介的传播涵盖了整个县域，无论与乡村经济是否直接相关，都会对其产生传播效应，因此乡村经济无法避免大众媒介的影响。因此，大众媒介的传播内容和效果会潜移默化地影响乡村经济的发展，并对其产生积极的作用。

第七章　乡村振兴战略与数字乡村

第一节　国家、地方、村委的媒介联动关系转化

一、国家、地方和村委之间的媒介联动关系

（一）国家、地方和村委的媒介联动关系的演变和转化

国家、地方和村委之间的媒介联动关系演变和转化，是指这三者之间的媒体相互作用在不同历史时期和不同的社会背景下经历了多种变化和发展。早期，国家、地方和村委之间的媒介联动关系相对单一和单向，国家媒体处于主导地位，而地方和村委的媒体影响力较弱。在这种情况下，国家媒体通过多种形式来宣传和推广相关政策和措施，旨在促进乡村经济的快速发展。随着时间的推移和社会的变革，上述单一和单向的媒介联动关系逐渐改变。地方和村委的媒体开始变得更加强大，更加积极地宣传和推广本地区乡村经济的发展成就，并利用自身的媒体平台促进当地乡村经济的进一步发展。

同时，随着媒体技术的普及和不断进步，国家、地方和村委之间的媒介联动关系变得更加多样化和复杂化，媒体平台的形式和种类不断涌现，相互之间的影响和转化也变得更加错综复杂。除了传统电视、报纸和广播等媒体形式以外，也涌现了越来越多的新媒体平台，比如微信公众号、短视频平台等，这些新媒体形式逐渐成为国家、地方和村委之间媒介联动关系的重要组成部分。

国家、地方和村委之间的媒介联动关系在不同的历史时期和社会背景下经历了多种变化和演进，并且这些变化和演进对乡村经济的发展产生了积极的影响，同时，这种变化和演进也带来了新的挑战和机遇。

（二）这些关系对乡村经济发展的影响

1. 国家、地方和村委之间的关系决定了政策的制定和执行的顺畅程度。如果三者之间的关系良好，政策的制定和执行就可以更加顺畅，有利于乡村经济发展。

2. 国家、地方和村委之间的关系也对资金的分配和利用产生着影响。如果三者之间的关系紧密，资金的分配和利用就可以更加合理和有效，有利于乡村经济的发展。

3. 国家、地方和村委之间的关系也决定了信息的传递和共享的顺畅程度。如果三者之间的关系良好，信息的传递和共享就可以更加及时和完整，有利于乡村经济的发展。

4. 国家、地方和村委之间的关系也对合作与协调的程度产生着影响。如果三者之间能够积极合作、协调，就可以更好地发挥各自的优势，共同推动乡村经济的发展。

国家、地方和村委之间的关系对乡村经济发展有着重要的影响。只有三者之间建立良好的互动关系，并积极合作、协调，才能够更好地推动乡村经济的发展。

二、国家层面的媒介联动关系

（一）国家层面的媒介联动关系的发展和变化

国家层面的媒介联动关系是指国家媒体、地方媒体和社会媒体之间的互动关系。在不同历史时期和社会背景下，国家层面的媒介联动关系发生了多方面的变化和演变，以下是一些主要的发展和变化：

1. 从单一媒体向多元化媒体的转变

早期，国家媒体是主导者，通过传统的电视、报纸和广播等渠道向公众传递信息。随着新媒体的发展，越来越多的社会媒体出现，国家媒体的主导地位逐渐降低，多元化媒体的格局逐渐形成。

2. 从单向宣传向互动交流的转变

早期，国家媒体的宣传方式主要是单向的，通过向公众传递信息来影响公众的思想和行为。随着社会媒体的发展，公众可以通过社交媒体等方式与国家媒体进行互动交流，国家媒体也开始倾听公众的意见和建议。

3. 从信息传递向价值传递的转变

早期，国家媒体的宣传方式主要是以信息传递为主，通过向公众传递政策、新闻等信息来影响公众。随着社会的发展，国家媒体开始注重价值传递，通过向公众传递正能量、传递文化、传递思想、传递道德等来影响公众。

4. 从垂直管理向全面参与的转变

早期，国家媒体的宣传方式主要是垂直管理式的，政府部门通过国家媒体来向公众宣传政策、管理社会。随着社会的发展，国家媒体开始参与到公共事务的解决中，通过调查报道、舆论监督等方式来参与社会管理和治理。

国家层面的媒介联动关系在不同历史时期和社会背景下发生了变化和演变。这种变化和演变对社会发展产生了积极的作用，同时也带来了新的挑战和机遇。

（二）国家媒体对乡村经济发展的影响

国家媒体在乡村经济发展中起着重要的作用，其主要影响有以下几个方面：

1. 宣传政策

国家媒体可以通过多种渠道向乡村地区宣传政策，包括电视、广播、报纸、互联网等。这有助于农民更好地了解国家政策和掌握相关信息，促进乡村经济的发展。

2. 引导消费

国家媒体可以通过广告和其他宣传手段，引导农民消费。例如，宣传乡村电商、农产品品牌、乡村旅游等，有助于提高乡村消费水平和促进乡村经济的发展。

3. 推动科技创新

国家媒体可以宣传国家科技创新政策和成果，介绍新技术、新产品和新模式，引导农民采用先进技术和理念，提高农业生产效率和质量，促进乡村经济的发展。

4. 促进投资

国家媒体可以宣传投资政策和项目，介绍投资环境和机会，吸引投资者到乡村投资。这有助于增加乡村资金来源，提高乡村经济的发展速度和质量。

5. 引导农民创业

国家媒体可以宣传创业政策和成功案例，介绍创业环境和机会，引导农民积极创业。这有助于增加农民收入和就业机会，促进乡村经济的发展。 总之，国家媒体在乡村经济发展中发挥着重要作用，其宣传、引导、推动等多种手段都具有积极的作用，促进了乡村经济的发展。

三、地方层面的媒介联动关系

（一）地方层面的媒介联动关系的演变和转化

地方层面的媒介联动关系是指地方媒体、社会媒体和公众之间的互动关系。在不同的历史时期和社会背景下，地方层面的媒介联动关系发生了多方面的变化和演变。以下是主要发展和变化：

1. 从传统媒体向新媒体的转变

过去，地方媒体主要是指报纸、电视和广播等传统媒体，而现在随着新媒体的兴起，社交媒体、微信公众号、短视频等新媒体也成了地方媒体的重要组成部分。

2. 从单向宣传向互动交流的转变

随着社交媒体的兴起，地方媒体的传播方式从单向宣传向互动交流转变。地方媒体可以在社交媒体上与公众进行互动，收集公众意见，接受舆论监督，从而更好地服务于公众。

3. 从信息传递向价值传递的转变

地方媒体不仅仅是传递信息和新闻，更多地关注于传递价值观念和思想，弘扬社会正能量，提高公众道德素质和文化水平。

4. 从传统媒体主导向媒体融合的转变

传统媒体和新媒体开始不断融合，地方媒体也开始进行多媒体报道，通过文字、图片、视频等多种形式进行报道和宣传，以满足公众不同的需求。

5. 从地方独立向地方联动的转变

地方媒体之间开始联动，共同报道一些大型事件和社会问题，形成多地联动的报道模式，这种报道方式更能够满足公众对于真相的需求，提高了地方媒体的公信力和影响力，有利于地方舆论的引导和社会稳定的维护。总的来说，地方媒体的联动关系在不同历史时期和社会背景下发生了演变。这种演变对地方媒体的发展和公众服务产生了积极的影响，同时也带来了新的机遇和挑战。

（二）地方媒体对乡村经济发展的影响

地方媒体对乡村经济发展的影响有：

1. 推广乡村特色产业

地方媒体可以通过报道和宣传乡村特色产业，吸引更多的投资和资源进入乡村，推动乡村经济发展。同时，地方媒体还可以通过推广乡村特色产品，提高农民的收入和生活水平。

2. 促进乡村信息化建设

地方媒体可以通过报道和宣传乡村信息化建设的进展和成果，提高农民的信息素养和科技水平，从而更好地利用信息化技术促进乡村经济发展。

3. 增加农民的社会认同感和自豪感

地方媒体可以通过报道和宣传乡村经济发展的成果和农民的奋斗故事，增加农民的社会认同感和自豪感，激发他们的创业热情和积极性，促进乡村经济的发展。

地方媒体在乡村经济发展中发挥着重要作用，通过宣传政策、推广产业、促进信息化建设和增强农民的自豪感等方面，为乡村经济发展注入了新的动力和活力。

四、村委层面的媒介联动关系

（一）村委层面的媒介联动关系的变化和发展

随着社会的发展和进步，村委层面的媒介联动关系也不断发生变化和发展：

1. 传统媒介与新兴媒介的联动

传统媒介如报纸、电视等仍然是村委层面的主要信息来源，但随着新兴媒介的快速发展，如微信、微博等社交媒体平台，村委层面也开始充分利用这些新兴媒介进行信息传播和交流。

2. 媒体与政府的联动

政府部门通过村委层面的媒体渠道，及时发布政策信息和宣传工作成果，媒体则可以通过持续报道和跟踪，对政府工作进行监督和评价。

3. 媒体与公众的联动

村委层面的媒体越来越重视与公众的联动关系，通过举办专题访谈、收集读者意见等方式，了解公众的需求和反馈，为公众提供更加贴近生活、实用的信息和服务。

4. 媒体与企业的联动

村委层面的媒体与当地企业之间的联动关系也在逐渐加强。媒体通过宣传企业的发展动态和品牌形象，为企业提升知名度和美誉度，同时企业也可以通过赞助媒体活动和广告投放等方式，为媒体提供更多的资源和支持。

（二）村委媒体对乡村经济发展的影响

村委媒体在乡村经济发展中发挥着重要作用，具体表现为：

1. 宣传政策和政策解读

村委媒体可以及时传达国家和地方政府对乡村经济发展的相关政策，同时对政策进行解读和普及，让农民更好地了解政策的具体内容和实施方式，从而更好地利用政策支持乡村经济发展。

2. 推广乡村特色产业

村委媒体可以通过报道和宣传乡村特色产业，吸引更多的投资和资源进入乡村，推动乡村经济发展。同时，村委媒体还可以通过推广乡村特色产品，提高农民的收入和生活水平。

3. 促进乡村信息化建设

村委媒体可以通过报道和宣传乡村信息化建设的进展和成果，提高农民的信息素养和科技水平，从而更好地利用信息化技术促进乡村经济发展。

4. 增加农民的社会认同感和自豪感

村委媒体可以通过报道和宣传乡村经济发展的成果和农民的奋斗故事，增加农民的社会认同感和自豪感，激发他们的创业热情和积极性，促进乡村经济的发展。

5. 对乡村环境的影响

村委媒体可以通过宣传环保意识，引导农民节约资源，倡导绿色生活方式，从而提高乡村环境质量，为乡村经济的可持续发展打下坚实的基础。

村委媒体在乡村经济发展中发挥着重要作用，通过宣传政策、推广产业、促进信息化建设和增强农民的自豪感等方面，为乡村经济发展注入了新的动力和活力，同时也对乡村环境和社会文化方面产生积极的影响。

五、媒介联动关系的影响因素

（一）影响媒介联动关系的因素

1. 媒介技术

不同的媒介技术会影响媒介联动关系的形成和发展。例如，互联网的出现和普及，使得传统媒介如电视、报纸等与互联网媒介之间形成了新的联动关系。

2. 媒介内容

媒介的内容对媒介联动关系的构建和发展具有重要影响。如果媒介内容相似或相关，那么它们之间的联动关系就会更紧密。

3. 媒介受众

不同的媒介受众具有不同的偏好和习惯，这也会影响媒介联动关系的形成和发展。例如，年轻人更喜欢使用社交媒体进行信息交流，而老年人更喜欢使用传统媒介进行信息获取。

4. 媒介经营者

媒介经营者之间的竞争关系也会影响媒介联动关系的形成和发展。如果媒介经营者之间存在合作或竞争关系，那么它们之间的联动关系也会相应发生变化。

5. 社会背景

社会背景也会影响媒介联动关系的形成和发展。例如，政治、文化和经济环境等因素都会对媒介联动关系产生影响。

（二）这些因素对乡村经济发展的影响

媒介联动关系指的是不同媒介之间相互连接、相互影响的关系。在乡村经济发展中，媒介联动关系对经济发展起到了重要的促进作用。首先，媒介联动关系可以扩大乡村信息渠道，提高信息的获取和传播效率。现代媒介如互联网、电视等可以及时传递最新的农业信息，农民可以通过这些渠道了解到各种农业技术、市场行情等信息，从而更好地进行农业生产和经营。其次，媒介联动关系可以推动农产品销售和营销渠道的发展。随着媒介技术的发展，电子商务、移动支付等新型营销方式越来越受到农民的欢迎，这些新型营销方式可以帮助农民打开销售渠道，提高销售效率，增加收入。再次，媒介联动关系可以促进乡村人才的引进和培养。通过媒介技术，乡村地区可以与城市、国内外交流更加便利，吸引更多的人才来到乡村地区，为乡村经济发展提供技术和人才支持。最后，媒介联动关系可以帮助农民更好地了解和参与政策制定和执行。政府可以通过新闻媒体、网络等渠道及时发布农业政策，而农民也可以通过这些渠道了解到政策内容和实施情况，参与到政策的制定和实施中来。总之，媒介联动关系在乡村经济发展中扮演着重要的角色，可以促进乡村信息化、销售渠道拓展、人才引进和政策落实等方面的发展，提高乡村经济的效率和竞争力。

六、未来的媒介联动关系

（一）未来国家、地方和村委之间的媒介联动关系的发展趋势

未来国家、地方和村委之间的媒介联动关系的发展趋势包括以下几点：

1. 数字化技术的应用

随着数字技术的不断发展，未来国家、地方和村委之间的媒介联动关系将更多地依赖数字化技术，例如智能化、大数据、云计算等技术，这将有助于提高信息传递的效率和准确性，以及提高政府与社会之间的互动和沟通。

2. 社交媒体的普及

随着社交媒体的普及，未来政府与公众之间的互动将更多地依赖于社交媒体平台，例如微信、微博等，政府将利用这些平台与公众进行互动和沟通，以便更好地了解公众需求和反馈。

3. 多媒体形式的融合

未来媒介联动关系的发展将更加注重多媒体形式的融合，例如文字、图片、视频等，这将有助于提高信息传递的效率和互动的深度。

4 公共服务的数字化

未来政府将更多地将公共服务数字化，例如数字化政务、电子商务等，这将有助于提高政府与公众之间的互动和沟通，以及提高公共服务的效率和质量。

5. 信息安全的保障

未来媒介联动关系的发展将更加注重信息安全的保障，政府将加强信息安全的管理和监管，以保护公众的个人信息和隐私。

（二）未来媒介联动关系对乡村经济发展的影响

未来媒介联动关系对乡村经济发展将产生以下影响：

1. 促进农业信息化

未来媒介联动关系将推动农业信息化进程，农民可以通过互联网、电视等媒介获取到最新的农业技术、市场行情等信息，这将有助于提高农业效率和农民收入水平。

2. 拓展农产品销售渠道

未来媒介联动关系将推动农产品销售渠道的拓展，农民可以通过电子商务、移动支付等新型营销方式进行销售，这将有助于提高销售效率和增加收入。

3. 促进乡村人才引进和培养

未来媒介联动关系将促进乡村人才引进和培养，通过媒介技术，乡村地区可以与城市、国内外交流更加便利，吸引更多的人才来到乡村地区，为乡村经济发展提供技术和人才支持。

4. 增强政策落实效果

未来媒介联动关系将增强政策落实效果，政府可以通过媒体渠道及时发布农业政策，农民可以通过这些渠道了解到政策内容和实施情况，参与到政策的制定和实施中来，从而更好地推动农业生产和经营。

5. 推动农业现代化

未来媒介联动关系将推动农业现代化进程，通过媒介技术的运用，可以提高农业生产的效率、质量和安全性，从而真正实现农业现代化的目标。

未来媒介联动关系将对乡村经济发展产生重要影响，有助于促进农业信息化、销售渠道拓展、人才引进和政策落实等方面的发展，进一步提高乡村经济的效率和竞争力。

第二节　乡村振兴战略下的农民主体话语价值

为了满足我国经济发展的需要，乡村振兴战略的实施是必不可少的。在这个过程中，我们必须深刻认识到农民是乡村振兴的主体和重要力量，应该提供适合农民需求的政策和资源支持，从而推动乡村经济的持续发展，让农民从中受益。在实施乡村振兴战略的过程中，我们应该始终坚持农民的主体地位，制定符合实际情况的有效政策，加强乡村基础设施建设，促进农业现代化，提高农民收入水平，推动乡村经济的转型升级和可持续发展。

一、农民是乡村战略的关键

（一）以乡村基础和特色为基础

我国乡村地区面积广阔，但高人口密度制约了乡村经济的发展和农民收入的提高。在一些地区，聚落型的乡村社会特征仍然存在，生产和生活紧密相连。另外，一些偏远地区的经济也未能得到发展，导致外部介入难度加大。另外，长期的农耕文化以及生产生活方式的惯性，使得某些农民持有相对死板的思想观念。为了实现乡村振兴，必须积极顺应农民的愿望，充分尊重农民的主体地位，让农民在乡村振兴过程中发挥出应有的作用。

（二）乡村及农业发展必须以实际需求为依据

1. 农民是创造物质财富的主要力量

要实现乡村振兴，需要国家层面制定支持政策，同时也要坚持城市带动乡村的原则，让农民积极参与建设过程。政府应该采取更多的优惠政策，促进农民投资，帮助他们找到适合自己的致富之路。

2. 农民是农业生产活动的主要从事者

乡村振兴的成功在很大程度上取决于农民的劳动积极性。即使政府提供很好的扶持政策，如果农民不够积极主动，那么这些政策的效果也会大打折扣。

3. 农民是被评价的主体对象

农民是乡村振兴的主体和最大受益者，因此他们最清楚自己需要什么。在乡村振兴的实施过程中，了解农民的致富意愿非常重要。应该提高农民的自主权，从而真正实现新乡村的建设。

二、推进乡村振兴发展,必须高度重视农民的主体地位

(一)要帮助农民致富,必须创新制度和机制

为推动制度体制创新,必须充分发挥农民的主体地位,以促进乡村地区的发展。在我国乡村地区的实际情况下,制度体制创新可以表现在以下几个方面:首先,通过创新投资体制,积极引入资金进行建设,为农民和乡村的发展奠定经济基础;其次,政府应该通过制定奖励体制机制,加大扶持力度,积极引导农民参与到新乡村建设中;再次,通过创新参与体制机制,可以积极引导社会力量参与到新乡村建设中,从而推动乡村振兴;最后,通过创新城乡融合体制机制,可以保障农民和城市居民享有同等权利,促进城乡平等发展。

(二)培养新型职业农民

为了实现乡村振兴,需要积极培养新型农民,这包括以下几个方面:首先,要让农民树立热爱劳动的意识,认识到劳动可以创造财富;其次,要提高农民的文化素养,掌握现代农业技术知识;再次,要注重农业经营,具备管理能力,根据市场需求灵活生产;最后,要提高农民的综合素质,充分认识到知识的重要性。农民是乡村发展的核心力量,提升农民的主体地位、激发他们建设美丽宜居的乡村的热情,是实现乡村振兴、推进乡村经济发展的重要手段。要实现乡村振兴,需要提高农民的思想觉悟,增强他们的竞争意识,并让他们了解如何经营农业。同时,注重乡村基础设施建设和环境改善,为农民创造优良的经营环境。通过这些措施,可以进一步推进乡村经济的发展,提高农民的收入水平,实现乡村的全面振兴。

(三)国家出台扶贫政策：促进农民脱贫致富

新乡村建设的关键在于坚持党的领导。只有在党的正确领导下，新乡村建设才能顺利推进，农民的利益才能得到保障，乡村社会才能实现持续稳定发展。中共中央强调必须加强党的领导，推进"三农"建设。习近平总书记在党的十九大报告中首次提出，实施乡村振兴战略，要求坚持农业农村优先发展，加快推进农业农村现代化。现代化农业是促进乡村发展的重要途径，也是农业转型升级的重要体现。各地可以结合自身实际情况发展具有特色的产业，例如用机械化生产等技术手段，提高劳动生产率，进而提高经济效益。这不仅有利于乡村经济的发展，也可以带动当地的就业和提高农民的收入。在地势较为险峻的地区，农民可以根据当地的地理环境和气候条件，发展具有地方特色的产业，如旅游业、餐饮业、宾馆住宿等。通过不断提升农民收入和乡村经济的发展水平，进一步推动当地的经济发展和社会进步。同时，这也有利于保护和利用当地的自然资源，促进生态环境的持续改善。

乡村振兴是一个漫长而艰巨的过程，需要始终坚持科学规划、注重发展质量、不追求速度和避免盲目跟风建设的原则。这要求我们在实践中要充分考虑当地的实际情况和特点，注重科学规划和合理布局，避免盲目扩张和浪费资源。同时，也要注重提高产业的质量和效益，注重保护和改善生态环境，为乡村振兴注入新的动力。

第三节　乡村振兴战略下个体与媒介的实践

一、乡村振兴战略的历史意义

随着工业化和城市化的发展，许多国家经历了乡村的衰退，大量农民涌向城市的贫民窟，甚至引发了社会动荡。作为中国共产党领导的社会主义国家，我国应该吸取和借鉴西方国家在现代化进程中处理城乡关系的经验和教训。我们应该推进城乡发展的优势互补，致力于实现城乡的融合发展。只有实现城乡融合发展，才能够避免乡村的衰退、农民大量涌向城市的现象，从而保证社会的稳定和可持续发展。

在中华人民共和国成立后的城乡发展历史中，主要依靠农业和乡村的支持，在基本没有任何积累的情况下，建立了相对完整的工业体系和国民经济体系。自改革开放以来，广大农民为加强工业化和城镇化进程做出了重要的贡献。目前，我国正处于一个新的历史关键时期，需要正确应对工农关系和城乡关系。尽管我国发展面临的主要不平衡问题是城乡之间的发展不平衡，但乡村发展的不充分也是我国发展面临的最大问题之一。乡村振兴战略旨在从更广阔的全局和战略高度来处理工农关系和城乡关系，以解决"一条腿长、一条腿短"的问题。通过加强乡村经济建设、改善乡村基础设施、促进乡村社会事业等方面的发展，可以实现城乡之间的优势互补和协调发展，从而促进全国各地区的共同发展。

对乡村振兴战略实施超过两年的实践观察表明,实现农业的转型升级和提质增效,主要依靠一二三产业的融合发展。通过借助"两山"理论,推进产业绿色化和绿色产业化,促进生态农业的快速发展;同时,通过"互联网+现代农业"的方式,推动电子商务进乡村,为乡村振兴注入信息化的力量。将产业扶贫与乡村振兴相结合,可以持续改善社会民生。壮大乡村集体经济则有助于实现乡村产业的可持续发展。这些实践已经取得了显著的社会效益和经济效益。

乡村振兴战略是全面建设社会主义现代化国家、实现农业乡村现代化、实现第二个百年奋斗目标的关键所在。因此,乡村全面振兴需要涉及产业、人才、文化、生态和组织等多个方面,这对于全面推进社会主义现代化建设具有极其重要的全局性和历史性意义。

二、个体与媒介的关系

在乡村振兴中,个体和媒介之间形成了一种相互依赖、协同发展的关系,二者均发挥着重要的作用。乡村经济发展的重要动力之一是个体,他们通过不断创新和合作,促进了乡村经济的增长;在乡村振兴中,媒介是一种强有力的推动力量,它通过宣传推广乡村形象和农产品营销等方式,为乡村振兴注入了新的活力;在乡村振兴中,个体的实践经验和创新成果可以通过媒介的宣传和推广,得到更广泛的认可和影响,从而带动更多的个体参与乡村振兴。同时,媒介也可以与个体合作,深入挖掘乡村的文化和资源,为乡村振兴提供更多的发展机遇。协同发展需要政策的支持和保障。政府应该加大对个体和媒介在乡村振兴中的扶持力度,并建立健全相关的政策和制度,为个体和媒介的合作提供更好的环境和条件。要取得更好的乡村振兴成果,必须充分发挥各自的优势,加强协作和合作。

三、个体与媒介的实践案例

（一）个体实践案例

一位志愿者通过直播平台筹集善款，帮助贫困地区的孩子们购买学习用品和衣物，同时也为当地的教育事业做出了一定的贡献。

该志愿者在社交媒体上发起了公益直播活动，向网友们呼吁捐款支持贫困地区的孩子们。他通过直播平台展示了当地孩子们的生活情况和学习环境，并详细介绍了捐款的具体用途和流程。在直播过程中，他还与观众进行了互动，回答了他们的问题和疑惑，增加了公益活动的透明度和可信度。

该志愿者的公益直播活动获得了广泛关注和支持，许多网友纷纷捐款支持他的公益事业。最终，他成功筹集到了一笔可观的善款，用于购买学习用品和衣物，帮助贫困地区的孩子们改善学习和生活条件。同时，他的公益直播活动也引起了社会的关注，为当地的教育事业和公益事业做出了一定的贡献。

（二）媒介实践案例

中国农民电影节是由中国文化部、中国农业大学和中国乡村电影发展促进会共同发起的公益性文化活动。该活动旨在通过电影展映的方式，向广大农民普及科技知识、法律法规、文化艺术等方面的知识，促进乡村文化建设和农民精神文明的提升。

中国农民电影节每年都会在全国范围内开展，活动内容包括电影展映、座谈会、科技咨询、文艺演出等多种形式。电影展映是本次活动的核心内容，展映的电影作品涵盖了科技、文化、法律等多个领域，涉及了农民生产生活的各个方面。座谈会是展映活动的补充内容，每场座谈会都邀请了相关领域的专家、学者和农民代表，就电影作品中涉及的问题进行讨论和交流。科技咨询和文艺演出则是为农民提供了更多的娱乐和咨询机会，让他们在活动中学到更多的知识和技能。

中国农民电影节已经成了一个具有广泛影响力的公益文化品牌，每年都会吸引大量的观众参与。通过电影展映和座谈会等形式，活动向农民传递了大量的科技知识、法律法规和文化艺术等方面的信息，让农民在享受文化娱乐的同时，也提高了自身的文化素质和科技水平。同时，该活动还促进了乡村文化建设和农民精神文明的提升，推动了乡村社会的全面发展。

四、个体在乡村振兴中的实践案例

一位乡村青年通过电商平台销售当地特色产品，带动当地农民增收致富，促进乡村经济发展。该乡村青年利用电商平台开展销售业务，将当地的特色农产品进行包装和营销，吸引了大量的消费者。他还通过社交媒体等渠道进行宣传和推广，打造了自己的品牌和形象。在销售过程中，他注重产品质量和服务，提高了顾客满意度和忠诚度。同时，他还与当地的农民合作，共同开发新产品和销售渠道，带动了当地的乡村经济发展，促进了乡村振兴。

该乡村青年的电商扶贫活动获得了广泛的关注和支持，许多消费者纷纷购买他的产品，同时也帮助了当地的农民增收致富。他的电商平台也得到了大量的关注和认可，成了当地的知名品牌。通过他的努力和实践，当地的乡村经济得到了有效的带动和发展，为乡村振兴做出了一定的贡献。

五、媒介在乡村振兴中的实践案例

某省政府在乡村开展电商扶贫项目,通过媒介平台宣传该项目,吸引更多的投资和支持,促进当地乡村经济发展和乡村振兴。

该省政府在电视、广播、报纸等媒介平台进行广泛的宣传和推广,介绍了该电商扶贫项目的背景、目标、效果等内容,同时还播放了一些当地贫困户的生活故事,引起了广泛的社会关注和共鸣。同时,政府还利用社交媒体、官网等平台开展线上宣传,吸引更多的投资和支持,扩大了该项目的影响力和覆盖面。

通过媒介的力量,该电商扶贫项目得到了广泛的宣传和推广,吸引了大量的投资和支持,促进了当地乡村经济的发展和乡村振兴。同时,该项目的宣传也加深了社会对扶贫工作的认识和理解,提高了公众对政府工作的信任和支持度。通过媒介的实践,政府成功地推动了当地的乡村振兴工作,为乡村经济的发展和社会的进步做出了积极的贡献。

第四节 乡村振兴战略下乡村社会媒介化实践

一、为什么乡村社会会媒介化

(一)资源向下聚集

乡村振兴不仅依赖于资源的聚集,而且能够带动当地村民的经济发展。与此同时,智能手机在乡村的普及率也相当高。媒介设施已经深深地融入村民的生活中，人们通过使用这些设施，形成了各种"媒介化"的日常场景。一些新媒体平台，例如抖音、微博、快手、B站等，把乡村社会的风貌以不一样的形式重现在人们面前。乡村媒介化是建立在资源下沉的基础上。

（二）技术下沉

乡村媒介化的原因是媒介技术的进步和下沉。一是随着媒介技术的不断发展，在过去，智能手机的价格从几千甚至上万元，发展到今天的几百元。二是以互联网为中心的信息技术，不断向乡村社会中下沉，媒介技术的不断普及和下沉主要体现在各县的县级融媒体平台建设和网格化建设。媒介技术的发展和下沉为乡村社会的媒介化提供了环境支持。例如，在借助乡村战略和国家的补贴下，一些先进的技术逐渐在乡村社会中变得普遍。过去，只有在大农场中才能使用无人机喷洒农药，如今，普通村民也可以使用价格便宜的无人机喷洒农药。这些媒介技术的下沉是乡村媒介化的基础。

二、乡村社会自身的媒介需求

目前，各乡村战略振兴主要有乡村旅游、农家乐休闲和农产品产业化等路径。这些发展都离不开媒介。媒介对乡村的发展和村民的生产劳动具有一定的宣传作用。乡村与城市相比，乡村中缺少了娱乐休闲设施，如电影院和KTV等。但是，现在智能手机和智能电视上的唱歌软件以及观看电影的软件，这在一定程度上满足了村民的娱乐需求，村民对这些媒介的依赖性也越来越大。要想振兴乡村，就要把村民重新组织起来，这样才能凝聚力量，对接庞大的资源，但是，如今的政治力量要想把村民重新组织起来是很困难的，这时媒介的作用就显得很重要了。媒介管理的形式更多样化，如网格化管理、线上管理平台、微信群以及县级融媒体，这些逐渐渗透到振兴乡村的管理体制中。

三、媒介本身的逻辑和制度

媒介化理论指出，媒介在发展到一定程度时会产生半独立的运行逻辑和制度。在乡村社会中，村民使用新媒介后，也会构建出新的社会场景。随着历史的演进，不同的技术形式被应用到传播媒介中，进而形成了乡村社会的"媒介化"场景。这个场景已经成为整个人类社会"媒介化"媒介系统的一部。随着互联网技术的普及，以融媒体技术为核心的传播手段在乡村社会中得到广泛应用，这种趋势正在逐渐成为中国乡村社会的现实。随着移动互联的即时通信工具的普及，乡村社会居民的交往和日常生活也变得更加依赖这些工具。现今的传播媒介不再是简单的中介手段，而是已经深入乡村社会的日常生活中，并且在其中渗透、嵌入和融合。乡村社会已经形成了以融媒体为基础的独特媒介使用场景，这种场景已经对乡村社会各个方面产生了影响，直至整个乡村出现了"媒介化"现象。

四、乡村媒介化的优劣势

（一）乡村媒介化的优势

乡村振兴进入推进阶段后，媒介化为基层治理提供了新的途径。为了落实这一目标，各县也在逐渐建设县级融媒体平台。在采访中发现，县级融媒体平台的最大作用并不是信息的发布，而是提供了"政务服务"的功能。乡村社会广泛采用以"媒介平台"为核心的治理模式。这些平台包括微信公众号、县级融媒体平台和网格化管理平台等，实质上都是利用媒介的力量参与到治理中去的。媒介化为乡村基层治理提供了新的视角和路径，这一现象也是媒介化所带来的好处之一。

在目前乡村电商、直播带货、微博、微信直销等火爆的背景下，媒介化的发展无疑可以优化产业的发展，无论是入村企业还是村内合作社。媒介化不仅可以促进产业、企业、村委、村民的多方合作，还可以建立乡村产业融合平台，为乡村产业的发展提供广阔的市场机遇，同时也有助于促进村民的就业和增收。有些振兴乡村的地区，成立了乡村合作社，他们建立了一个综合性的电商平台，包括淘宝店、微店、抖音、快手直播等多种形式。当消费者在平台上下单后，合作社会对村民进行统一分配订单，而村民则负责生产和发货。此外，各企业也在乡村品牌的基础上建立自己的加工工厂，并将其纳入乡村电商平台的销售渠道中。通过这种方式，一个围绕乡村产业的融媒体平台得以成功打造。这不仅促进了村民致富，也推动了乡村集体经济的蓬勃发展。此外，乡村合作社还负责支付医保、教育、物业维护等费用，进一步改善了村民的生活和福利状况。

乡村和城市的发展是相辅相成的，二者不能相互独立而自我提升，乡村更不能完全被城市同化。乡村需要接受"信息"来完善自己，同时也需要传递"信息"，表达自己的独特之处。通过连接城乡网络，乡村可以在更广泛的关系网络中展示自身的价值，争取成为关系网络中的参与者，促进信息的流通和交流，甚至影响周围的信息节点。这种发展方式有助于实现城乡融合和共同发展，为乡村振兴注入新的动力。随着城乡网络的连接，乡村将自己与广阔的城市传播流融为一体，创造出更多独特的乡村景观。这种融合并不会磨灭乡村自身的特色，相反，它让乡村成为一个独立的主体。与此同时，乡村的媒介化强化了信息的收集和传播，促进了乡村与城市之间的联系和互动。这一切都需要媒介的参与，媒介化是实现乡村发展和城乡融合的重要手段。乡村媒介化在重构城乡关系方面具有不可替代的重要作用。

在一定程度上，媒介化改变了城市中心主义的逻辑，为乡村争取了一定的话语权。

社会信息传播中，媒介化扮演着至关重要的角色。媒介化改变了乡村行动者的行为方式，让更多原本被忽视的乡村行动者（传播者）显露出来，从"不可见"变成"可见"，这种"可见"是媒介化赋予的权力。由于城乡互联的通信基础设施、普及的移动智能终端和短视频分享平台（如快手、抖音）的连通，乡村传播者的数量迅速增加，新型短视频分享平台（如快手、抖音）迅速突破了原先受限于"四级办电视"式的有限行政层级机构传播者的限制。这种去中心化的、潜在无限的个体传播者跨越了城乡之间的障碍，使信息传播变得更加方便和有效。在这些平台上，乡村网红达人的视频展示了丰富多彩的劳动场景，如云南深山的悬崖采蜜、四川藏区姑娘的挖虫草采松茸、江苏"海鲜村"村民的出海捕捞等。这些农、林、牧、副、渔的鲜活场景传达了城市之外多样化的生产可能性，为农业注入了自然、原始的美感。劳动者传递出亲近自然、热爱家乡的生活气息，展示了乡村的魅力和活力。这种新型传播方式消除了以往城市现代、乡村落后的固有印象，为乡村形象的重建提供了全新视野和可能性。

（二）乡村媒介化的劣势

尽管互联网和智能手机为乡村赋权提供了机会，但各大互联网资本的背后逻辑仍受到"城市逻辑"的限制。乡村的媒介化带来了很多益处，但同时也受到了城市媒介化逻辑的削弱，失去自身的特色和独立性。

乡村的媒介化还可能导致乡村文化产品差异化。原本，乡村文化产品是与乡村融为一体的，推动整个乡村文化共同体的凝聚；但通过媒介化的手段，这些文化产品可能会被异化为商业化、标准化的产品，失去其原有的特色和文化内涵。然而，很多旨在振兴村落的文化产品都被改头换面，被打造成了商业演出，传统歌谣、技艺表演不再是乡村内部的仪式象征，而变成了商业化的产品。过去，陕西许多村落里的老人们能够唱出数百首歌谣，表演出数百种皮影戏。然而，随着乡村旅游和媒介化的普及，如今的许多新传承人只掌握了十首歌谣，对于皮影戏的表演种类也大为减少。这是因为这十首歌谣只需要15分钟左右的时间，最适合用于向旅游者展示，而多年来的表演已经变成了一种习惯。其他的剧种早已因此失传。时至今日，许多乡村的苗族年轻人只想学唱三四分钟的苗族歌曲，并仅仅关注每首歌中的高潮部分，因为这些部分更适合在短视频中展示。长篇、具有史诗性和文化内涵的歌曲被抛弃了，丰富的媒介资源使得村民享受到了更加多样化的文化服务，但同时也导致传统文化的逐渐消逝。

目前，乡村的媒体化程度更倾向于"外化"而非"内化"。所谓"外化"，即指通过媒介受到的外部影响；而"内化"则指通过媒介表达自我，将自我融入其中，与内心建立联系。这两种状态应该处于平衡状态。使用媒介在乡村地区有多重作用。一方面，它可以用来展现自身特色、讲述本土故事，并对乡村文化进行融合和重组；另一方面，它也能够连接城市，实现城乡之间的有效沟通和互补。尽管媒介在乡村地区发挥着重要的作用，但是由于城市主义和工业主义的强势影响，媒介在乡村内部整合和表达的作用远远不如通过媒介受到的外部影响。

乡村地区的情况既简单又复杂。尽管乡村地区受到了冲击，但其基本结构仍未被完全摧毁，社会关系、产业资产、政治权利等相对简单，相较于研究一个庞大的城市更容易理解。然而，乡村地区也是无比复杂的，因为全国各地都有许多乡村，每个乡村都有其独特的风俗和故事，这使得乡村地区的研究变得十分复杂。

参考文献

一、专著

[1] 陈建宪. 民俗文化与创意产业 [M]. 武汉：华中师范大学出版社，2012.

[2] 陈卫星. 网络传播与社会发展 [M]. 北京：北京广播学院出版社，2001.

[3] 费孝通. 乡土中国 [M]. 北京：人民出版社，2008.

[4] 费孝通. 乡土重建 [M]. 长沙：岳麓书社，2012.

[5] 方晓红. 大众媒介与农村 [M]. 北京：中华书局，2002：1.

[6] 郭玉锦，王欢. 网络社会学 [M]. 北京：中国人民大学出版社，2010：372.

[7] 胡翼青. 传播学:学科范式与范式革命 [M]. 北京:首都师范大学出版社，2004.

[8] 胡申生，李远行，章友德. 传播社会学导论 [M]. 上海:上海大学出版社，2002.

[9] 贺雪峰. 新乡土中国 [M]. 北京：北京大学出版社，2013.

[10] 李红艳. 乡村传播学 [M]. 北京：北京大学出版社，2010.

[11] 韩长赋. 中国农民工的发展与终结 [M]. 北京：中国人民大学出版社，2007.

[12] 李苓. 传播学理论与实务 [M]. 成都：四川人民出版社，2002.

［13］陆益龙.农民中国后乡土社会与新农村建设研究［M］.北京：中国人民大学出版社，2010.

［14］梁漱溟.乡村建设理论［M］.上海：上海人民出版社，2011.

［15］马仙玉.农村文化现代化研究［M］.厦门：厦门大学出版社，2011.

［16］史亚军.农村文化产业概论［M］.北京：中央广播电视大学出版社，2014.

［17］邵培仁.传播学概论［M］.北京：高等教育出版社，2004：58.

［18］单波.现代传媒与社会、文化发展［M］.武汉：武汉出版社，2003.

［19］童兵.比较新闻学［M］.北京：北京中国人民大学出版社，2002.

［20］吴飞.传媒批判力［M］.北京：中国传媒大学出版社，2003.

［21］王文科.传媒导论［M］.杭州：浙江大学出版社，2006.

［22］熊澄宇.新媒介与创新思维［M］.北京：清华大学出版社，2001.

［23］肖燕雄.传媒制度与实务［M］.长沙：湖南师大出版社，2007：6.

［24］夏瓦.文化与社会的媒介化［M］.刘君，李鑫，漆俊邑，译.上海：复旦大学出版社，2021：6-23.

［25］徐国源，谷鹏.当代传媒生态学：第1辑［M］.上海：上海三联书店，2006.

［26］张咏华.媒介分析：传播技术神话的解读［M］.上海：复旦大学出版社，2002.

［27］周晓红.西方社会学：历史与体系（第一卷）［M］.上海：上海人民出版社，2002.

［28］周毅.传播文化的革命［M］.杭州：浙江人民出版社，2001.

［29］庄晓东.文化传播：历史、理论与现实［M］.北京：人民出版社，2003：71.

［30］张伟杰.中国弱势群体研究［M］.长春：长春出版社，2003.

［31］郑航生.中国社会发展研究报告［M］.北京：中国人民大学出版社，2011.

［32］周春生，扈秀海.无限供给：数字时代的新经济［M］.北京：中信出版社，2020：20-22.

［33］支庭荣.大众传播生态学［M］.杭州：浙江大学出版社，2004.

二、期刊

［1］陈志强.近代政治的变迁［J］.南昌大学学报（人文社会版），2007（2）.

［2］陈华明，刘效禹.从"凝固"到"流动"：媒介学视阈下的网络舆情再认知［J］.湖南师范大学社会科学学报，2020（3）.

［3］崔丹.乡村振兴背景下农村经济发展路径探析［J］.山西农经，2022（15）.

［4］陈大寿.乡村振兴战略下农村经济发展路径的探讨［J］.农场经济管理，2022（7）.

［5］陈雪虎.走向媒介文化研究［J］.北京师范大学学报，2004（2）.

［6］车莹.新媒体技术发展对网络舆情信息工作的影响研究［J］.西部广播电视，2018（7）.

［7］董书宝.新媒体传播与受众参与式文化的发展价值研究［J］.中国有线电视，2020（2）.

［8］方兴东，严峰，钟祥铭.大众传播的终结与数字传播的崛起［J］.现代传播，2020（7）.

［9］方艳.论人际关系媒介化［J］.国际新闻界，2012（7）.

［10］葛明驷.元治理体系构建：县级融媒体与基层社会治理创新［J］.现代传播（中国传媒大学学报），2021（12）.

［11］桂大一.媒介意识与农村社会安全研究［J］.生产力研究，2010（12）.

［12］洪志明.网络时代背景下的微电影叙事特征分析［J］.大众文艺，2013（7）.

[13] 胡庆湘.政府在大众传媒与农村经济发展良性互动方面所起的积极作用[J].安徽农学通报，2013（24）.

[14] 寇晓颖.浅析互联网时代的乡村文化传播[J].现代视听，2016（5）.

[15] 匡文波.短视频中的乡土文化呈现及其发展局面的开拓[J].人民论坛，2020（7）.

[16] 罗昕，蔡雨婷.参与式治理视角下县级融媒体的角色定位与发展路径[J].新闻与写作，2021（5）.

[17] 栾轶玫.重大主题报道：媒介化治理的传播实践[J].编辑之友，2022（3）.

[18] 雷蔚真.信息传播技术采纳在北京外来农民工城市融合过程中的作用探析[J].新闻与传播研究，2010（2）.

[19] 雷晓娟.浅析手机媒介影响下的人际关系[J].东南传播，2013（1）.

[20] 李卫华.新媒体发展与农村社会的新陈代谢[J].河南大学学报，2011（5）.

[21] 李志明.习近平关于精准扶贫重要论述及其实践路径研究[J].社会保障评论，2019（2）.

[22] 李志明.新时代青年群体的使命观与责任担当[J].人民论坛，2022（2）.

[23] 楼国三.乡村振兴背景下数字化与智慧化农业观光旅游发展探讨[J].现代农业科技，2021（22）.

[24] 刘艳.自我建构研究的现状与展望[J].心理科学进展，2011（3）.

[25] 沙垚.乡村文化传播[J].新闻与传播研究，2015（12）.

[26] 沙垚.新媒介与乡村：从科技兴农、媒介赋权到公共性重建[J].江西师范大学学报（哲学社会科学版），2020（5）.

[27] 邵培仁.媒介生态学研究的新视野：媒介作为绿色生态的研究[J].徐州师范大学学报（哲学社会科学版），2008（1）.

［28］王前军.转型期俄罗斯大众传媒的变迁［J］.长春工业大学学报（社会科学版），2007（1）.

［29］王周杰、冯雨薇、史玉琪.媒介技术的发展对家庭人际关系变革的影响及对策研究［J］.科技与创新，2017（22）.

［30］谢延龙."乡村文化"治理与乡村"文化治理"：当代演进与展望［J］.学习与实践，2021（4）.

［31］解若冰，王克钧.乡村振兴背景下金融助力农村经济发展的路径研究［J］.现代商贸工业，2021（31）.

［32］谢新洲.县级融媒体中心建设的四梁八柱：融合、创新、引导、服务［J］.新闻战线，2019（3）.

［33］夏晓丹.广播电台在传媒国际化背景下的生存及发展［J］.新闻实践，2011（6）.

［34］叶明睿.用户主观感知视点下的农村地区互联网创新扩散研究［J］.现代传播，2013（4）.

［35］叶明睿.扩散进程中的再认识：符号互动视阈下农村居民对互联网认知的实证研究［J］.新闻与传播研究，2014（4）.

［36］岳琳.移动互联网时代基于新媒体的农村信息传播策略思考［J］.新闻界，2014（24）.

［37］周兴樑.近代中国报界之巨子梁启超［J］.历史学习，2008（3）.

［38］郑恩，杨菁雅.媒介治理：作为善治的传播研究［J］.国际新闻界，2021（4）.

［39］朱萍.虚拟空间秩序构建之探索［J］.上海社会科学院学术季刊，2001（2）.

［40］郑欣，王悦.新媒体赋权：新生代农民工就业信息获取研究［J］.当代传播，2014（3）.

［41］曾润喜，莫敏丽.面向乡村振兴战略的"乡村短视频+"可持续发展路径研究［J］.中国编辑，2021（6）.

［42］朱天，李晓.论新媒体在新农村公共信息服务体系建设中的功效［J］.西南民族大学学报，2012（8）.

［43］赵锐.新媒体环境下新闻话语的文化解读及用户参与研究［J］.新闻研究导刊，2020（11）.

［44］张咏华.新形势下对麦克卢汉媒介理论的再认识［J］.现代传播，2000（1）.

［45］张淑华.政策网络视角下我国农村农村政策传播的效能问题研究［J］.现代传播（中国传媒大学学报），2020（1）.

［46］张琳.当代文化传播与媒介文化［J］.西华师范大学学报（哲学社会科学），2007（6）.

三、译著

［1］埃里克·麦克卢汉，弗兰克·秦格龙.麦克卢汉精粹［M］.何道宽，译，南京：南京大学出版，2000.

［2］约翰·杜海姆·彼得斯.奇云：媒介即存有［M］.邓建国，译，上海：复旦大学出版社，2020：35-42.

［3］保罗·利文森.数字麦克卢汉［M］.何道宽，译，北京：社会科学文献出版社，2001.

［4］保罗·利文森.思想无羁［M］.何道宽，译，南京：南京大学出版社，2003.

［5］彼得斯.交流的无奈——传播思想史［M］.何道宽，译，北京：华夏出版社，2003.

［6］大卫·阿仕德.传播生态学——控制的文化范式［M］.邵志择，译，北

京：华夏出版社，2003.

[7] 菲利普·马尔尚.麦克卢汗：媒介及信使[M].何道宽，译，北京：中国人民大学，2003.

[8] E·M.罗杰斯.传播学史[M].殷晓蓉，译，上海：上海译文出版社，2002.

[9] 哈罗德·英尼斯.传播的偏向[M].何道宽，译，北京：中国人民大学出版社，2003.

[10] 哈罗德·英尼斯.帝国与传播[M].何道宽，译，北京：中国人民大学出版社，2003.

[11] 罗杰·菲德勒.媒介形态受化：认识新媒介[M].明安香，译，北京：华夏出版社，2000.

[12] 麦克卢汉.理解媒介：论人的延伸[M].何道宽，译，北京：译林出版社，2011.

[13] 施拉姆.大众传播媒介与社会发展[M].金燕宁，等，译，北京：华夏出版社，1990.

[14] 斯蒂芬·李特约翰，等.人类传播理论（第九版）[M].史安斌，译，北京：清华大学出版社，2009：329.

[15] 约翰·费斯克.理解大众文化[M].王晓珏，宋伟杰，译.北京：中央编译出版社，2001.

[16] 约瑟夫·R.多米尼克.大众传播动力学（第九版）[M].蔡骇，译，北京：中国人民大学出版社，2004：81-83.

四、学位论文

［1］白燕燕.网络电视的互动及其媒介文化意义研究［D］.长春：东北师范大学，2006.

［2］程洁.新数字媒介发展分析［D］.上海：复旦大学，2004.

［3］刘翠.当代中国乡村文化建设的若干问题研究［D］.济南:山东师范大学，2008.

［4］刘展.重构与连接：传播媒介与乡村生活的变迁——东北J村的民族志研究［D］.上海：上海交通大学，2016.

［5］牛耀红.网络公共空间与乡土公共性重建——基于一个西部农村的考察［D］.南京：南京师范大学，2018.

［6］王凯.乡村振兴战略背景下乡村社会媒介化现象研究［D］.北京：中国社会科学院研究生院，2020.

［7］王彤晖.当代乡村文化治理的问题及对策研究［D］.济南:山东师范大学，2018.

［8］赵练达.中国数字乡村建设问题研究［D］.大连：辽宁师范大学，2020.